交通运输行业高层次人才培养项目著作书系

周荣贵　钟连德　著

公路通行能力手册

China Highway Capacity Manual

内 容 提 要

本书是“交通运输行业高层次人才培养项目著作书系”之一，与现行标准、规范密切相关，是标准规范的细化和重要补充，同时也可为通行能力研究提供参考。主要内容包括：交通流参数特性，高速公路基本路段，高速公路交织区，高速公路分流区、合流区，高速公路施工区，一级公路，二级公路、三级公路，无信号平面交叉，环形平面交叉，信号交叉及收费站。

本书可作为公路建设规划设计与运营管理决策的参考书，也可作为相关专业科研人员的学习参考书。

图书在版编目(CIP)数据

公路通行能力手册 / 周荣贵，钟连德著. — 北京：人民交通出版社股份有限公司，2017.6

ISBN 978-7-114-13726-6

Ⅰ. ①公… Ⅱ. ①周… ②钟… Ⅲ. ①公路运输—交通通过能力—手册 Ⅳ. ①U491.1-62

中国版本图书馆 CIP 数据核字(2017)第 063998 号

交通运输行业高层次人才培养项目著作书系

书　　名：公路通行能力手册
著 作 者：周荣贵　钟连德
责任编辑：戴慧莉
出版发行：人民交通出版社股份有限公司
地　　址：(100011)北京市朝阳区安定门外外馆斜街 3 号
网　　址：http://www.ccpress.com.cn
销售电话：(010)59757973
总 经 销：人民交通出版社股份有限公司发行部
经　　销：各地新华书店
印　　刷：北京市密东印刷有限公司
开　　本：787×1092　1/16
印　　张：15.75
字　　数：355 千
版　　次：2017 年 6 月　第 1 版
印　　次：2017 年 6 月　第 1 次印刷
书　　号：ISBN 978-7-114-13726-6
定　　价：56.00 元

交通运输行业高层次人才培养项目著作书系
编审委员会

书系前言

Preface of Series

进入21世纪以来，党中央、国务院高度重视人才工作，提出人才资源是第一资源的战略思想，先后两次召开全国人才工作会议，围绕人才强国战略实施做出一系列重大决策部署。党的十八大着眼于全面建成小康社会的奋斗目标，提出要进一步深入实践人才强国战略，加快推动我国由人才大国迈向人才强国，将人才工作作为“全面提高党的建设科学化水平”八项任务之一。十八届三中全会强调指出，全面深化改革，需要有力的组织保证和人才支撑。要建立集聚人才体制机制，择天下英才而用之。这些都充分体现了党中央、国务院对人才工作的高度重视，为人才成长发展进一步营造出良好的政策和舆论环境，极大激发了人才干事创业的积极性。

国以才立，业以才兴。面对风云变幻的国际形势，综合国力竞争日趋激烈，我国在全面建成社会主义小康社会的历史进程中机遇和挑战并存，人才作为第一资源的特征和作用日益凸显。只有深入实施人才强国战略，确立国家人才竞争优势，充分发挥人才对国民经济和社会发展的重要支撑作用，才能在国际形势、国内条件深刻变化中赢得主动、赢得优势、赢得未来。

近年来，交通运输行业深入贯彻落实人才强交战略，围绕建设综合交通、智慧交通、绿色交通、平安交通的战略部署和中心任务，加大人才发展体制机制改革与政策创新力度，行业人才工作不断取得新进展，逐步形成了一支专业结构日趋合理、整体素质基本适应的人才队伍，为交通运输事业全面、协调、可持续发展提供了有力的人才保障与智力支持。

“交通青年科技英才”是交通运输行业优秀青年科技人才的代表群体，培养选拔“交通青年科技英才”是交通运输行业实施人才强交战略的“品牌工程”之一，1999年至今已培养选拔283人。他们活跃在科研、生产、教学一线，奋发有为、锐意进取，取得了突出业绩，创造了显著效益，形成了一系列较高水平的科研成果。为加大行业高层次人才培养力度，“十二五”期间，交通运输部设立人才培养专项经费，重点资助包含“交通青年科技英才”在内的高层次人才。

人民交通出版社以服务交通运输行业改革创新、促进交通科技成果推广应用、支持交通行业高端人才发展为目的，配合人才强交战略设立“交通运输行业高层次人才培养项目著作书系”(以下简称“著作书系”)。该书系面向包括“交通青年科技英才”在内的交通运输行业高层次人才,旨在为行业人才培养搭建一个学术交流、成果展示和技术积累的平台,是推动加强交通运输人才队伍建设的重要载体,在推动科技创新、技术交流、加强高层次人才培养力度等方面均将起到积极作用。凡在“交通青年科技英才培养项目”和“交通运输部新世纪十百千人才培养项目”申请中获得资助的出版项目,均可列入“著作书系”。对于虽然未列入培养项目,但同样能代表行业水平的著作,经申请、评审后,也可酌情纳入“著作书系”。

高层次人才是创新驱动的核心要素,创新驱动是推动科学发展的不懈动力。希望“著作书系”能够充分发挥服务行业、服务社会、服务国家的积极作用,助力科技创新步伐,促进行业高层次人才特别是中青年人才健康快速成长,为建设综合交通、智慧交通、绿色交通、平安交通做出不懈努力和突出贡献。

交通运输行业高层次人才培养项目

著作书系编审委员会

2014 年 3 月

作者简介

Author Introduction

周荣贵，工学博士、研究员，现任交通运输部公路交通安全工程研究中心主任，中国工程建设标准协会公路委员会路线与交通工程委员会委员、交通部青年专家委员会委员；荣获交通部2005年“交通青年科技英才”，入选2006年交通部“新世纪十百千人才工程”第一层次人选以及国家人事部“新世纪百千万人才工程”国家级人选。主要从事公路路线设计、公路通行能力与道路交通安全等领域的标准规范制(修)订、研究和设计咨询等工作。

作为学术带头人，完成的重大科研项目主要包括：“九五”国家科技攻关项目“公路通行能力研究的装备与技术”“十五”国家科技攻关项目“快速路系统通行能力研究”、交通部标准规范项目“高速公路运行速度设计方法与设计标准”“公路纵坡坡度与坡长限制”等多项，以及西部交通建设科技项目“山区双车道公路路线设计参数的研究”“山区高速公路匝道线形设计技术研究”和“西部地区公路运行速度特征与应用模型的研究”等多项课题。参与制(修)订的标准包括：《公路工程技术标准》(JTG B01—2014)、《公路路线设计规范》(JTG B20—2006)、《公路立体交叉设计细则》(JTG/T D21—2014)和《公路项目安全性评价规范》(JTG/T B05—2014)等，并正在主持编写《平面交叉口设计细则》《公路通行能力分析细则》与《避险车道设计细则》等行业规范。先后获得国家科技进步二等奖1次、省部级科学技术特等奖、一等奖多次。2010年3月，作为交通运输部科技司特约专家走进交通科技大讲堂，为全国公路交通系统讲授了公路安全审计，指导全国公路安全运营与管理。

前　　言

Foreword

道路通行能力分析是公路规划设计、运营管理的基础，是每一位道路交通从业人员必备的技能之一。美国作为最早进行道路通行能力研究和最具代表性的国家，至今已经出版了5版《道路通行能力手册》，德国也于2015年出版了第3版《道路通行能力手册》。我国从20世纪80年代初期开始进行道路通行能力研究，其研究发展与实践已经30多年，至今未正式出版过《道路通行能力手册》，但以“九五”期间“公路通行能力研究”“十五”期间“城市快速路系统通行能力研究”以及交通部西部交通建设项目“山区双车道公路通行能力研究”等课题的成果，却支撑了我国现行的《公路工程技术标准》和《公路路线设计规范》等交通运输行业最为重要的技术章程，指导了我国数万千米高速公路以及上百万千米的等级公路的建设和运营提升。目前，我国的公路事业仍处于快速发展时期，截至2015年年底，我国公路网总里程突破了450万千米，其中高速公路里程达到了12.2万千米。

本书是作者在全面总结多年通行能力研究及实践，借鉴和吸收了国外最新版《道路通行能力手册》的分析方法与编排结构，并对具有我国国情特点的施工区、交织区、收费站等设施的通行能力开展了专项研究的基础上总结而成的。本书的分析方法和参数取值立足于我国的公路设施类型与交通现状，其中，典型的速度—流量关系、车辆折算系数、服务水平分级指标和阈值，甚至是分析方法等，较以往成果都有较大调整。算例分析部分能够帮助读者更好地掌握分析步骤、理解方法的使用和参数的取值。本书内容与现行标准、规范密切相关，是标准、规范的细化和重要补充，同时也可为通行能力的研究提供参考。本书的出版有助于进一步提升公路建设与运营管理决策的科学性。

本书共分十二章。周荣贵撰写第一章、第二章，钟连德撰写第三章，荣建、周晨静撰写第四章、第五章，周建撰写第六章，方靖撰写第七章，柴华撰写第八章，邵长桥撰写第九章,李冰撰写第十章,邵春福撰写第十一章,张智勇撰写第十二章。周荣贵和钟连德负责全书的统稿工作。

感谢“交通运输行业高层次人才培养项目”对本书出版的资助!感谢北京工业大学任福田先生!作为道路通行能力研究领域的权威,任先生在本书的编写过程中提出了很多宝贵的意见和建议。书中参阅了大量的国内外参考文献,引述文献已尽量予以标注,但难免存在疏漏,在此对各文献作者一并致谢!

著　者

2016 年 10 月

目　录

Contents

第一章　绪　　论

第一节　引　　言

公路通行能力反映了公路设施在保持规定的运行质量前提下所能疏导交通流的能力，是公路规划、设计和运营管理的重要参数。本手册可为公路规划、设计、运营和管理人员提供完整的通行能力分析指南，可作为《公路工程技术标准》和《公路路线设计规范》的配套使用手册。

一、手册编写背景

自20世纪50年代，国外开始通行能力领域的研究，持续至今，取得了大量的研究成果，其中美国运输研究委员会（Transportation Research Board，以下简称TRB）的研究工作最具系统性和代表性。从1950年第一部《道路通行能力手册》（以下简称HCM）出版至今，随着交通工具的更新、交通设施的发展，几乎每隔15年再版一次。特别是于2000年编写的第4版HCM，吸收了世界范围内最新的研究成果，引入了交通流仿真模型和智能交通技术（以下简称ITS），丰富了通行能力研究的实验手段。目前，正在使用的HCM是2010年出版的第5版。其他一些发达国家和发展中国家也以美国HCM为蓝本，结合各国具体的交通流特性，编写了各自的《道路通行能力手册》。德国的第3版《道路通行能力手册》也于2015年出版，目前在国际上的影响也非常大。

我国对通行能力的研究大体可分为4个阶段：开始阶段（1990年之前），大规模开展研究阶段（1991年~2000年），深入重点研究阶段（2001年~2010年）以及成果更新和提升阶段（2011年至今）。

20世纪80年代初，随着我国交通工程学科的逐渐形成，通行能力研究也逐渐开展起来，此时主要以混合交通、交叉口、交通流理论等方面专项研究为代表。例如，1983年，交通部公路科学研究所联合八省市的公路交通部门，进行了“混合交通双车道公路路段设计通行能力”研究。与此同时，市政工程部门联合北京工业大学、东南大学、同济大学等高等院校，也先后对城市交叉口的通行能力进行了分析研究，长沙交通学院还应用交通熵的理论对混合交通的交通组成特性进行了探索性研究。这个时期，更多的是引入国外通行能力的研究方法，利用实际数据，对我国的交通运行特性进行分析。

进入20世纪90年代，是通行能力研究的大规模开展阶段，此时主要是系统地学习美国HCM，全面开展各种设施的通行能力研究。1991年，北京工业大学翻译出版了美国的

《HCM 85》，1994 年交通部公路科学研究所开展了“等级公路适应交通量和折算系数标准”的研究，项目的成果最后纳入了公路工程技术标准，成为公路工程技术分级的依据。1995 年，世界银行也将道路通行能力研究作为河北、河南两省贷款项目——石安高速公路技术援助项目的一部分，并聘请了 10 位国内外咨询专家，重点对双车道公路、无信号控制与信号控制交叉口开展了较大规模的研究。但这些研究都是地方性的、分散的，未能形成通行能力的理论核心与框架体系，因而难以作为修订标准和规范的技术依据。为此，在前期研究的基础上，“九五”期间国家计委立项对“公路通行能力研究”进行了专项科技攻关，针对我国的交通组成、车辆动力特性以及驾驶人行驶特征，在北京、河北、河南、辽宁、四川、新疆和广东六省（区）一市对各类公路设施的通行能力进行了较全面、深入的研究。该项目历时 5 年，研究开发了交通流自动检测系统和数据统计分析处理软件；建立了我国代表性地区公路路段速度——流量统计分析模型；首次系统地建立了适合我国交通特点的高速公路、双车道公路路段的交通运行仿真模型并开发相应软件；提出了适合我国国情的公路通行能力分析方法体系，成果有力地支撑了标准和规范的编制。应该说，该项目在我国通行能力研究方面具有里程碑式的意义，直至今天相关参研单位和人员仍然是这个领域的佼佼者。

进入 2000 年之后，则主要是深入重点、查缺补漏阶段。此时研究对象逐渐从高速公路转向城市快速路。2002 年，交通部公路科学研究所承担了“十五”国家科技攻关计划“快速路系统通行能力研究”；2003 年，哈尔滨工业大学承担了国家自然科学基金项目“城市快速路系统交通流理论及其应用研究”，同年，交通部公路科学研究所承担了西部交通建设项目“山区双车道公路通行能力研究”；2006 年，北京工业大学承担了国家科技支撑计划“城市道路通行能力与交通系统评价方法”项目；2007 年，北京工业大学还翻译出版了美国《HCM 2000》；2008 年，交通部公路科学研究院开展了“天津城市快速路互通立交通行能力研究”。其中，“快速路系统通行能力研究”项目建立了快速路系统速度—流量统计分析模型，在国内首次提出了适合国情的快速路通行能力理论分析体系，确定了快速路各个组成部分的理想通行能力值；对交织区进行了分类，建立了基于可穿插间隙理论和最优化理论的通行能力确定方法。开发了快速路系统的交通运行仿真模型和《快速路通行能力分析指南》，为编制《城市快速路设计规程》（CJ J129—2009）《城市道路工程设计规范》（CJ J 37—2012）提供了有效支撑。

2010 年，美国出版了《HCM 2010》，我国的道路通行能力研究与应用也进入了一个崭新的发展阶段。此时，除了要考虑新的发展需求、更多及更为复杂的外部影响因素外，还要考虑新的技术革新对驾驶行为和通行效率的影响。例如，不同车道利用条件下的多车道高速公路通行能力研究，事件条件下路段及路网的通行效率研究，不同养护和改扩建施工交通组织下的施工区通行能力分析等，是目前道路运营管理提出的新的需求。目前，车路协同、车联网、自动驾驶技术已经处于试验及部分商用阶段，这些车辆的存在将导致交通流不再完全符合传统意义上的交通运行特点，交通安全和通行效率均将产生较大的变化，这也是目前阶段及未来要持续研究的重点。

本手册正是以多项科技成果为技术支撑，同时借鉴美国、德国等最新版手册的分析方法和编写结构完成的，以期科学地指导公路规划、设计、运营和管理。

二、通行能力分析的主要作用

公路通行能力作为公路规划、设计与管理的基本依据，贯穿于我国公路工程建设的各个阶段。通行能力分析的主要作用可以概括为以下 4 个方面。

1. 用于公路规划设计

（1）确定公路技术等级的主要依据。

根据设计小时交通量和公路设计通行能力的对比，可以提出所设计公路的技术等级、所需的车道数以及是否需要设置爬坡车道等。

（2）设计长度内总体服务水平的分析。

高速公路和一级公路各组成部分（基本路段、匝道及交织区）通行能力和服务水平的分析计算后，可得到每一组成部分的服务水平级别，以了解全线服务水平的差别情况，并从整体出发，做出几何设计上的调整与改进，并消除潜在的瓶颈路程。

2. 用于交通运行分析

评估现有公路网承受交通需求的适应程度，并通过交通量预测及投资效益和环境影响等的评估，规划公路网改善的规模、建设项目和实施步骤。

3. 用于服务水平分析和交通量预测

对现有的或潜在的瓶颈路段进行服务水平分析和交通量预测，提出改善交通运行质量的公路工程措施和交通管理措施。

4. 用于交通管理

根据预测交通量增长情况和分析运行质量变化情况，计划好各阶段交通管理措施。

三、分析层次

根据公路建设的工作阶段和通行能力分析目的，按不同要求，《公路通行能力手册》在两个层次上展开对公路设施通行能力的分析。

1. 运行状况分析

其目的是在现有的或规划的交通需求下，确定交通流的运行状况及公路设施所能提供的服务水平等级，计算实际道路条件下的通行能力，以及在保持某一特定运行状况的前提下所能通过的最大服务流量。通过运行分析，可以发现现有交通设施存在的问题，并寻找解决问题的方法，正确评价公路运行状况，为公路交通管理部门制订正确的交通管理措施提供依据，保证公路处于良好的运行状况。

2. 规划和设计分析

其目的是确定公路设施的几何参数。在规划、设计阶段，计算在特定的运行状况条件下，承担给定交通量所需要的公路设施几何参数，如车道数、行车道宽度、平交类型等，并预测其他一些设计要素（如预留中央分隔带、调整路肩宽度、设置爬坡车道等）对通行能力和运行特性的影响。规划分析与设计分析的根本目的是一致的，但由于规划分析交通资料仅有规划年的年平均日交通量（AADT），其他必要的分析参数则由分析人员假定或采用推荐的默认值，所以与设计分析相比，规划分析相对比较简单。

四、手册编写原则

《公路通行能力手册》不仅要提供各种公路设施的通行能力分析方法，更重要的是对公路通行能力进行系统的论述。本次手册编写工作是我国首次对公路通行能力进行总结，所以最根本的是要建立系统、科学、全面的结构层次，使手册在内容上尽量覆盖通行能力全部研究领域，并且特别强调手册的总体结构，在满足表述清晰的同时还能符合手册不断发展的需要。在内容上，以现有研究成果为基础，突出重点，重点编写公路路段和无信号交叉口部分，其他内容则在借鉴国外相关经验的基础上进行编写。手册的内容和形式注重实用性和可操作性，并为使用人员提供了丰富的算例，使之更易使用、满足各有关部门和各层次人员的相关需求，为公路规划、设计及工程可行性研究、交通控制与管理提供依据。

五、地区划分

本手册将全国按地理位置和交通特性划分为东部、中部和西部三大地区，具体划分见表1-1。

东部、中部和西部地区的划分 表1-1

地　　区	所含省、自治区、直辖市
东部地区	北京、天津、河北、辽宁、山东、江苏、浙江、上海、福建、广东、广西、海南
中部地区	山西、内蒙古、吉林、黑龙江、安徽、江西、河南、湖北、湖南
西部地区	四川、重庆、贵州、云南、西藏、陕西、甘肃、青海、宁夏、新疆

注：本表未包括港澳台地区。

第二节　基本定义

一、公路设施类型

公路交通设施，按照交通特性可分为连续流公路设施和间断流公路设施两大类。

连续流公路设施（以下简称连续流），指交通流状况是交通流内部各车辆之间相互作用和影响以及公路几何构造、环境条件等对车辆作用和影响的结果，没有如交通信号等固定因素从外部导致交通流中断的公路设施。在这些公路设施上，交通流状态是车辆相互之间，以及车辆与公路线形、公路环境之间相互影响的结果，而没有停车或让路一类的交通标志，也不会由于信号灯控制、平面交叉而中断车流。

间断流公路设施（以下简称间断流），指由于外部条件而导致交通流周期性中断的交通设施，导致间断流的主要设施装置包括交通信号、停车标志和其他类型的管制设备。无论车流量多大，这些设施会导致交通流产生周期性的停止或车速明显的减慢。

连续流和间断流描述的是公路设施的类型，而与公路设施内部交通流性质无关。因此，一条高度拥挤的高速公路，尽管交通流状态已经不稳定了，但高速公路设施仍然是“连续流公路设施”。因为，此刻的交通拥挤是源于交通流内部的相互干扰，而不是由于外部设备所导致。对于中断性交通流的道路设施，其通行能力不仅受到几何构造等的限制，而且还受到交通流中各行驶方向车流有效利用道路设施的时间的限制，连续流交通设施的通行能力则不受时间利用的限制。

尽管环形平面交叉和ETC收费车道在一定条件下存在交通流连续运行的情况，但这类设施总体上归为间断流设施。

本手册提供的通行能力分析方法适用于表1-2所列的公路设施类型。

公路设施形式表 表1-2

连续流公路设施	间断流公路设施
高速公路 　　基本路段 　　交织区 　　分流区、合流区 一级公路路段 二级公路、三级公路路段 施工区	信号交叉 　　无信号平面交叉 　　十字交叉 　　T形交叉 　　环形平面交叉 收费站

二、通行能力

公路设施的通行能力，定义为在一定时段和通常的公路、交通与控制条件，以及规定的服务质量要求下，能合理地期望车辆通过车道或公路的一点或均匀断面上的最大小时流率。其中，以下几个问题需要明确：

（1）通行能力是指在特定时段内讨论的。通常该时段为15min，此为稳定交通流的最短存在时间，通常以15min作为研究交通流模型和交通量与运行质量相互关系的时间间隔。

（2）通行能力是在通常的公路、交通和管制条件下的公路的一点或均匀断面基础上来讨论的。而公路条件包括车道数量、车道宽度、几何线形、横断面形式等内容；交通条件主要包括交通流量大小、交通组成、驾驶人总体特征等；管制条件包括限速标志、停车标志、让车标志、信号控制等，以及公路的一点或均匀断面，只有这些条件确定下来以后，交通设施的通行能力才能确定。所有这些条件的变化都将导致通行能力的变化。

（3）通行能力是在合情合理的条件下讨论的。所谓合情合理是统计意义上的一个概念，通行能力实质上是一个统计值，是指在交通需求充足的高峰期间交通设施能反复达到的某个交通流率。通行能力值绝对不是指交通设施在特定时段达到的最大流率，因为绝对的最大流率在每一天、每一个地方都各不相同，而是在特定条件下“合情合理”地经常出现的最大流率。

（4）通行能力分析必须与运行质量相联系。通行能力分析的目的之一是估算已知公路设施所能通行的最大交通量。由于交通设施在达到或接近其通行能力时，交通状况通常处于不稳定状态，运行质量很差，很少以此作为公路设施规划或设计的依据。因此，通行能力分析必须与交通运行质量联系起来，以保证在一定年限内交通流的稳定运行。

由于不同公路设施的公路条件、交通条件等几乎都不相同，在具体应用时需要有一种不同公路的通行能力均能与之对比的基本参照通行能力，因此，公路通行能力按使用性质可分为基准通行能力、实际通行能力和设计通行能力三种。

1. 基准通行能力

在基准的公路、交通、环境和管控条件下，公路设施的一条车道或特定横断面上，规定时段内期望所能通过的最大小时流率即基准通行能力，单位通常为 pcu/(h·ln)或 pcu/h。在某些论文或者报告中有“基本通行能力”的概念，其指在理想的公路和交通条件下的通行能力。但从字面理解，“基本通行能力”不是“最大的”，应该存在比基本通行能力大的条件，因此本书提出了“基准通行能力”的概念。基准通行能力是指基准条件下的通行能力，各章交通设施定义的“基准条件”以原来的“理想条件”作为基准，而不是“通常条件”。基准条件下，通行能力通常取最大值，非基准条件的折减系数都小于1。

其中，基准条件是指天气良好、路面状况良好、公路使用者熟悉交通设施且公路中没有任何障碍。基准条件原则上是指对条件更进一步改进时也不能提高通行能力的条件。对于连续流公路设施（图1-1）和间断流公路设施（图1-2）的基准条件分述如下。

图1-1　连续流公路设施

图1-2　交叉口引道

（1）连续流公路设施的基准条件主要包括：

①车道宽3.75m；

②行车道外边缘线与右侧障碍物之间的净宽为1.75m，距左侧障碍物之间的净宽为0.75m；

③多车道公路的设计速度≥100km/h；

④交通流中只有小客车，没有其他类型车辆；

⑤平原地形；

⑥双车道公路中没有禁止超车区；

⑦没有行人和自行车的干扰；

⑧没有交通控制或转弯车辆干扰直行车的运行。

（2）交叉口引道的基准条件主要包括：

①车道宽 3.75m；

②引道坡度为零；

③交叉口引道上没有路边停车；

④交通流中只有小客车；

⑤驾驶行为规范，冲突车流遵守优先规则；

⑥没有自行车和行人干扰。

2. 实际通行能力

在实际或设计的公路、交通、环境和管控条件下，公路设施的一条车道或特定横断面上，规定时段内期望所能通过的最大小时流率，即为实际通行能力，单位通常为 veh/h、veh/(h·ln)或 pcu/(h·ln)、pcu/h。

3. 设计通行能力

在规划或设计的公路、交通、环境和管控条件下，公路设施的一条车道或特定横断面上，相应设计服务水平下公路设施期望所能通过的最大小时流率，即为设计通行能力，单位通常为 pcu/(h·ln)或 pcu/h。

以上 3 种通行能力的定义分别是基于公路、交通管制条件和选用的服务质量要求。基准通行能力与设计通行能力的主要区别在于前者是在基准条件下的，而后者是在实际（或预计）条件下的通行能力；而实际通行能力与设计通行能力的主要区别在于前者是在不论运行质量如何的情况下的，而后者是在所选用服务水平条件下的通行能力。因此，通行能力分析既常用来确定交通设施在规定的运行质量条件下所能承受的最大交通量，也可用于了解特定交通需求下，公路交通设施的运行质量。这样，将公路规划、设计及交通管理等与运行质量联系起来，能更加合理地使用公路建设资金、提高公路工程和汽车运输的综合经济效益。

虽然 3 种通行能力的划分并不能完全表达交通运行状况与通行能力的关系，而且在美国 HCM 中早已取消了这种定义，但考虑到我国工程设计人员多年的习惯，并与技术标准中的适应交通量指标相对应，因此，本手册仍沿用了这 3 种定义。

三、服务水平

服务水平是衡量交通设施提供的运行质量好坏的定性指标。服务水平定义为衡量交通流内的运行条件及其为驾驶人和乘客提供服务质量的一种衡量指标，通常与行车速度、行驶时间、驾驶自由度、交通阻塞程度以及舒适和方便程度等因素有关。

在《公路工程技术标准》（JTG B01—2014）修编过程中，有部分的管理人员和设计人员认为以 4 个级别对服务水平进行划分存在着明显的不足，建议将服务水平分级细化。因此，本手册在编写过程中做了进一步的考虑，将服务水平由原来的四级调整为六级。其基本思想是将原来的二级通过内插划分为二级和三级，原三级调整为四级，原四级上半段调整为五级，原四级下半段调整为六级。服务水平分级细化后，在进行公路规划设计时可以提供更多的选择且更有针对性，如可以根据公路功能、区位、服务交通组成特征、路段特点等选择最经济合理的服务水平对应的交通量进行规划设计；在进行公路实际运营状况分析时，结论的描述将更为精确，同时也非常有益于实时交通的管控。

本手册根据交通流状态，将服务水平分为6级，6级服务水平的定性规定如下。

（1）一级服务水平：交通流处于自由流状态。行车密度小、速度高，驾驶的自由度很大，驾驶人能按照自己的意愿选择行驶速度，不受交通流中其他车辆的影响。公路设施为驾驶人提供的舒适度和方便性最优。较小的交通事故或行车障碍的影响容易消除，在事故路段不会产生停滞排队。

（2）二级服务水平：交通流基本处于自由流状态，驾驶人基本可按照自己的意愿选择行驶速度，但是开始关注到交通流内有其他参与者，驾驶人身心舒适水平很高，较小的交通事故或行车障碍的影响容易消除，在事故路段会产生轻微停滞排队。

（3）三级服务水平：交通流状态处于稳定流的上半段。车辆间的相互影响变大，选择速度受到其他车辆的影响，变换车道时驾驶人要格外小心，较小的交通事故仍能消除，但事故路段的服务质量大大降低，事故路段会形成排队，驾驶人心情紧张。

（4）四级服务水平：交通流状态处于稳定流的下半段，但是车辆运行明显地受到交通流内其他车辆的相互影响，速度和驾驶的自由度受到明显限制。交通量稍有增加就会导致服务水平的显著降低，驾驶人身心舒适水平降低，即使较小的交通事故也难以消除，会形成很长的排队车流。

（5）五级服务水平：交通流状态处于拥挤流，交通量即将达到饱和状态。任何干扰都会使交通流紊乱甚至交通阻塞，车流行驶的灵活性极端受限，驾驶人身心舒适水平很差。

（6）六级服务水平：交通流处于拥堵状态，是通常意义上的强制流或阻塞流。交通需求超过公路设施允许的通过量，车流排队行驶，队列中的车辆出现走走停停现象，运行状态极不稳定，可能在不同交通流状态间发生突变。

连续流公路设施各级服务水平运行状态如图1-3～图1-8所示。

图1-3　公路一级服务水平下交通流状态

图 1-4 公路二级服务水平下交通流状态

图 1-5 公路三级服务水平下交通流状态

图 1-6 公路四级服务水平下交通流状态

图 1-7 公路五级服务水平下交通流状态

图 1-8 公路六级服务水平下交通流状态

以上定义主要是针对连续流的概念性描述。对于间断流交通设施的服务水平，按照使用者对服务质量的感受和服务水平运行质量评价指标这样两个条件去衡量，因交通设施不同而有很大的差别，这里不再一一介绍，而在相应章节具体描述。

由于各种交通设施中能够敏感地反映交通运行状况和质量的指标不尽相同以及有效资料不足，故不能同时用上述诸因素来量度服务水平和划分服务水平等级。因此，手册根据指标对交通运行状况和运行质量的敏感程度，选择了能反映交通设施运行质量的参数作为衡量该交通设施服务水平的评价指标。表 1-3 列出了用于确定各种设施服务水平的评价指标，服务水平评价指标可分为主要评价指标和次要评价指标两类。

对于连续流公路设施，本手册中主要采用 v/C 为主要评价指标，而不再是美国 HCM 中所用的密度指标。v/C 衡量公路的拥挤程度，更为简单、直观。对于相同等级公路，由于交通组成不同或者限速等因素，即使计算出的 v/C 相同，实际提供的服务质量感受也可能是不同的。一般公路使用者所关心的服务质量，除了拥挤程度外，就应该是速度了。为此，本手册引入了小客车实际行驶速度与基准自由流速度差这一指标，作为服务水平的次要评价指标。次要指标在一定程度上还能体现出交通运行的安全状态。速度差越大，越不利于交通安全。

服务水平评价指标　　表 1-3

<table>
<tr><th rowspan="2">公路设施类型</th><th colspan="2">评价指标</th></tr>
<tr><th>主要指标</th><th>次要指标</th></tr>
<tr><td colspan="3">连续流公路设施</td></tr>
<tr><td>高速公路基本路段</td><td rowspan="5">v/C</td><td rowspan="5">小客车实际行驶速度与基准自由流速度差</td></tr>
<tr><td>高速公路交织区</td></tr>
<tr><td>高速公路分流区、合流区</td></tr>
<tr><td>高速公路施工区</td></tr>
<tr><td>一级公路</td></tr>
<tr><td>二级公路、三级公路</td><td colspan="2">延误率、v/C、实际行驶速度</td></tr>
<tr><td colspan="3">间断流公路设施</td></tr>
<tr><td>无信号平面交叉</td><td>车均延误</td><td>v/C</td></tr>
<tr><td>环形平面交叉</td><td colspan="2">v/C</td></tr>
<tr><td>信号交叉</td><td>车均延误</td><td>周期时长</td></tr>
<tr><td>收费站</td><td colspan="2">延误指数、v/C、最大服务交通量</td></tr>
</table>

四、车辆分类及车辆折算系数

各种尺寸和各种性能机动车混合行驶，是我国公路交通流的一个重要特性。运行速度较高的小客车受载重汽车、大型牵引车等慢速车的干扰，即使在高速公路上，也不存在单一车型的交通流。车型构成复杂，各种车型间的外形尺寸和动力性能相差悬殊，而且超车频繁，严重地影响了车辆的运行质量和公路设施的通行能力。因此，为量化不同车型车辆对通行能力的影响程度，首要的问题是对车型进行分类并确定各非标准车型的车辆折算系数。

车辆折算系数是用于将混合交通流量换算为100%标准车流量的参数，为的是使各公路、交通条件下的混合交通量之间具有可比性。车辆折算系数定义为：在特定的道路、交通组成条件下，所有非标准车相当于标准车对标准车交通流流量影响的当量值。由于在现行《公路工程技术标准》（JTG B01—2015）中规定以小客车为标准车型，因此车辆折算系数主要是指小客车以外的其他车型相当于小客车的当量值。世界上通用PCE（Passenger-car equivalents）表示车辆折算系数。PCE的最基本考虑，主要是车辆本身的几何尺寸以及其动力性能的使用充分性。在一定的公路条件下，载重车占据了较大的动态行驶空间，公路的使用率减小，直接影响到车辆的瞬时通过率，导致通行能力降低。

第三节　交通流特性

一、交通流关键参数

表征交通流特性的关键参数主要有速度、交通量和车流密度。

1. 速度

速度用单位时间通过的距离表示，单位为 km/h。在表示交通流的速度特性时，因为在交通流中观察到的速度分布通常比较离散，所以一般采用速度的统计特征值来表示。本手册所用的速度标准是平均行程速度（average travel speed），这是因为在计算该值的过程中，很容易观测交通流中单个车辆的行程速度，并且在统计学上，该速度值最适合用来讨论与其他变量之间的关系。计算平均行程速度系采取公路的一段长度 L 除以车辆通过该路段的平均行程时间。因此，如果有 n 辆车，通过路段的长度为 L，测得车辆的行程时间为：$t_1, t_2, \cdots, t_n$，则平均行程速度可按式（1-1）进行计算。

$$v_s = \frac{L}{\sum_{i=1}^{n} t_i / n} = \frac{nL}{\sum_{i=1}^{n} t_i} \tag{1-1}$$

式中：v_s ——平均行程速度（km/h）；

L ——公路路段长度（km）；

t_i ——第 i 辆车通过该路段的行程时间（h）；

n ——观测行程时间的次数。

值得注意的是：

（1）计算中使用的行程时间包括观测路段中由于设备中断或交通拥塞引起的停车延误，该时间是指通过观测路段的总的行程时间。

（2）注意平均行程速度与平均行驶速度（average running speed）的区分。平均行驶速度是距离除以通过此距离的平均行驶时间，平均行驶时间只包括车辆处于运动中的时间。虽然对于在非阻塞条件下运行的连续流设施，平均行程速度和平均行驶速度是相等的，但是从概念上应该对二者有明确区分。同时，二者都可以认为是区间平均速度，在统计意义上，都是计算一定区间内的平均速度。

（3）通行能力分析中，实测平均行程速度时，最好通过观测车辆驶过公路的时间来进行计算。而区间长度的选取，对于稳定流范围内运行的连续流交通设施，所取长度应为100m 以上，以便于观测；对于间断流交通设施，观测路段长度应该包括相关的交通中断点。

（4）利用雷达测速仪或其他设备可观测地点速度，地点速度的算术平均值就是时间平均速度。时间平均速度通常比相应的区间平均速度大 1 ~ 7km/h，但随着速度的提高，两者之间的差异变小，即区间平均车速接近于时间平均车速。时间平均速度通常不适于评价间断流交通设施，因为交通中断所损失的运行时间是评价间断流交通设施重要组成部分。另一方面，通过计算地点速度的调和平均值，可以得到区间平均速度，也就是说可以通过地点车速计算区间速度。在第二章中对时间平均速度和区间平均速度之间的关系将作进一步的讨论。

2. 交通量和流率

交通量和流率都是描述规定时间间隔内，通过一条车道或公路某一断面的车辆数的度量值，具体定义如下。

1）交通量

在已知时间间隔内，通过一条车道或道路某一点或某断面的车辆总数即为交通量。交通量可分为年交通量、日交通量、小时交通量或不足一小时时段的交通量，不足一小时时段的交通量如 15min 交通量、5min 交通量等。

2）流率

在给定不足一小时的时间间隔（通常为 15min）内，通过一条车道或道路的指定断面的当量小时交通量即为流率。

交通量与流率之间的区别很重要。交通量是在一段时间间隔内，通过一点的观测或预测的实际车辆数；流率则表示按照不足一小时观测间隔的交通情况，通过一点的小时当量的车辆数，以不足一小时时段观测的车辆数，除以观测时间（单位为小时），即得到流率。如果在 15min 内观测到的交通量为 100 辆，则小时流率为 400veh/h。

以表 1-4 为例说明两种度量的区别。在 4 个连续 15min 时段内观测了交通量，1h 的总交通量为各时段交通量之和即 4300veh/h，然而流率在每个 15min 时段内都各不相同。比如，在流量最大的 5:15 ~ 5:30 时段内，流率是 4800veh/h。应注意，实际上并没有 4800 辆车真正通过观测点，而是说如果按照 5:15 ~ 5:30 的交通情况持续 1h，通过该观测点的交通量应该是 4800 辆。可见，流率能更细致地反映交通量的波动情况，也更便于不同时间段相互比较。

交通量与小时流率之间的区别 表 1-4

时 间 段	交 通 量	小 时 流 率
5:00 ~ 5:15	1000（veh/15min）	4000（veh/h）
5:15 ~ 5:30	1200（veh/15min）	4800（veh/h）
5:30 ~ 5:45	1100（veh/15min）	4400（veh/h）
5:45 ~ 6:00	1000（veh/15min）	4000（veh/h）
小时交通量（5:00 ~ 6:00）	4300（veh/h）	最大小时流率 4800（veh/h）

在通行能力分析中，高峰时间的流率非常重要。在上例中，如果公路路段的通行能力是 4500veh/h，那么在峰值 15min 的流量时段内，当车辆以 4800veh/h 的流率到达，交通就会出现阻塞。可见，尽管整个小时的交通量小于通行能力，但是由于高峰时段的出现，却可能导致交通阻塞，而消散这种阻塞的过程将持续几个小时，使交通流状况不可能出现按照 1h 进行分析而得出的情况。因此，通行能力分析中通常采用高峰时间的流率，而并非 1h 的交通量。

高峰流率与小时交通量之间通常使用高峰小时系数产生联系。高峰小时系数定义为整个小时交通量与该小时内最大 15min 的流率之比，计算公式见式（1-2）。该值是一个 0 ~ 1 之间的小数，越接近 1，表示该时段内的交通量变化越平稳；而该值越小，说明该时段内的交通量变化越剧烈。

$$PHF = \frac{\text{小时交通量}}{\text{该小时内的高峰小时流率}} \tag{1-2}$$

如果采用 15min 时段计算高峰流率，PHF 按式（1-3）计算。

$$PHF = \frac{Q}{4 \times Q_{15}} \tag{1-3}$$

式中：PHF——高峰小时系数；

Q——小时交通量（veh/h）；

Q_{15}——在高峰小时内高峰 15min 期间的交通量（辆/15min）。

3. 密度

密度是指单位长度的车道或公路中的车辆数，单位为辆/km，通常是指一定时间段内单位长度的车道或公路中车辆数的平均值。密度是描述交通流运行状态的重要参数，它可以直观地反映车辆之间相互接近的程度，反映驾驶人操作的自由度。密度的观测方法通常有摄像法和计算法两种。

1）摄像法

选取制高点，对具有相当长度的一段公路进行高空摄像，可以获得密度观测值。

2）计算法

通过平均行程速度 v_s 和流率 Q 计算密度，按式（1-4）计算。

$$Q = v_s \times K \tag{1-4}$$

式中：Q——流率（veh/h）；

v_s——平均行程速度（km/h）；

K——密度（辆/km）。

例如，某公路路段的交通流率为 1000veh/h，平均行程速度 50km/h，则其密度为 K = 20 辆/km。

二、路段交通流特性

式（1-4）描述了路段交通流 3 个参数之间的基本关系。尽管单从这个基本关系式来看，当流率确定时，理论上可能出现无穷多组速度和密度的组合。但是，由于速度、密度和流率之间存在着内在联系，使这三者表现出如图 1-9 所示的关系。

图 1-9 中表现了连续流交通设施中速度、密度和流率的基本关系，这是连续流通行能力分析的理论基础。应该注意的是，这些关系是一般形式，针对不同的交通设施，这些曲线的确切形状和数量取决于所研究的公路路段的道路、交通条件。图 1-9 曲线上有几个交通流状态的关键点，说明如下。

（1）零流率值会在两种截然不同的条件下出现。其一，当公路上没有车辆时，密度为零，流率也为零。此刻的速度是纯理论的，是驾驶人完全自由选择速度情况下采取的速度，称为自由流速度，记为 v_f 。其二，当交通发生阻塞时，此刻密度最大（也称阻塞密度，记为 K ），车辆处于停止状态，速度为零，流率也是零。

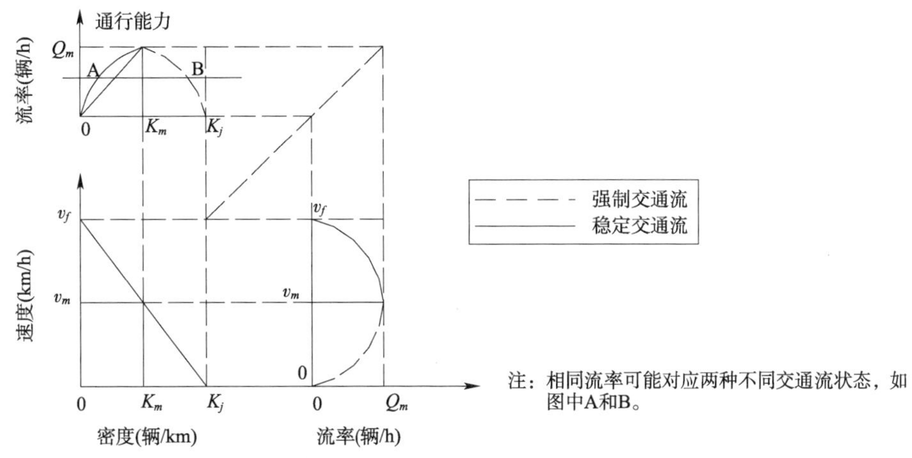

图 1-9 速度、密度和流率的关系图

（2）在这两个极端情况之间，交通流的速度、密度和流率相互作用，导致交通流动态特性发生显著的变化。理论上，当密度由零增加时，公路中行驶的车辆逐渐增多，流率也相应增加，此时，由于车辆之间的相互干扰，速度开始下降。当密度持续增加到某一临界值时，交通流的速度会急剧下降。直到密度增加和速度下降导致流率开始减少，这时流率达到最大值，即理论上的通行能力值。尽管理论如此，但在实测过程中，当密度和流率较小时，同向交通流之间的相互影响较小，速度的下降可以忽略不计。在美国《HCM 2000》中这种关系存在于相当大的一个流量范围内（高速公路基本路段中可达到 1300 辆小客车/h/车道左右），速度都不会因为流率的增加而减小。

（3）对于特定的交通设施，其统计意义上的最大流率就是它的通行能力，与此同时出现的交通密度称为临界密度，而相应的速度称为临界速度。当接近通行能力时，交通流中的可利用间隙很少；而达到通行能力时，交通流中不再有可利用的间隙，因此交通流中发生微小的扰动（包括车辆换车道，汇入、驶出以及交通流内部车辆的随机影响）都可能导致严重的交通阻塞。因此，当交通流在达到或接近通行能力状况时，交通流很难长时间保持稳定状态，演变成强制流或阻塞流。由于这一原因，在设计过程中，多数交通设施采用的设计交通量都小于其通行能力。

（4）除通行能力外，任何流率都对应着两种不同的交通状况：一种是高速度和低密度；另一种是高密度和低速度。曲线在整个高密度、低速度的部分认为是不稳定的，它代表强制流或阻塞流。曲线的低密度、高速度的部分是稳定流范围，代表自由流、稳定流，对应着一级到四级服务水平，而五级和六级服务水平则对应着强制流或阻塞流的部分。

三、交叉口交通流特性

信号交叉口是最典型的间断流设施，其最主要的特点是交通流受到信号控制的周期性干扰，使得某些流向的车辆周期性地停驶。每次停驶车辆都要经历减速和加速过程，造成运行时间的损失。下面对交叉口交通流的特性加以详细地讨论。

1. 信号交叉口有效绿灯时间的概念

有效绿灯时间（g）是指在给定的相位中，获得通行权的车辆能够有效利用的时间，它等于绿灯时间加上转换间隔再减去损失时间。由于信号交叉口某个流向并不是在整个信号周期内具有通行权，因此，已知有效绿灯时间和信号周期长度后，可根据饱和流率乘以信号的有效绿灯时间与周期长度的比值，得到该流向的实际通行能力。因此，有效绿灯时间是个十分重要的概念，是信号配时和交叉口通行能力计算中的重要参数。

2. 信号交叉口的饱和流率和损失时间

饱和流率表示在通常的公路和交通条件下，假定 1 个小时都是有效绿灯时间，在此时间内能通过交叉口引道或车道组的最大流率。如果整个绿灯小时可以利用，所有进入交叉口车辆的平均车头时距是 h_s，该值称为饱和车头时距。因此，饱和流率按式（1-5）计算。

$$Q_s = \frac{3600}{h} \tag{1-5}$$

式中：Q_s ——饱和流率（辆/绿灯小时/车道）；

h ——饱和车头时距（s）。

一个信号交叉口的实际流量是周期性中断的，每次流量被迫停止，就必须再次起动，并且要经历起动反应和加速。一般而言，前几辆车的车头时距比 h 都大。增量 t_i 称为起动损失时间。这些车辆的总的起动损失时间是这些增量之和，即

$$l_1 = \sum_{i=1}^{n} t_i \tag{1-6}$$

式中：l_1 ——总的起动损失时间（s）；

t_i ——车队中第 i 辆车损失时间（s）。

也可由式（1-7）计算损失时间：

$$l_1 = \sum_{i=1}^{n} h_i - n \times h \tag{1-7}$$

式中：h_i ——排在第 i 位置的车辆平均车头时距（s）；

h ——饱和车头时距（s）；

n——自然数，该值可由观测确定，排在第 n 位置后的车辆车头时距达到饱和。

图 1-10 是典型信号控制交叉口实测的饱和车头时距和排队位置图。图中最左边一点是第一辆车与停车线之间的平均时距。图 1-11 是理想状态下饱和流率和损失时间的示意图，图中 $n=6$。但实际应用中最好根据实测数据确定，每次车流被迫停止，还要经历另外一种损失时间。当一个流向停止时，为安全起见，在允许冲突车流进入交叉口之前，要有一段清尾时间。在此期间，没有更多的车辆进入交叉口，这一时间间隔称为清尾损失时间。清尾损失时间 l_2 是在相位转换之间，用于清空交叉口内车辆的时间间隔。在信号周期中通过使用黄灯或全红灯体现清尾损失时间。起动损失时间和清尾损失时间之和为一个周期总的损失时间，它和饱和流率是密切相关的。对于任何车道或流向，车辆在饱和流率时使用交叉口的一段时间，等于有效绿灯时间加上变换间隔，减去起动和清尾损失时间。由于一个流向每次起动和停驶都有损失时间，因此 1 小时内的总损失时间与信号配时有关系。

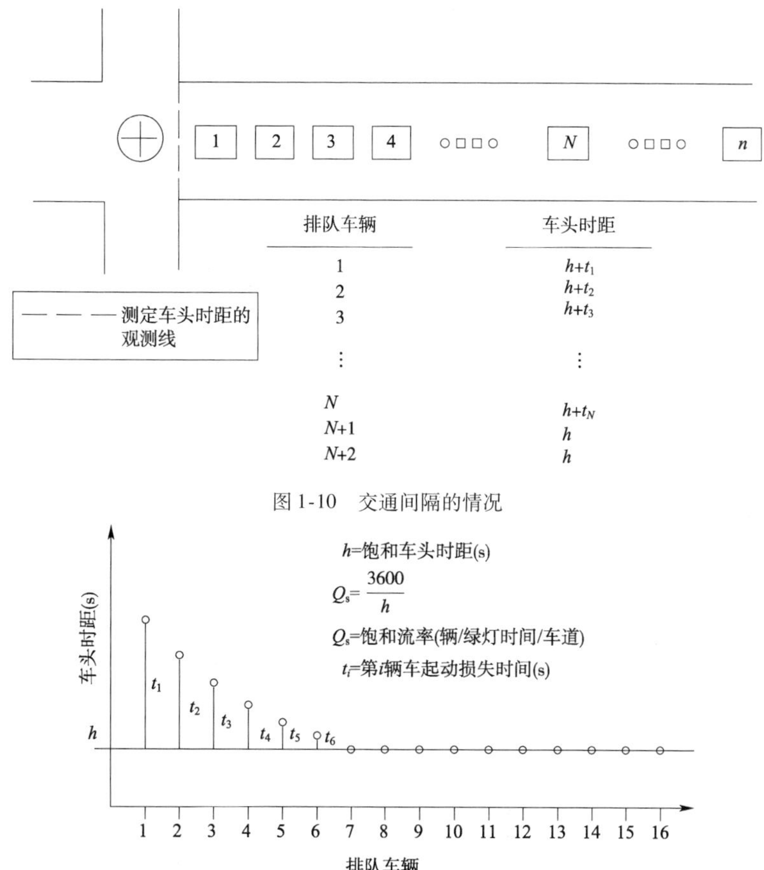

图 1-10 交通间隔的情况

图 1-11 饱和流率和损失时间图

3. 无信号交叉口处的交通流

驾驶人在无信号交叉口引道处，按停车或让路标志判断并选择主要公路车流中的间隙，完成期望的运行。因此，停车或让路标志管制的无信号交叉口引道通行能力取决于以下两个关键参数：

（1）主要公路交通流中可利用间隙的分布。

（2）次要公路上的驾驶人可穿插间隙的分布与随车时距。

主要公路交通流的可利用间隙分布取决于公路上的总交通量、方向性分布、主要公路上的车道数以及在交通流中出现车队的比例和类型。

间隙的可穿插性与随车时距，取决于次要公路上的车辆必须完成的操作（左转、直驶或右转）的类别，主要公路的车道数，主要公路车辆的速度、视距，次要公路车辆已等待的时间长度以及驾驶人特征（如视力、反应时间、年龄等）。

4. 控制延误

控制延误是控制设施引起的车辆运行时间的损失，对交叉口而言是车辆通过交叉口的实际行程时间和车辆以正常速度通过交叉口时间之差。控制延误是评价交叉口服务水平的一个主要衡量指标。由于交叉口服务水平和平均控制延误是直接相关的，因此，可通过估计所有引道和整个交叉口的平均控制延误确定交叉口的服务水平。

第二章　交通流参数特性

第一节　引　　言

本章主要介绍与通行能力和服务水平分析有关的交通流特征参数，如交通量的时、空分布特点与平均行驶速度、密度的关系。由于我国国土面积较大，各地的经济发展水平很不一致，因此在公路、交通条件以及驾驶人驾驶行为上存在比较明显的差别。本章所提供的交通流参数之间的关系及其随时间和空间不同而产生的变化，都是在“全国平均”意义上讨论的。如果要准确把握交通流参数对公路规划和设计要求的影响，则应该基于当地的实测交通数据进行分析。

第二节　交通量特性

一、交通量和交通流率

交通量是指在单位时段内，通过公路某一地点、某一断面或某一条车道的交通实体数。按交通类型分，有机动车交通量、非机动车交通量和行人交通量，本手册则指来往两个方向的机动车辆数。交通流率是在给定不足1h的时间间隔（通常为15min）内，车辆通过一条车道或公路的指定点或指定断面的当量小时流率。第一章已经说明，这两个概念有明显区别，交通量是在一段时间间隔内，通过一点的观测或预测的实际车辆数；流率则表示在不足1h的间隔内通过一点的车辆数，但以当量小时流率表示。

交通量在时间和空间上都是变化的。这些变动与公路设施类型有关，在充分满足交通需求的前提下，这种变化也就成为公路设施规划和设计的基础数据。在时间方面，因为交通流量在一整天不是均匀分布，设计的设施通常需要满足1h甚至15min的高峰需求，显然在其他时段就不能充分利用公路设施；在空间方面，对于给定的设施，交通流也不会在所有可利用的车道或方向上均匀地分布，必然存在方向性差别和不同车道的差异。

二、时间变化特性

公路交通需求是随一年中的每个月、一星期中的每一天、一天中的每个小时以及在一小时之内的时间间隔而不断变化的。时间跨度越长，交通不均匀性亦越大。在这些时段内，即使通过相同的交通量，但由于交通量不均匀分布，使在单位时间内的运行质量有时高、有时低，而且时间单位越大，在一单位时间内运行质量变化幅度就会越大。如果公路设施不能满足高峰 15min 时段内的交通需求，很可能会发生四级服务水平时的阻塞运行状况。而且，一次堵塞的影响时间会大大影响到交通需求小于通行能力的时段，使交通阻塞几个小时后才能消散，这样就不能很好反映交通量与运行质量之间的关系。因此，公路设施的规划设计往往要考虑高峰小时的交通需求。

在交通需求中的季节高峰也非常重要，尤其是旅游交通设施。通常，在一年内的大部分时间中，通向旅游胜地的公路使用率都不高，仅是在高峰期间产生有规律的拥挤。

1. 按季节和月份的变化

交通需求的季节性波动反映了公路服务地区中社会和经济活动的变化。这里分别选取一段普通公路和一段旅游公路，计算交通量的月变系数（表 2-1）。其中，普通公路路段数据来自黑龙江省国道 221 线（三级公路）佳木斯椰川观测站，旅游公路路段选自青海省国道 109 线（三级公路）海东倒淌河观测站（该路段可通向青海湖）。

代表路段交通量月变系数　　表 2-1

观测站	路段＼月份	1	2	3	4	5	6	7	8	9	10	11	12
椰川	普通公路	0.91	0.74	0.96	0.99	1.09	1.02	0.99	1.01	1.08	1.30	1.09	1.02
倒淌河	旅游公路	0.69	0.56	1.00	1.04	1.28	1.39	1.39	1.32	1.25	1.14	1.03	0.85

图 2-1 反映了观测到的交通量月变化规律：

（1）交通量的月变化在旅游公路上比普通公路更为明显；

（2）旅游公路中，交通量季节和月份有很大变化。

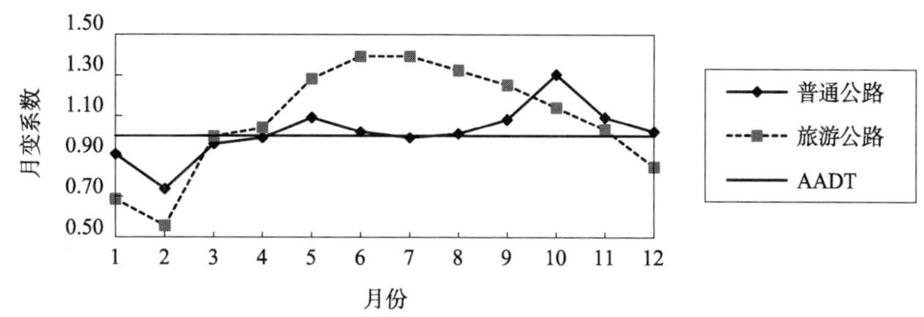

图 2-1　公路交通量月不均匀分布

从图 2-1 中可以看出，在我国传统节日春节（一般在每年的 2 月份）前后，公路交通量有很大的下降，这是我国特有的特点；但近年来随着人们生活方式的逐渐改变，春节外出探亲尤其是旅游将会逐渐变得频繁，这将导致 2 月份的公路交通量会有所增加。另外，旅游旺季是在夏季，所以旅游公路在这个季节较为繁忙。

在利用交通量月变系数时，如果相关公路中有连续式交通量观测站，则应该用当地观测站的统计结果，如果没有连续式观测站，可采用与所选地区具有相似气候条件、公路季节性交通量和公路拥挤程度类似的公路交通量月变系数，否则采用表 2-2 所列的默认值。

平均交通量月变系数　　表 2-2

地区＼月份	1	2	3	4	5	6	7	8	9	10	11	12
东部	0.98	0.75	1.00	1.09	1.08	0.98	1.00	1.02	1.07	1.10	1.00	0.97
中部	0.93	0.75	1.00	1.04	0.99	1.00	0.96	1.07	1.09	1.08	1.06	1.02
西部	0.92	0.78	0.89	1.00	1.06	1.01	1.03	1.07	1.06	1.09	1.02	1.10

2. 交通量的周变化

周变化是指交通量在一周内各天的变化，也称日变化。交通量在一周内有一定的波动，反映交通量的周日不均匀分布。通常可采用周变系数 WF_i 来描述交通量的周日不均匀分布特征，计算公式见式（2-1）。

$$WF_i=\frac{\text{星期}\,i\,\text{年平均日交通量}}{\text{周年平均日交通量}}=\frac{ADT_i}{\frac{1}{7}\sum_{1}^{7}ADT_i}=\frac{ADT_i}{AADT} \tag{2-1}$$

式中：ADT_i——星期 i 的年平均日交通量。

周变系数是反映全年平均意义下的交通量周日分布情况。对于城间公路而言，公路交通量主要是长途汽车交通量；而近郊路段交通量则包括两类：一类是长途过境汽车交通；一类是城镇短途公务和生活交通。短途公务和生活出行在工作日与双休日的数量有显著的差别，一般双休日的短途交通和公务交通量会小得多。因此，受短途公务和生活出行影响很小的城间路段，交通量在一周内将会有较均匀的分布；而在近郊路段，工作日和双休日的交通量会发生显著变化。

1）城间公路交通量周变系数

表 2-3 列出了2001 年部分城间路段的交通量周边系数。图 2-2 是我国典型城间路段的交通量周变系数变化图。从图中可以看出，城间路段周日交通量波动不大，其周变系数均可取为 1.000。

2001 年城间路段各观测路段交通量周变系数　　表 2-3

省　份	观测站	星期一	星期二	星期三	星期四	星期五	星期六	星期日
甘肃	西果园	1.03	0.97	0.96	0.98	1.01	1.01	1.03
	马峪口	1.00	0.98	1.01	1.01	1.02	1.02	0.99
	望子关	1.01	1.00	0.98	0.98	1.01	1.02	1.00
贵州	马坡井	1.00	1.02	1.01	0.98	1.00	0.98	1.02
河北	吴桥	0.98	1.00	1.01	1.02	1.01	1.01	0.98
	东堡	1.01	0.99	1.02	1.02	0.99	0.97	1.01
黑龙江	胜利	1.01	0.99	1.01	0.99	1.01	1.00	1.00
湖北	黄金桥	1.00	0.98	0.99	0.99	1.01	1.02	1.01
	洪山头	0.98	1.01	1.02	1.01	0.98	1.01	1.00
	鸦雀	97.00	1.00	1.00	1.02	1.03	1.01	0.99
	杜家台	0.99	0.99	1.01	1.02	1.02	0.98	0.99

续上表

省　份	观测站	星期一	星期二	星期三	星期四	星期五	星期六	星期日
湖南	石板滩	0.98	0.99	1.01	1.02	1.02	1.01	0.99
江苏	扬州	0.99	0.97	0.94	0.98	0.98	1.01	1.02
江西	南城	1.01	1.00	1.00	1.01	1.02	0.98	0.99
	沙埠坛	0.98	1.01	1.02	1.01	1.01	0.99	0.99
青海	诺木洪	0.99	0.96	10.10	1.02	1.02	1.02	0.97
	倒淌河	0.96	0.99	0.99	1.00	1.01	1.04	1.00
	大柴旦	0.99	1.01	1.04	1.01	1.01	0.98	0.97
山东	于关屯	1.00	1.00	1.00	0.99	0.99	1.01	1.00
山西	河津	1.02	1.00	0.99	0.96	1.01	1.03	1.00
	西坪	1.01	1.01	1.02	0.99	0.99	0.96	1.01
	关村	1.00	0.98	1.00	1.03	0.99	1.03	0.98
	羊驮寺	0.99	1.01	1.00	1.02	0.99	0.99	1.00
	西郊	0.99	0.99	1.00	1.02	1.01	1.01	0.99
四川	西宁	0.97	1.01	1.00	0.99	1.00	1.00	1.03
	西兴	1.00	0.99	1.00	1.00	1.00	1.01	1.01
	簇桥	1.01	1.01	1.02	0.99	0.99	0.99	0.98
浙江	淤头	0.98	1.01	1.02	1.00	0.99	1.00	0.99
	溪口	0.98	1.00	1.01	1.00	1.00	1.01	1.00
	若羌	0.99	0.98	1.00	1.01	1.01	1.00	1.00
	师桥	1.03	0.99	0.95	1.03	1.02	1.01	0.98
	双屿	1.00	1.00	1.01	1.00	1.01	1.00	0.98
	上江背	0.97	1.00	1.02	1.00	1.01	0.98	1.00

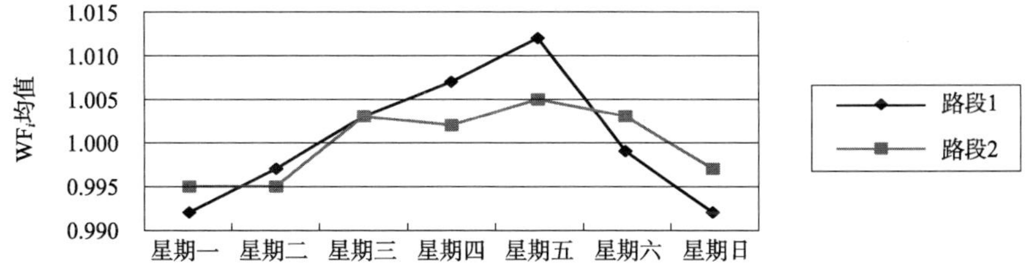

图 2-2　城间路段周变系数 WF_i 均值图

2）近郊公路交通量周变系数

表 2-4 列出了 2001 年部分城市近郊路段的交通量周变系数。图 2-3 是我国典型近郊路段的交通量周变系数变化图。从图中可以看出，近郊路段双休日的周变系数值明显小于工作日。另外，在工作日中，星期二到星期五的周变系数值十分接近，而星期一的周变系数明显要小于其他工作日。

2001年近郊路段各观测路段交通量周变系数 表2-4

省份	观测站	星期一	星期二	星期三	星期四	星期五	星期六	星期日
贵州	龙坑	1.00	1.01	1.01	1.02	1.01	1.01	0.94
河北	沿口桥	1.00	1.00	0.98	1.01	1.02	1.00	1.00
	代河	1.00	1.01	1.00	1.01	0.98	1.00	0.96
	李皇亲	1.00	1.01	1.00	1.00	1.01	0.99	1.00
	二十里铺	0.99	0.99	1.00	1.00	1.02	1.01	0.98
	正定	1.00	1.02	1.01	1.00	0.98	1.00	0.99
黑龙江	桦川	1.02	1.02	1.00	1.01	1.00	0.99	0.99
湖北	胡集	1.02	1.02	1.00	1.01	1.00	0.99	0.97
	丁营	1.01	1.01	1.02	1.02	1.02	0.97	0.95
	土门	1.00	1.01	0.98	1.02	1.02	1.01	1.03
湖南	唐田	0.98	0.99	1.01	1.01	1.02	1.01	0.98
	回龙铺	1.00	1.01	1.03	1.01	1.01	0.99	0.96
	毛家溪	1.02	1.03	1.02	1.00	1.02	0.97	0.94
	五塘	0.99	1.01	1.02	1.00	1.00	1.00	0.98
江苏	河道桥	1.04	1.02	1.03	1.00	1.04	0.96	0.91
	丁集	0.99	1.02	1.01	1.00	1.01	0.99	0.97
	五里桥	0.96	1.05	1.08	1.06	1.02	0.94	0.88
江西	蛟桥	1.02	1.03	1.04	1.01	1.01	0.96	0.93
	潭口	0.94	0.99	1.02	1.02	1.02	1.00	1.01
宁夏	上前城	1.01	1.01	1.01	1.01	1.01	0.98	0.95
青海	湟源	0.99	1.01	1.00	1.00	1.02	1.00	0.97
	三十里铺	1.01	1.01	1.01	1.01	1.01	0.98	0.97
	共和	1.00	1.01	1.00	1.00	1.03	1.00	0.96
	东柳	1.02	1.01	1.00	1.00	1.01	0.99	0.97
山东	八块石	1.02	1.01	1.00	1.00	1.01	0.99	0.96
	崔家	1.01	1.01	1.00	1.00	1.01	0.99	0.94
	程庄	1.02	1.00	1.01	0.98	1.01	0.99	0.98
山西	新城	1.01	1.02	1.03	1.01	1.01	0.96	0.95
四川	郫县	1.02	1.00	1.02	1.00	1.00	0.99	0.97
	新都	1.03	1.04	1.02	1.03	0.96	0.93	0.98
新疆	北屯站	1.00	1.02	1.02	1.06	1.01	0.94	0.92
	水文站	1.00	1.02	1.02	1.06	1.01	0.94	0.92
	米泉	1.05	1.08	1.06	1.06	1.08	0.85	0.81
	石河子	1.01	1.01	1.00	1.02	1.00	0.97	0.98
	西大桥	0.93	0.99	1.25	1.01	0.99	0.93	0.87
	叶河桥	0.99	1.04	1.05	1.06	0.98	0.96	0.90

续上表

省　份	观测站	星期一	星期二	星期三	星期四	星期五	星期六	星期日
云南	收费站	1.01	1.03	1.01	1.02	1.01	0.96	0.95
	墨江	1.00	1.04	1.01	0.99	1.04	0.97	0.95
	孔家庄	0.97	1.03	1.03	1.02	1.01	0.99	0.94
浙江	红丰	1.02	1.02	1.02	1.01	1.01	0.98	0.93
	金家渡	1.01	1.02	1.02	1.01	1.02	0.98	0.94
	南湖	0.98	1.02	1.04	1.04	1.08	1.00	0.88
	十二里	1.01	1.02	1.02	1.00	1.01	0.98	0.95

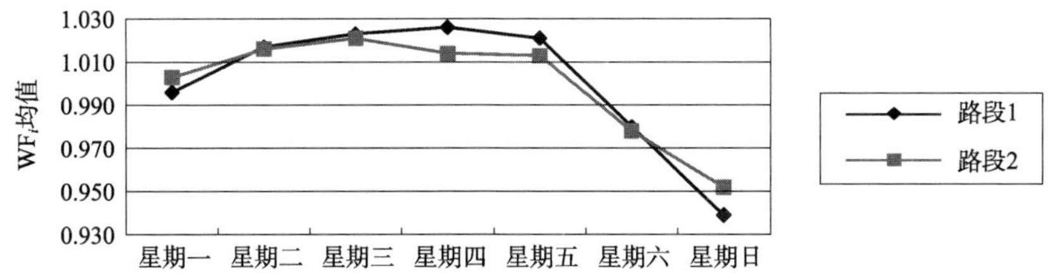

图 2-3　近郊路段周变系数 WF_i 均值图

由于不同地区的不同路段受城镇短途交通和公务交通的影响程度不同，从而使假日和工作日的周变系数取值的离散性较大。表 2-5 给出城市近郊路段周变系数 WF_i 默认取值表。

近郊路段周变系数 WF_i 默认取值表　　表 2-5

系　数	星期一	星期二	星期三	星期四	星期五	星期六	星期日
周变系数	1.00	1.02	1.02	1.02	1.02	0.98	0.94

注：该默认值表不适用于有大量双休日短途旅游交通的近郊旅游路段。非近郊路段（城间路段）交通量周变系数取 1.0。

3. 交通量的小时变化

小时交通量的变化规律，通常受公路类型和一星期中的哪一天影响较大。在公路上，一般情况下交通量主要集中于白天，而且在工作日和周末之间的变化差别很小。但旅游公路有其独特的日高峰。在这种公路上，高峰时间一般发生在星期六的上午和星期日午后时段。图2-4为典型路段的小时交通量分布系数图，路段的数据来自山东潍坊崔家观测站。

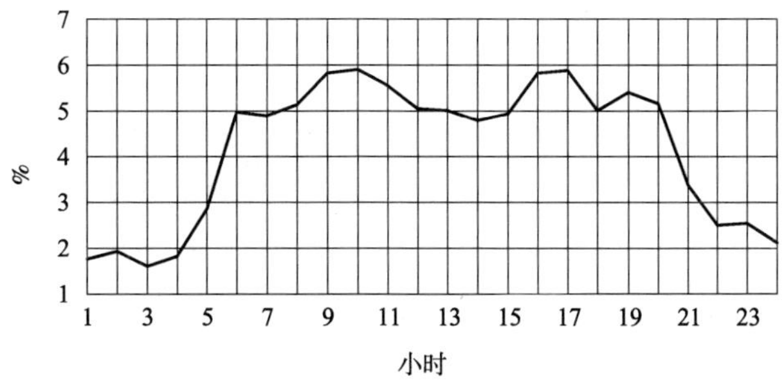

图 2-4　交通量小时不均匀分布

1）设计小时交通量

通行能力和其他交通分析都是集中在交通量的高峰小时上，因为高峰小时代表运行的关键时段，有最大的交通需求。但是高峰小时交通量在每一天或每一季节并不是一个恒定值，它与交通设施类型、公路等级以及观测断面都有密切的关系。如果将某一地点的最大小时交通量按递降的顺序排列，可以看到在一年的小时交通量存在明显的规律。

图 2-5 为部分观测站全年小时交通量系数变化曲线图，由于从第 300 位小时之后，曲线近似一条直线，因此省略第 300～8760 小时之间的曲线。从图 2-5 可以看出，根据小时交通量系数的曲线变化规律，可将该曲线分为以下三个部分。

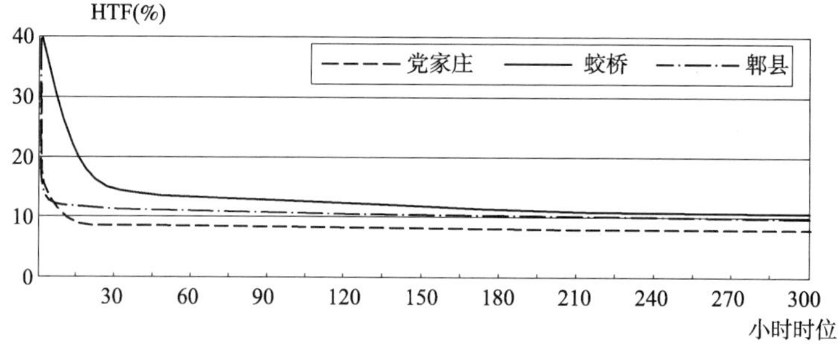

图 2-5　部分观测站的小时交通量曲线图

一是前 10 位小时曲线段，该段曲线急剧下降，近似直线型，小时交通量系数变化较大。这种情况表明，尽管交通流具有一定的规律，但也会受到偶然性因素的影响，然而对于全年来说，受偶然性因素影响的小时交通量的比例还是很小。

二是从第 11 位到第 40 位小时之间的曲线，该段曲线是整条曲线的典型部分，交通量变化趋势到逐步趋于稳定。

三是从第 40 位小时开始之后的曲线，该段曲线基本上呈水平直线型，小时交通量系数变化很小，且逐步趋向于一个定值。第 40 位小时以后的稳定曲线段占整条曲线长度的比例为 99.5%。

对公路规划设计质量的评价，主要取决于两个方面：一方面要满足公路使用者的要求，使公路具有尽可能高的服务水平；另一方面还要满足经济效益的要求，即令公路投资者能够得到良好的社会经济效益。

从公路的使用方面来看，应该满足全年的交通要求，若要满足第 1 位小时交通量的要求，公路的造价将会大幅度地增加，造成通行能力在全年除一个小时外的其他所有的时间内过大地超过实际交通量的情况，使投资效益明显地降低。而从图 2-5 看出，第 20 位以前的小时交通量重复很少，而且互相之间差值较大，说明这些数据受偶然性因素的影响较大，公路的规划设计依据不必满足这些极少出现的需求偶然性，故我们对第 20 位小时以前的交通量不作考虑。

从公路经济方面来看，设计小时交通量越小，公路的建设规模就越小，建设费用也就越低。但是，过度的降低设计小时交通量会使公路的交通条件恶化，服务水平降低，交通阻塞和交通事故增多，这样，虽节约了一些建设费用，但公路使用者因经常性的交通拥挤所支出的费用将会明显提高，使公路的综合经济效益降低。

综合考虑上述两个方面因素，并考虑我国小时交通量变化曲线的实际情况（图 2-6 是全国平均意义上的设计小时交通量曲线图），采用第30位小时交通量作为设计小时时位比较合适。另外，由于我国各地区具体情况与条件差异较大，各地区在可能条件下可以确定本地区不同性质公路的设计小时时位，但调整范围应控制在第20～40位小时之间。

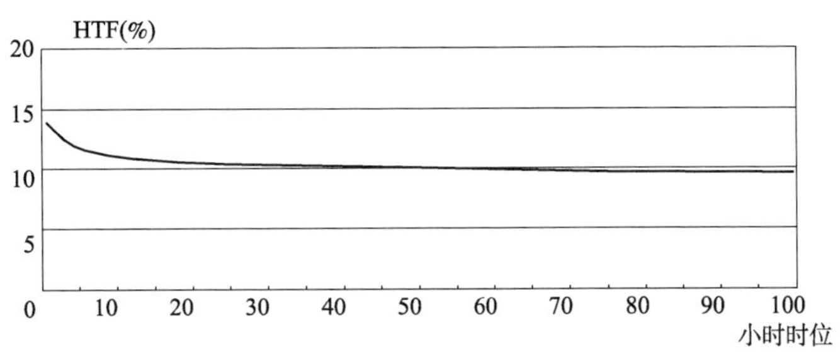

图2-6　设计小时交通量曲线图

2）高峰小时内交通量变化

高峰小时内的交通量变化通常以高峰小时系数（PHF）来描述。作为高峰小时交通量不均匀性的度量指标，高峰小时系数就是高峰小时交通量与高峰小时流率之比，它反映了交通量在高峰小时时段内的时变特性，是通行能力中重要的参数之一。由于分析时段的不同，又分为5min高峰小时系数 PHF_5 和15min高峰小时系数 PHF_{15}。

以5min计的高峰小时系数为：

$$PHF_5=\frac{\text{高峰小时交通量}}{12\times(\text{高峰5min流量})}$$

以15min计的高峰小时系数为：

$$PHF_{15}=\frac{\text{高峰小时交通量}}{4\times(\text{高峰15min流量})}$$

在已知高峰小时系数的情况下，可以将高峰小时交通量换算成高峰小时流率，其公式为：

$$Q_p=\frac{Q}{PHF} \tag{2-2}$$

式中：Q_p——高峰小时流率（veh/h）；

Q——高峰小时交通量（veh/h）；

PHF——高峰小时系数。

由于通行能力计算分析中高峰小时流率的作用主要通过高峰小时系数PHF来体现，所以高峰小时系数是交通流分析中需要首先确定的最基本参数。

三、空间分布特性

交通量随时间而变化，同时也随空间而变化。在通行能力分析中两种关键的空间特性是交通流在方向上的分布和在车道上的分布。此外，交通量也会沿着一条公路的不同路段纵向地变化，因此，在通行能力分析中，不同交通需求的交通设施都应该分别进行分析。

1. 按地区分布

我国地域广阔，目前经济发展还很不平衡，主要表现在地区之间生产力水平、消费水平及地区内各个阶层收入水平的差距。东、中、西部的年平均日交通量列于表2-6。可以看出，东部地区的为AADT为5984辆中型车/日，比全国平均水平高出60.3%。中西部地区AADT则分别低于全国水平14.2%和41.9%。表2-7列出了东、中、西部三大地区高峰小时系数PHF平均值。

2001年东、中、西部地区交通情况 表2-6

地　区	国道里程（km）	AADT（辆中型车/日）	通行能力（辆中型车/日）
东部	25665	5984	4184
中部	31011	3203	3192
西部	37711	2168	2249

分地区高峰小时系数PHF值 表2-7

指　标		东部	中部	西部	全国
平均值	PHF_{15}	0.924	0.926	0.883	0.911
	PHF_{5}	0.834	0.836	0.775	0.815

从表2-7中看出，东部和中部地区PHF较西部地区PHF值高，表明东部地区公路交通量在高峰小时内，变化不大，比较均匀，相比之下，西部地区公路交通量在高峰小时内的交通量有较大的变动，这从另一个侧面反映出东、中部地区交通的繁忙和西部地区交通的相对稀松。

另外，不同公路类型、不同公路等级以及工作日和假日对PHF的影响，分别见表2-8、表2-9和表2-10。

中国高峰小时系数PHF值的城乡差别 表2-8

类　型		东部	中部	西部	平均
城郊公路	PHF_{15}	0.901	0.926	0.883	0.902
	PHF_{5}	0.878	0.836	0.775	0.830
乡村公路	PHF_{15}	0.883	0.717	—	0.800
	PHF_{5}	0.807	0.659	—	0.733

中国高峰小时系数PHF值与公路等级的关系 表2-9

地　区		高速公路	一级公路	二级公路	三级公路	四级公路
东部	PHF_{15}	0.922	0.915	0.924	0.875	0.828
	PHF_{5}	—	—	—	—	—
中部	PHF_{15}	—	0.895	0.934	0.717	—
	PHF_{5}	—	0.749	0.853	0.659	—
西部	PHF_{15}	—	0.933	0.873	0.863	—
	PHF_{5}	—	0.808	0.795	0.684	—
全国平均	PHF_{15}	—	0.914	0.910	0.818	0.828
	PHF_{5}	—	0.777	0.824	0.672	—

工作日、休息日对 **PHF** 的影响　　表 2-10

路　段	公路等级	服务特征	工作日平均值		休息日平均值		一周平均值	
			PHF_{15}	PHF_5	PHF_{15}	PHF_5	PHF_{15}	PHF_5
兵马俑馆—西安	二级	旅游休闲	0.918	0.769	0.956	0.846	0.931	0.795
三原—西安	一级	城市近郊	0.892	0.761	0.902	0.724	0.895	0.749
大荔—洛河	二级	城市近郊	0.922	0.728	0.838	0.625	0.898	0.698

2. 按方向性分布

在任何特定的时间内，都会有一个方向上的交通量大于另一个方向上的交通量，甚至出现多至 2∶1 的不平衡现象。旅游公路和其他功能的公路也会表现出显著的方向性不平衡现象，在设施的设计过程中必须考虑。表 2-11 说明我国各种类型公路的方向性分布。在公路通行能力分析中，方向性分布是一个重要的因素，尤其是双车道公路。由于其不同方向的流量相互影响，因此对双车道公路的分析必须考虑方向性分布。

方向性分布系数　　表 2-11

路　段	公路等级	5min 流量		15min 流量		60min 流量		服务特征
		主方向交通量最大	合计交通量最大	主方向交通量最大	合计交通量最大	主方向交通量最大	合计交通量最大	
沈阳—大连	高速	0.70	0.58	0.56	0.55	0.53	0.51	城间
104 国道黄河大桥	一级	0.61	0.61	0.61	0.56	0.62	0.56	放射
兵马俑馆—西安	二级	0.78	0.67	0.72	0.62	0.66	0.60	旅游
教坊—眉县	三级	0.84	0.56	0.73	0.56	0.60	0.57	乡村

从表 2-11 中可以看出，与合计交通量最大时的方向分布系数相比，主方向交通量最大时对应的分布系数更大。对于 5min 高峰时段，合计交通量最大时的方向分布系数介于 0.56 ~ 0.67 之间，随着选择高峰时间间隔的增加，分布系数逐渐减小，15min 高峰时段双向交通量最大时的方向分布系数介于 0.55 ~ 0.62 之间。当考察的高峰时段增长为 1h 时，与 15min 时方向分布系数相比一般有升有降，但波动不大。

虽然在多车道交通设施的分析中没有明确考虑方向性分布，但是它对设计和服务水平分析也都存在显著的影响。如果出现早晚发生在不同方向的高峰交通量，则可采用可变车道来满足其交通需求。此外，方向性分布在时间上不是一个静态特性，它是随着一天中的每个小时，一星期中的每一天，以及每个不同的季节发生变化；而且公路设施附近地区经济的发展，不仅会导致交通量的增长，同时也会改变现有方向性分布。

在高峰小时期间，出现高峰方向上交通流所占的比例，通常用 D 表示。利用该系数可估算高峰方向上的高峰小时交通量，见式（2-3）：

$$DDHV = AADT \times K \times D \tag{2-3}$$

式中：DDHV——某方向的高峰小时交通量（veh/h）；

AADT——年平均日交通量（veh/d）；

K——高峰小时交通量占年平均日交通量的比例（%）；

D——在高峰方向上高峰小时交通量占该设施小时总交通量的比例（%）。

3. 按车道分布

当一个方向上的交通流有几条车道可以利用时，各车道的使用率会出现差异。交通流在车道上的分布取决于交通规则、交通组成、车速和交通量、公路进口的位置和数量、驾驶人出行的起讫点位置以及路侧街道化程度和驾驶人的习惯等。表 2-12 列出了广佛高速公路上不同的车型的车道分布数据。这些数据只是作说明用，而不是做默认值使用。

值得注意的是，表 2-12 所表明的趋势带有一定的典型性。较重车辆趋向于右侧车道，这是由于他们的速度较低，交通法规规定它们只能在最外侧的车道行驶。另外，尽管交通组织将最左侧车道定为超车道，但在交通量较大的情况下，这种规定的作用已不明显，左侧车道仍分担了较多的车流量。

分车型的交通量车道分布　　表 2-12

公　路	车　型	按车道的分布百分数（%）		
		车道 1	车道 2	车道 3
公　路	微型车	42.3	43.94	13.76
	小客车	39.26	48.77	11.97
	大、中型车	10.13	38.45	45.42
	集装箱车	15.49	43.66	40.85
	所有车辆	29.67	45.4	24.93

四、交通组成

众所周知，我国交通流与发达国家交通流的最大区别就是我国公路上机动车与非机动车混合行驶。由于行人、自行车、三轮车、人力车、畜力车以及农用拖拉机共同行驶在未严格分道的、路面宽度有限的公路上，导致公路交通流之间相互干扰十分复杂，由此形成了我国公路通行能力研究必须关注的一个交通特性。近年来混合交通特点有所变化，主要表现在：由于各级政府与沿线村民对兴修公路有较高的积极性，干线与支线公路大多进行了拓宽或硬化路肩，公路中机非混行的状况大为改观，对机动车行驶的各种干扰有所减少。在沿海经济发达的一些地区，自行车、三轮车、人力车、畜力车已不多见，取而代之的是私家车和摩托车；中部地区农用车、摩托车保有量也有大量增长；但西部大部分地区在交通量不是很大、相对崎岖狭窄的公路上，仍然维持着行人、自行车、三轮车、人力车、畜力车与机动车混行的局面。

表 2-13 列出了 1990～1997 年公路混合交通量的构成比例；表 2-14 列出了 1990～1997 年汽车的交通组成情况；表 2-15 列出了北京市高速公路中的交通组成情况。

1990～1997 年公路混合交通量的构成比例（%） 表 2-13

年 份	汽 车	拖 拉 机	非机动车		
			人、畜力车	自行车	其他
1990	74.60	10.70	7.00	7.70	14.70
1991	76.20	10.10	6.00	7.70	13.70
1992	77.40	9.40	6.40	6.80	13.20
1993	79.24	8.74	6.02	6.00	12.02
1994	80.75	8.04	5.78	5.43	11.21
1995	80.35	10.92	3.92	4.77	8.69
1996	82.53	10.17	3.33	3.96	7.29
1997	83.89	9.46	3.04	3.60	6.64

1990～1997 年汽车交通量车型构成比例（%） 表 2-14

年 份	小 货	中 货	大 货	拖 挂	小 客	大 客
1990	15.2	27.8	11.2	12.1	24.3	9.4
1991	16.3	26.7	10.4	11.9	25.0	9.7
1992	16.2	26.2	10.8	11.0	27.3	8.6
1993	17.0	26.0	12.0	11.0	25.0	9.0
1994	17.1	25.1	11.8	10.3	26.6	9.1
1995	17.3	24.2	12.3	9.8	27.8	8.6
1996	17.1	23.2	12.4	9.2	29.6	8.5
1997	16.8	22.3	12.7	8.3	31.2	8.7

北京地区高速公路交通组成（%） 表 2-15

地 点	方 向	微型车	小客车	大中型车	集装箱	总计
京石高速 11km	京石方向	22.96	57.31	19.42	0.31	100
	石京方向	19.08	57.72	23.09	0.11	100
京石高速 23km	京石方向	9.53	64.58	25.28	0.61	100
	石京方向	11.48	65.03	23.13	0.36	100
京石高速 5.5km	京石方向	20.25	55.78	20.68	3.29	100
	石京方向	18.66	54.12	24.40	2.82	100
八达岭高速	出京方向	8.97	76.43	14.29	0.31	100
	进京方向	6.69	67.50	24.26	1.55	100
京津塘高速	京津方向	9.69	69.64	20.39	0.28	100
	津京方向	10.85	65.30	23.34	0.51	100
京哈高速	出京方向	21.57	41.90	35.20	1.33	100
	进京方向	20.59	39.58	39.17	0.66	100

第三节 速度特性

行车速度既是公路规划设计中的一项重要控制指标，又是车辆运营效率的一项主要评价指标，对于运输经济、安全、迅捷、舒适具有重要意义。了解和掌握各级公路上行车速度及其变化规律是正确进行公路网规划、设计、运营、管理的基础。速度是对汽车驾驶人提供交通服务质量的一个重要量度标准。对于许多交通设施类型，都采用速度作为确定各级服务水平的一项重要评价指标。图 2-7 为各车型在不同交通量下的速度差异曲线。

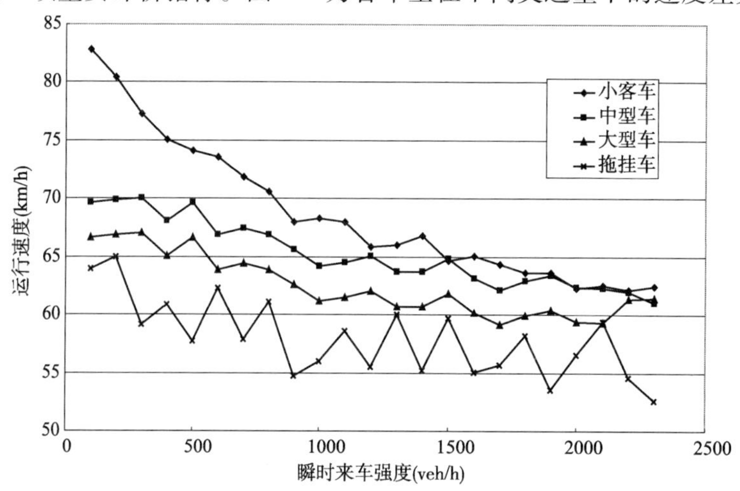

图 2-7 各车型在不同交通量下的速度差异曲线

表 2-16 是北京地区高速公路得到的速度数据；表 2-17 是我国各地一级公路得到的速度数据。

北京地区部分高速公路平均自由流速度（km/h） 表 2-16

地 点	方 向	微型车	小客车	大中型车	集装箱	平 均
京石高速 11km	京石方向	67.24	89.94	64.48	42.65	77.78
	石京方向	70.93	96.37	65.82	47.15	82
京石高速 23km	京石方向	71.19	105.75	76.13	49.24	93.29
	石京方向	70.1	106.74	71.72	50.34	92.71
京石高速 5.5km	京石方向	73.27	80.42	62.71	70.09	71.87
	石京方向	70.32	80.07	61.09	51.58	67.19
八达岭高速	出京方向	74.63	103.34	82.13	45.57	97.16
	进京方向	73.65	102.66	75	41.35	92.77
京津塘高速	京津方向	74.48	102.74	75.25	54.69	92.86
	津京方向	77.42	105.98	72.39	49.03	93.37
京哈高速	出京方向	61.99	88.42	66.41	47.91	73.26
	进京方向	60.62	83.28	59.62	48.06	68.5

一级公路交通组成及平均自由流速度 表2-17

省份	公路编号	交通构成					自由流速度			
		微型汽车（%）	小客车（%）	大中型车（%）	拖挂车（%）	总交通量（辆）	微型汽车（km/h）	小客车（km/h）	大中型车（km/h）	拖挂车（km/h）
广东	广州—花都	40	37	22	1	3440	61.55	73.63	62.31	46.2
广东	宝安—深圳	6	56	37	1	4986	70.55	79.88	69.2	57.9
广东	顺德—广州	15	46	38	1	5804	63.71	77.47	65.3	45.7
北京	通州区—天津	30	37	31	1	3671	58.18	73.44	62.4	48.07
北京	北京—张家口	22	36	34	9	3030	49.53	66.93	52.7	23.57
北京	张家口—北京	20	35	38	6	3713	54.8	65.85	57.14	30.49
河南	新乡—郑州	12	28	43	17	5213	51.71	71.42	61.19	34.5
河南	新乡—郑州	7	27	58	8	4593	60.06	68.83	65.78	46.2
河南	新乡—郑州	11	32	53	4	4230	54.61	80.84	63.07	48.5
河南	新乡—郑州	9	26	59	6	3739	63.31	85.73	77.27	0
河北	宣化—唐山	23	24	42	10	3632	47.82	68.06	51.86	23.1
河北	北京—深圳	8	34	50	8	3081	53.17	70.1	55.37	21.4
河北	藁城—石家庄	20	28	36	15	5898	44.51	63.09	52.84	0
河北	石家庄—太原	43	27	9	21	5139	31.4	33.16	28.62	23.85

一、速度的衡量指标

1. 平均行驶速度

平均行驶速度又称为区间平均速度，定义为：路段长度除以车辆经过该路段所花的平均行驶时间。“行驶时间”只包括车辆在行驶中所花费的时间，不包括停车延误时间。

2. 平均行程速度

路段的长度除以车辆经过该段路的平均行程时间即平均行程速度，其中包括所有停车延误时间。

3. 时间平均速度

这是通过公路上某一点所有车速的算术平均值，也称为“平均点速度”。记录下通过某一点的各车车速，取其算术平均值。

本手册中用速度作为评价指标时，大部分都采用的是平均行程速度。事实上，除四级服务水平外，其他各级服务水平下的连续流平均行程速度就等于平均行驶速度。图2-8表明了时间平均速度和区间平均速度的典型关系，区间平均速度总是低于时间平均速度，两者之间的差随着速度绝对值的减小而减小。由于在实际的速度观测中，时间平均速度比区间平均速度更容易得到，因此可借用时间平均速度 v_t 和区间平均速度 v_s 之间的经验关系，用简单的方法进行区间平均速度预测。

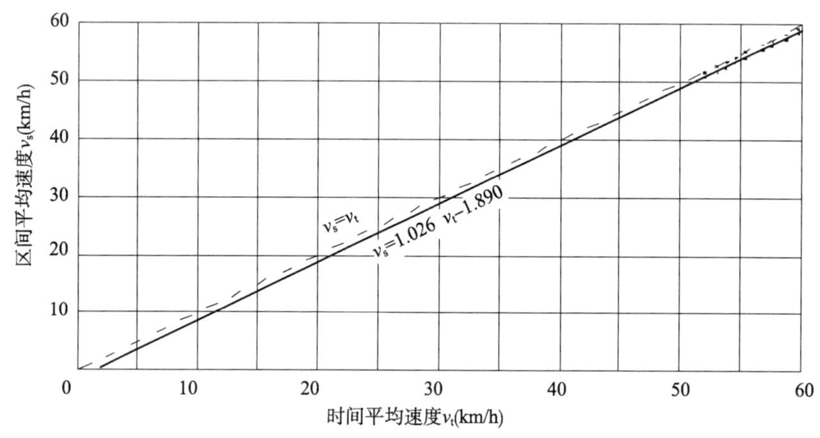

图2-8 时间平均速度和区间平均速度之间的典型关系

二、速度的时空变化特性

表2-18表示广州—深圳高速公路一个昼夜车速的比较表。该表的数字表明，高速公路上白天和夜晚的车速变化不大，而按车道的不同，速度差异较明显。

按车道和昼夜对比的平均车速 表2-18

项目	车道1		车道2		车道3	
时间	白天	夜晚	白天	夜晚	白天	夜晚
速度（km/h）	88.83	87.1	60.11	60.24	57.24	53.76

注：车道1为靠近中央分隔带的车道，车道数是从中央开始数向路侧，按升序排序。

在本手册中，服务水平的速度标准涉及设施的所有车道，或设施在一个方向速度的平均值。数据说明在使用多车道设施时，在交通量不大时，慢速车辆倾向于靠右侧行驶；而速度较快的驾驶人使用内侧超车车道。

三、速度特性对通行能力的影响

公路设施的设计速度反映了公路几何条件对自由流速度的影响。因此，设计速度不同将直接导致公路上车辆实际行驶速度的差异。图2-9表明了不同自由流速度下的速度与流量的关系，该曲线是连续流设施确定通行能力和服务水平的基础。从图中可以看出：公路设施由于受地形、地物的影响，自由流速度逐渐降低不仅会导致设施基本通行能力的减少，而且会降低各种流量下的车流运行质量。换言之，在同样服务质量要求下，公路设施所能通行的交通量和行驶速度都会有不同程度的降低。

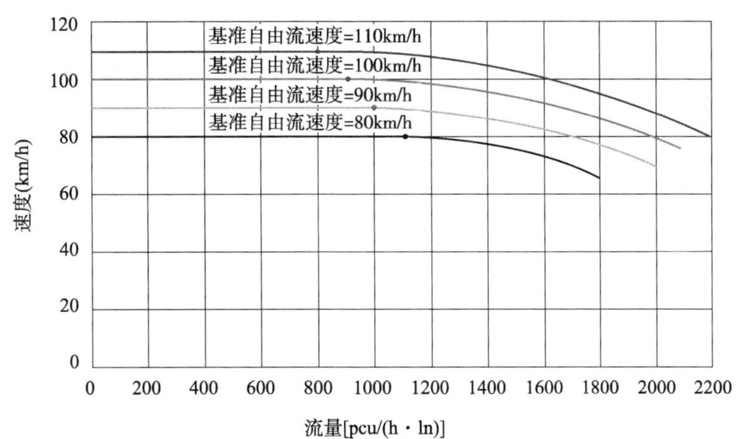

图 2-9　不同自由流速度下的速度与流量关系

第四节　车头间距特性

车头间距是交通流中连续两辆车之间的距离，由前车的保险杠量测到后车的保险杠。车头时距则是连续两辆车通过一条车道或公路上同一点的时间差，也是由前车的保险杠到后车的保险杠量测得到的。由于车头间距和车头时距是与交通流中每一辆车及其成对的车辆有关，所以认为这些特性是“微观”的。在任何交通流中，各个车头间距和车头时距的分布具有一定的规律性，且与“宏观”交通流量参数密度和流率密切相关。

一、理论分布特征

车头间距是一个距离量度，单位为 m，可通过在一个点上直接测量相邻车辆的共同点之间的距离得到。车头间距可利用复杂的航空摄影技术量测得到，而车头时距则可利用秒表记录车辆通过公路上的一点的时间差来测量，测量较容易。

交通流中的平均车头间距直接地与该交通流的密度有关，其关系见式（2-4）：

$$K = \frac{1000}{h_s} \tag{2-4}$$

式中：K——密度（车辆数/km/h）；

h_s——车头间距（m/辆）。

在交通流中，平均车头间距和平均车头时距之间的关系是由速度来决定的，见式（2-5）：

$$h_t = \frac{h_s}{v} \tag{2-5}$$

式中：h_t——车头时距（s/辆）；

v——速度（m/s），在成对的车辆中，速度以第二辆车的速度为主。

流率与交通流的平均车头时距有关，见式（2-6）：

$$Q = \frac{3600}{h_t} \tag{2-6}$$

式中：Q——流率（veh/h）；

h_t——车头时距（s/辆）。

二、不同流量下的车头时距分布特征

根据广州—深圳高速公路上采集到的车头时距，绘制出服务水平在一到二级之间的车头时距分布图，如图2-10所示。

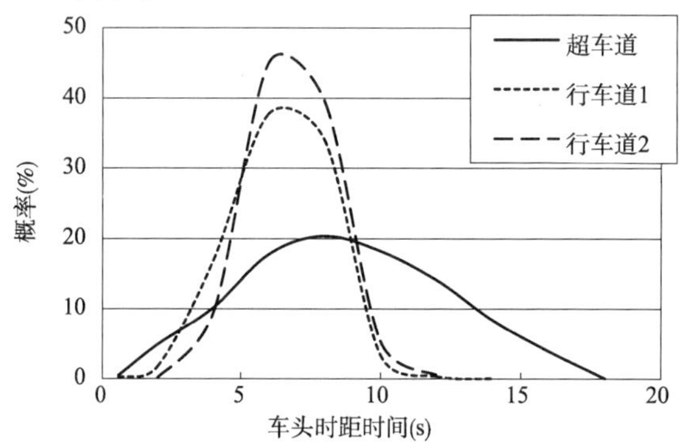

图2-10　广州—深圳高速公路上的车头时距分布

注：车道1为靠近中央分隔带的车道，车道数是从中央开始数向路侧，按升序排列。

由图可见，超车道上车头时距的分布最不均匀，这可由该车道上车头时距的取值范围和最常见收敛值的频率大小——分布曲线的峰值情况得到证明。车道3（最右侧车道）上的车头时距分布与车道2的类似，但稍微离散一些。车道1（即超车道）显示一个很不同的模式，它比前两者离散得多，其车头时距的取值范围很广，而且它的最常见值的频率仅是其他车道的1/2到1/3。这反映了较低的流量通常发生在超车道上，这也反映了超车道的使用者的驾驶愿望。

图2-10表明，在这种服务水平下，实际上小于3.0s的车头时距比较少。以100km/h速度行驶的车辆，当车头间距为83.34m时，车头时距为3.0s，因此在这种服务水平下大多数车辆能够在高速公路上较为安全地行驶；那么当车头时距在3.0s以下，例如只有0.5s时，前后车的车头间距仅有13.89m时，这时车辆之间（后车保险杠到前车保险杠）的距离到很小，或者说此时必要的安全距离不能保证，驾驶人要维持这种运行会非常困难，而且驾驶人发生错误操作时，没有纠正的余地。如果交通流是完全随机的，小车头时距（小于1s）就会相当频繁地出现。但真实交通流很少出现小于1s的车头时距，也就是说交通流不是完全随机的。这是因为交通信号和其他交通控制措施调节着流量，而且邻近地带的交通生成特性一般也产生非随机形式的交通出行。

三、车头时距特性对通行能力的影响

从间隙理论可以知道，车头时距对通行能力的影响因素主要有以下三个方面：

（1）临界间隙和车头时距的大小直接影响到通行能力的大小，临界间隙与车头时距的差值越小，车头间距越小，其通行能力会越大；

（2）冲突交通量的大小直接影响到通行能力的大小，主路车流量越大，能给予支路车辆留出的空档越少，即车头时距越小，允许支路通过的交通量越小；

（3）通行能力的大小与主路车流的车头时距分布模式有关，其车头时距分布不同，通行能力也不同，但相比之下，它对通行能力的影响较小。

第五节　路段中交通流参数间的关系

第一章介绍了连续流交通设施的速度、流率和密度之间的基本关系，但在野外很难观测到流率接近通行能力时的交通流特征，而且为标定交通流参数间的相互关系而收集的所有数据都要受到以下情况的影响：复杂多变的环境条件，交通流中车型的差异以及匝道和互通式立交影响等。

一、速度与密度关系

随着公路上车辆数的增加（即密度增加），车速就会相应降低。根据观测数据拟合情况，速度与密度之间呈线性关系，而且模型简单，因此，速度与密度的关系通常选择Greenshields 的线性模型，见式（2-7）：

$$v = v_f\left(1 - \frac{K}{K_j}\right) \tag{2-7}$$

式中：v——速度（km/h）；

K——密度（veh/h/车道）；

v_f——自由流速度（km/h）；

K_j——阻塞密度（veh/h/车道）。

对于大多数情况，线性模型简单、实用，但在交通饱和状态下，也可采用其他一些基于物理学的对数关系模型，见式（2-8）：

$$v = v_m \times \ln\left(\frac{v_j}{K}\right) \tag{2-8}$$

式中：v_m——车流达到通行能力时的临界车速（km/h）；

其他变量定义同式（2-7）。

二、密度与流量关系

流率、速度和密度之间存在以下关系：$Q = K \times v$，因此，速度—密度的关系确定以后，密度和流量及速度和流量的关系也就随之确定了。

当密度为零时，流量为零，其速度为自由流速度；而当公路处于阻塞密度时，此时速度为零，而且流量也为零。

在零密度和阻塞密度之间观测流量变化，发现在此变化过程中存在最大流量点。有研究把密度-流量数据拟合为连续曲线，从而得出唯一的最大流率；也有研究设计不连续的曲线，即用一条曲线处理稳定流的数据点，而用另一条曲线处理不稳定或强制流数据点，从而得到两个最大值。在不连续的模型中，稳定流曲线的最大流率比不稳定流曲线的最大流率高出大约200veh/h。由于从不稳定流能达到的最大流量要小于从稳定流能达到的最大流量，表明交通流从中断状态复原是很困难的。

早期的通行能力研究，遵循两个主要途径：探讨交通密度小时的速度—流量关系式；探讨交通密度大时的车头时距规律。而流量—密度关系式把这两种途径统一起来，且流量—密度曲线在交通控制中也具有重要作用，所以通常把流量—密度曲线称为“交通基本图表”。除了经典的倒U形模型外，还有反λ模型和倒V模型，如图2-11所示。另外，与多段式速度—密度关系相对应，还提出了流量—密度的间断模型。

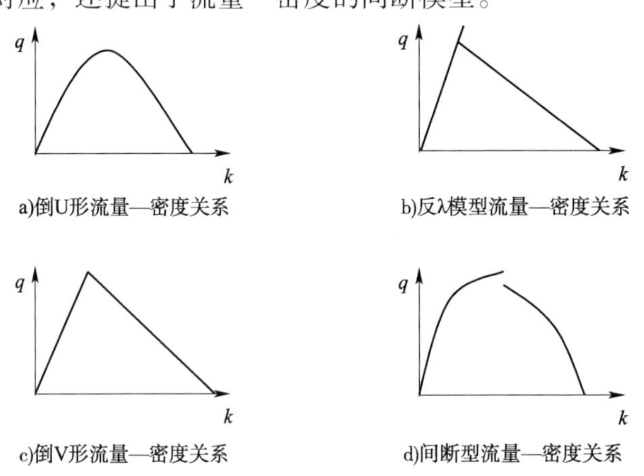

图2-11　流量—密度关系示意图

虽然上述交通流模型都反映了速度、流量及密度之间的关系，但是对不同的地区，不同的公路类型，其交通流模型是不同的。

三、速度与流量的关系

速度—流量关系也可以直接从一个确定的速度—密度曲线或密度—流量曲线得到。由于速度和流量是最容易观测的交通流参数，而且在服务水平的分析中，速度历来是作为一个主要的评价指标，因而通常采用实测数据来标定速度—流量曲线。

图2-12是在京石高速公路北京段观测点测出的一条车道上的数据。从图中可知：在流量的很大范围内，速度下降很小。在0～1000veh/h时，速度仅下降了4km/h，速度下降的梯度为4/1000（每1000veh/h下降4km/h）。流量在大于1300veh/h后，速度下降加剧，速度下降的梯度约为18/1000。当流量较小时，数据点十分分散，这是因为在这种流量下，车辆行驶自由度大，驾驶人可自由选择其车速，以其期望车速行驶。在这种情况下，车辆的机动性能的差异就显现出来，表现出车辆速度离散性较大。另外，当流量接近车道的通行能力时，交通流变得不再稳定，数据离散性进一步加大。

以上是高速公路的情况。对于双车道公路，它是我国公路系统中最普遍、里程最长的一种公路，双车道公路上车辆组成相当复杂，既有车速较高、操纵灵活的小客车，也有体积较大的大客车和货车，还有普遍存在的慢行车辆，如拖拉机、农用车等，因此，在双车道上行车纵向干扰相当大，速度分布在一个很大的范围内，双车道公路的通行能力受到极大限制。

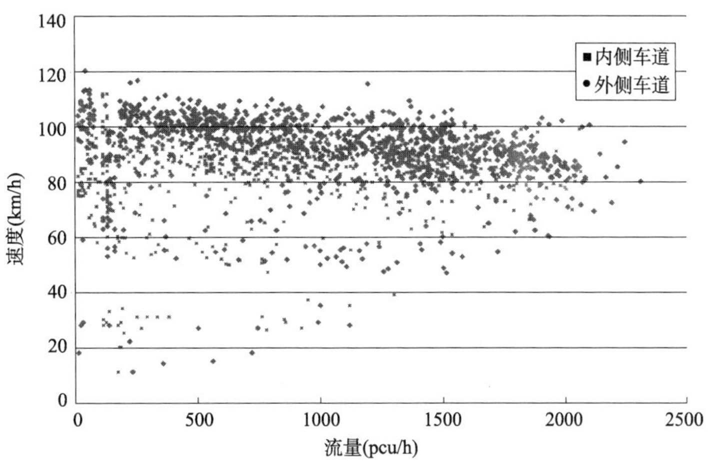

图 2-12　速度与流量散点图

在各种公路上的观测结果表明：高速公路等多车道公路，在稳定交通流的范围内，对于不同的流量，速度变化很小，因此，采用密度作为确定多车道服务水平的主要参数；而双车道公路，由于慢速车的影响和随机的路侧干扰出现而导致速度受环境影响强烈，因而用时间延误百分率作为双车道公路服务水平的主要参数，表征双车道公路服务水平。

在双车道公路上，前后两车速度之差是车辆行驶状态的一个重要特征。车辆跟驰越紧密，则两车速度差越靠近零值。相反，若前后两车不存在跟驰关系，那么速度差就应该是随机的。方差是一个说明数据离散程度的非常有代表性的统计参数，上述特征反映到速度差方差上，则是随着跟驰特性的减弱，方差逐渐增大。当跟驰状态消失后，方差便成为一个随机量，而不再是一个有规律的变量。图 2-13 是在北京近郊公路上采集到的数据经统计得到的，图中选取车头时距的步长 0.5s，考察前后车的速度差标准差。

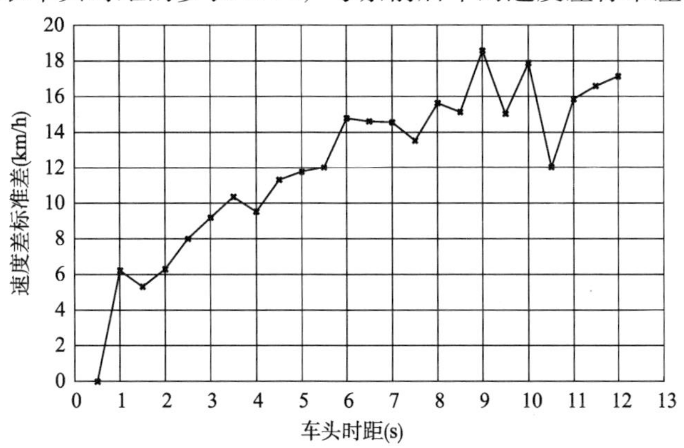

图 2-13　前后车速度差标准差与车头时距关系

从图 2-13 中可以看到，速度差方差在 6s 之前的趋势是小波动增加的，在 6 ~ 8s 之间出现一个小平台，8s 以后是大振幅的波动性，没有规律可循。从上面的分析知道 6s 之前的车速方差增加的原因是：后车速度的随意性随着车头时距的增加而增大，前后车速度差离散程度增加，这样表现在速度差的方差上就是增加的趋势。而当车头时距不再满足跟驰限制时（从图中看是 8s 以后），驾驶人会选择最适合自己车辆性能（当然也和公路情况有关）的速度行驶，表现在速度差的方差上就是无规律的上下波动。通过对多个路段的交通数据进行统计，结果表明这种趋势基本一致。

根据双车道公路延误率与流率的关系，可以得出如图 2-14 所示的双车道公路延误率与饱和度即 v/C 的散点图。显然，饱和度越大，密度越大，延误率越高。

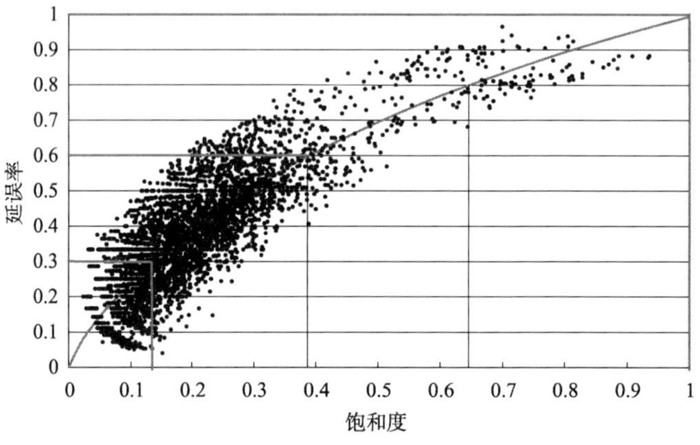

图 2-14 双车道公路延误率与饱和度关系图

第六节 交叉口的交通流参数特性

一、饱和流率下的车头时距分布特性

对交叉口饱和流率下的车头时距调查多数集中在前 10 辆到前 12 辆车。分析表明，当绿灯时间相当长时（约 60s 或更长），饱和车头时距将会有所增加。也就是说，特别长的绿灯信号相位并不会成比例地提高运行效率。此外，饱和流率下的车头时距还与车道数、车道宽度、混合车型与干扰程度等因素有关。表 2-19 是国内信号交叉口的实际观测结果。

国内信号交叉口引道饱和车头时距统计分析结果　　表 2-19

排队位置	样本量	最小值 (s)	最大值 (s)	极差	均值	方差	变异系数	相关系数 $r_{i,i+1}$
1	66	1.04	4.83	3.8	1.96	0.75	0.16	0.3
2	66	1.87	5.66	3.8	3.01	0.71	0.06	0.11
3	66	1.81	5.88	4.1	2.85	0.84	0.09	0.15
4	66	1.92	4.72	2.8	2.65	0.4	0.05	0.01
5	66	1.7	6.26	4.6	2.49	0.54	0.07	0.12
6	64	1.21	5.15	3.9	2.43	0.51	0.07	0.37
7	60	1.60	6.33	4.7	2.36	0.42	0.06	0.14
8	50	1.43	6.92	5.5	2.24	0.39	0.06	0.17
9	40	1.65	7.51	5.9	2.13	0.17	0.03	0.25
10	32	1.10	8.10	7.0	2.24	0.56	0.09	0.19

从统计结果可以发现，信号交叉口排队车头时距具有以下特点：排队车辆中前三辆车的车头时距分布比较分散。这是由于第一辆车的驾驶人必须注意信号显示转换为绿灯，并对此做出反应，加速通过路口；此外，车辆停车位置也是影响车头时距分散的原因之一。队列中的第二辆车，除了在第一辆车开始起动的同时，可部分地出现反应时间和加速时间外，与第一辆车经历的过程相似；第二辆车通过停车线速度比第一辆车速度要快，因为增加了一辆车的空间长度用于加速，它的车头时距仍然较长；第三辆和第四辆车以同样的过程通过交叉口，每一辆车的车头时距都比前一辆短些。一般经过五、六辆（根据观测结果，不同的地点有所不同，有的要经过八、九辆车）车后，起动反应和加速的效应已经消失，此时，车辆运行速度趋于稳定，以其所期望速度驶过停车线，直到队列的最后一辆车通过。这些车辆的车头时距相对地比较稳定。观测表明，第一辆车的车头时距相对第二辆车和第三辆车的车头时距要小，这是由于第一辆车离停车线较近，并且对反应时间估计充分的原因。但其分布的离散程度较大，也反映了驾驶人对信号反应的差异。

一般而言，排在前面的第一辆车至第三辆车通过停车线需要的时间较长，这是由于车辆用于加速空间有限的原因；其后的车头时距开始变小，但是，直到第六辆车、第七辆车以后，车头时距趋于稳定。从观测的结果来看，由于驾驶人的反应时间和停车位置的影响，第一辆车的车头时距变化较大。

从第五辆车后（有的在第六辆车、第七辆车），排队车辆车头时距趋于一个稳定的值，并且其方差也趋于稳定。这与国外文献中提到的从第五辆车开始有着一定的差别。因此，饱和车头时距是随着不同的地点而存在着一定的差异，对具体交叉口，应根据实际观测结果确定。

大型车和中型车的车头时距相对的较大。数据分析表明，队列中，大型车和中型车的车头时距明显大于小型车的车头时距。这是由于车辆自身的影响，车辆加速性能低，车身较长，大型车和中型车趋于保持较大的车头时距；小型车跟大型车和中型车行驶时，车头时距和小型车跟小型车行驶时也存在着一定的差别，但差别相对较小。调查发现：大车尾随小车的平均车头时距为3.28s；小车尾随大车时平均车头时距为2.70s；大车尾随大车的车头时距在3.5～5.0s之间；而小车尾随小车的车头时距为2.43s。由此可见，不同类型的车辆接受的服务时间是不一样的。观测结果还表明，不同的车辆之间相互作用是明显的，对于既有小型车又有大型车的车流，其车头时距变化波动较大。

二、行车延误

延误是指车辆在行驶中，由于受到驾驶人无法控制的因素所阻碍损失的时间，这既有车辆间的干扰，也有交通控制设施的影响。交叉口行车延误是指车辆通过交叉口范围的时间延误。根据美国资料显示，对城市规模（人口）、市区中的不同位置、信号配时、速度限制以及其他因素等各种不同条件下的起动损失时间，其观测值的变动幅度是从1.21s到1.95s。

国内一些研究表明，影响整个周期损失时间的因素主要由起动损失时间和清尾损失时间两部分组成。总的起动损失时间为2.5～4s之间，清尾损失时间为2s左右。实际观测表明，排在第一位置的车辆的车头时距随机性较大，这不仅和驾驶人反应时间有关，还和车辆停车位置有关，当停车线距离交叉口中心很远时，有的车辆会驶过停车线，而有的车辆则与停车线保持着一定的距离。因此，第一辆车对起动损失时间影响较大；而清尾时间与饱和度有关；当交叉口为非饱和时，黄灯时间内，车辆已通过交叉口，结果很大部分的黄灯时间没有充分利用；而对饱和的情况，黄灯启亮后，仍有车辆在交叉口内行驶，因此，黄灯时间利用率较高。

值得注意的是，车道宽度、停车干扰、行人干扰、转弯运行和其他因素等通常条件都对这些观测值有影响。由于这些因素的影响，在不同地方所得的观测值往往差异很大。

三、交叉口通行能力的影响因素

影响交叉口通行能力的因素，对于无信号交叉口，主要有几何线形条件和交通条件，对于信号交叉口，还包括信号条件。

1. 几何线形条件

几何线形条件包括有无拓宽、引道坡度、车道数和车道宽度，车道功能划分（包括停放车条件和有无专用的右转或左转车道以及这类车道的备用长度）。

2. 交通条件

交通条件包括交叉口每一引道每一流向的交通量、车辆类型分布（重型车比例）、有无横向干扰如行人过街流量等。对某一指定的机动车引道，行人流量是指在人行横道内与来自引道的右转车相交汇的流量。

3. 信号条件

信号条件包括信号周期，绿灯时间相位变换间隔等。

综上，本章论述了在通行能力分析中应用到的公路交通流参数特性。需要注意的是，这些特性在全国既不是一致的，也不是恒定的，而由于各地的公路环境、交通量和驾驶人驾驶习惯不同，具体特征值会有所差别，但应该具有类似特征。本手册所提供的数据代表了通常的情况，可作为一般的参考，具体条件下的特性还应具体分析，以提高分析精度。

第三章　高速公路基本路段

第一节　引　言

高速公路为专供汽车分向、分车道行驶并应全部控制出入的多车道公路。高速公路基本路段是指在交织区、分流区、合流区、收费站、特长隧道影响区之外的路段。基本路段存在的地方如图 3-1 所示。

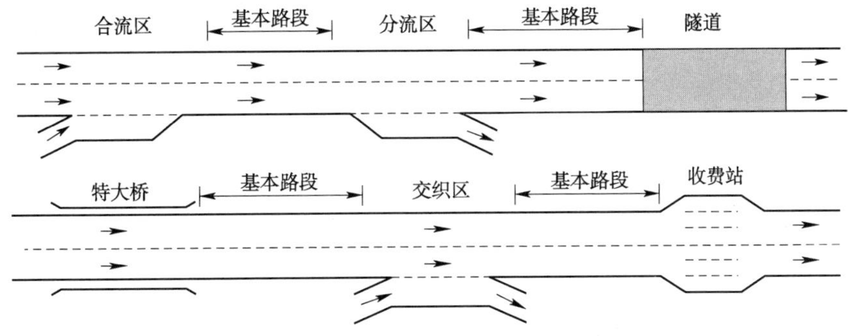

图 3-1　基本路段示意图

隧道和特大桥设施的分析与评价方法与基本路段没有区别，只是运行环境的影响可能导致基准通行能力、自由流速度修正和驾驶人总体特征修正系数等稍有差别，建议根据当地实测数据资料确定。分流区、合流区、交织区等设施对主线的影响视车流状况而定，通常情况下匝道连接处或交织区的影响范围分别如下。

（1）合流区：从匝道连接处起，其上游 150m，下游 750m 的范围为进口匝道影响范围。

（2）分流区：从匝道连接处起，其上游 750m，下游 150m 的范围为出口匝道影响范围。

（3）交织区：合流点上游 150m 为交织区的起点，分流点向下游 150m 为交织区的终点。

高速公路的各组成部分（基本路段、互通式立体交叉口、收费站等设施）由于几何构造和通行规则等上的差异，都相当程度地影响着交通运行和驾驶行为，并由此影响着对通行能力和服务水平的分析。为此，需要对高速公路各组成部分分别进行通行能力和服务水平的分析和评价。

高速公路两个方向的交通运行互不影响，且两个方向交通流所经过的道路线形（主要是指纵断面线形）各不相同，因此，两个方向车行道的通行能力和服务水平的分析计算应分别进行。当高速公路每一基本路段所需的车道数用本章方法求算出来以后，应进行必要的调整，以满足最少不低于双向四车道的基本要求。

上述准则是针对稳定车流而言的。在交通拥挤及堵塞情况下，合流区、分流区或交织区可能会形成车辆排队现象，排队长度的变化范围很大，可长至几公里，因此，合流区、分流区或交织区的影响范围将随交通流状况发生改变。

应当注意的是，通行能力分析的某一路段，其公路特性和交通条件应保持一致。如果公路、交通条件发生了显著变化，则路段的运行条件及其通行能力也会随之发生变化，应该对该路段划分为新的路段进行通行能力分析。另外，通行能力分析路段应该具有一致的设计速度，如果由于地形条件所限，计算速度发生了变化，则应该将不同设计速度的路段作为独立的路段进行通行能力分析。

一、名词术语

（1）高速公路基本路段通行能力：指在通常的道路和交通条件下，高速公路某一断面或均匀路段所容许通过的最大持续交通流率，通常的统计间隔为 15min 或 5min，单位是 veh/（h·ln）或 pcu/（h·ln）。

（2）道路特性：指高速公路路段的几何线形特性，包括车道宽度、车道数、左侧路缘带宽度、右侧路肩宽度、设计速度、坡度、平曲线半径和车道功能划分等。

（3）交通条件：指所有影响通行能力或运行情况的特性，包括交通组成、车道分布比例、交通管理以及驾驶人总体特性（如职业驾驶人与业余驾驶人、各地驾驶人之间的差别等）。

（4）自由流速度：指交通量很小的条件下，公路路段上，标准小客车的平均速度，单位为 km/h。

（5）基准自由流速度：指道路、交通和管控条件均为基准条件时，与设计速度对应的自由流速度，单位为 km/h。

（6）基准通行能力：指在基准的公路、交通、环境和管控条件下，公路设施的一条车道或特定横断面上，规定时段内期望所能通过的最大小时流率，单位通常为 pcu/（h·ln）或 pcu/h。

（7）设计通行能力：指在规划或设计的公路、交通、环境和管控条件下，公路设施的一条车道或特定横断面上，相应设计服务水平下，公路设施期望所能通过的最大小时流率，单位通常为 pcu/（h·ln）或 pcu/h。

（8）实际通行能力：指在实际或设计的公路、交通、环境和管控条件下，公路设施的一条车道或特定横断面上，规定时段内期望所能通过的最大小时流率，单位通常为 veh/h、veh/（h·ln）或 pcu/（h·ln）、pcu/h。

二、理想条件下的高速公路交通流特性

高速公路基本路段的基准条件包括公路条件和交通条件等。公路的基准条件是指双向 8 车道高速公路，车道宽度为 3.75m，右侧硬路肩宽度不小于 2.5m，左侧路缘带宽度为 0.75m，纵坡小于 2%，具有良好的线形，路面平整；交通基准条件是指交通组成是 100% 的小客车，驾驶人都是职业驾驶人且对道路比较熟悉；其他基准条件还包括：天气良好，无交通管制，无交通事故等突发情况。这些基准条件代表了较高的运行水平，自由流速度为 110km/h 或更大。在基准条件下，典型交通流特性如图 3-2 所示。

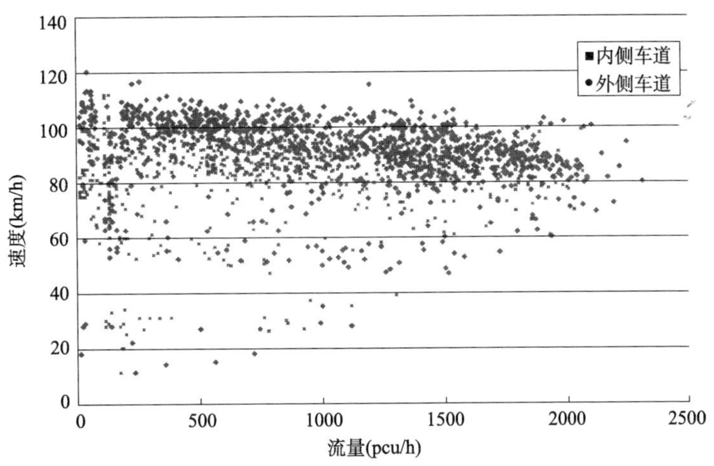

图 3-2　基准条件下高速公路基本路段的速度—流量关系图

由图 3-2 可以看到，目前高速公路基本路段中交通流的三个特性：

（1）在同样的流量水平下，速度分布在相当宽的一个范围内。

（2）流量在增大到 800 ~ 1000pcu/h 的范围内之前，速度基本上能维持不下降。随着流量的继续增加，速度呈单调递减趋势，一直到交通量达到通行能力。

（3）在非稳定流阶段，速度、流量和密度之间不存在必然的联系，交通流处于紊乱状态。

现阶段，距离“九五”期间系统地研究我国公路通行能力已经近 20 年，而这 20 年是我国公路交通发展最为迅猛的阶段，无论是人、车、路、环境等，均发生了巨大的变化。小汽车在大中城市迅速普及、高速公路通车里程从不到 1 万千米增加到现在 12.5 万千米。在“九五”时期进行通行能力研究时，基本上很难观测到交通流饱和的情况，而现在情况发生了巨大变化，早期建设的高速公路已经不能满足通车的需要，纷纷进行了改扩建。可以看出，微观层面上的速度—流量关系较之原来的模型也发生了重大的变化，不再是二次曲线的形式。鉴于以上特性，在推荐各自由流速度下的交通流特征曲线时具体的特征曲线如图 3-3 所示。

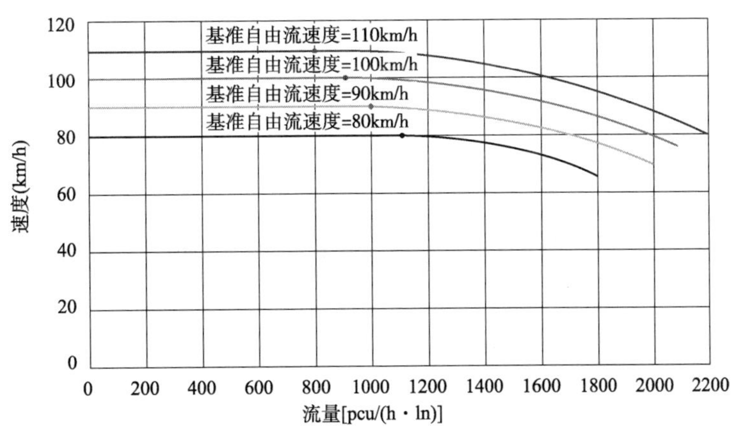

图 3-3　基准条件下自由流速度—流量关系

三、通行能力影响因素

实际的高速公路、交通条件往往与基准条件有所差别，其中对通行能力的主要影响因素包括：自由流速度、车道宽度及侧向净空、车道数量、交通组成和驾驶人总体特征等，这些条件的变化都将对高速公路基本路段的通行能力产生影响。在实际分析过程中，有些因素是直接对交通量（或通行能力）进行修正，有些因素是通过对自由流速度的修正来实现对通行能力的影响。

（1）车道宽度及侧向净空影响——当车道宽度不足3.75m时，车辆行驶时的横向间距比在理想条件下小。为此，驾驶人将拉大与同向车辆间的行驶间距，或者降低行驶速度，以保证安全。因此，该路段的通行能力有所下降。当左侧路缘带宽度和右侧路肩宽度受限时，也会导致类似的情况发生。

（2）车道数量影响——单向有4条或以上的高速公路基本路段可以为车辆提供更多的超车机会，而不容易导致压车现象发生，从而能够保证在较低至中等交通量条件下，全部小客车车速的平均值可以接近自由流速度。当单向车道数量从基准条件下的4车道变为3车道或2车道之后，超车的自由度越低，平均每车道的通行能力相对于基准条件则有所下降。

（3）自由流速度影响——自由流速度对通行能力的影响，可以从速度—流量图直观看出，基准自由流速度越低，其通行能力越小。设计速度与自由流速度有一定的关系，一般情况下设计速度越高，通行能力越大。

（4）交通组成影响——由于中型车、大型车和汽车列车在外形尺寸和车辆行驶性能上与小客车存在显著差别：①中型车、大型车和汽车列车比小客车占用更多的道路行驶空间；②中型车、大型车和汽车列车的加速、减速和保持速度的能力低于小客车。因此，中型车、大型车和汽车列车会在交通流中占用更大的动态空间。在长距离的持续上坡路段，由于中型车、大型车和汽车列车动力特性比小客车差，它们不得不减速行驶，导致交通流中出现更大空隙。

（5）驾驶人总体特征影响——基准条件之一是驾驶人都是职业驾驶人且对道路比较熟悉，当驾驶人由职业和业余驾驶人组成，或者驾驶人的技术熟练程度、遵守交通法规的程度、高速公路驾驶经验、对所在高速公路的熟悉程度以及驾驶人健康状况与理想条件存在差别时，都将使交通流的速度降低，导致速度—流量关系曲线和通行能力发生变化。

以上是通行能力影响因素对通行能力造成的一般影响，各地区在缺乏当地的通行能力研究时，可采用本手册的推荐值考虑各影响因素的影响。但是，由于我国幅员辽阔，各地区经济发展水平不一致，所以各影响因素的影响可能因地而异，所以，在通行能力分析过程中最好对本手册的推荐值进行验证，然后再应用。

第二节　通行能力分析方法

一、通行能力分析方法流程

高速公路基本路段通行能力分析方法的流程如图3-4所示。如何应用这些步骤进行具体的交通规划、设计和运行状况分析，将在本章第三节中详细讨论。

从图 3-4 可以看到，高速公路基本路段通行能力分析是从基准条件下的自由流速度开始的，然后根据规划、设计或运营高速公路的实际条件，对自由流速度进行修正，得到实际条件下的自由流速度，从而得到实际条件下的通行能力值。同时，以观测交通流率为基础，通过交通流率修正，得到实际条件下的高峰小时流率。结合实际条件下的通行能力值和实际条件最大的高峰小时流率，进行高速公路基本路段的规划、设计和运行状况分析。

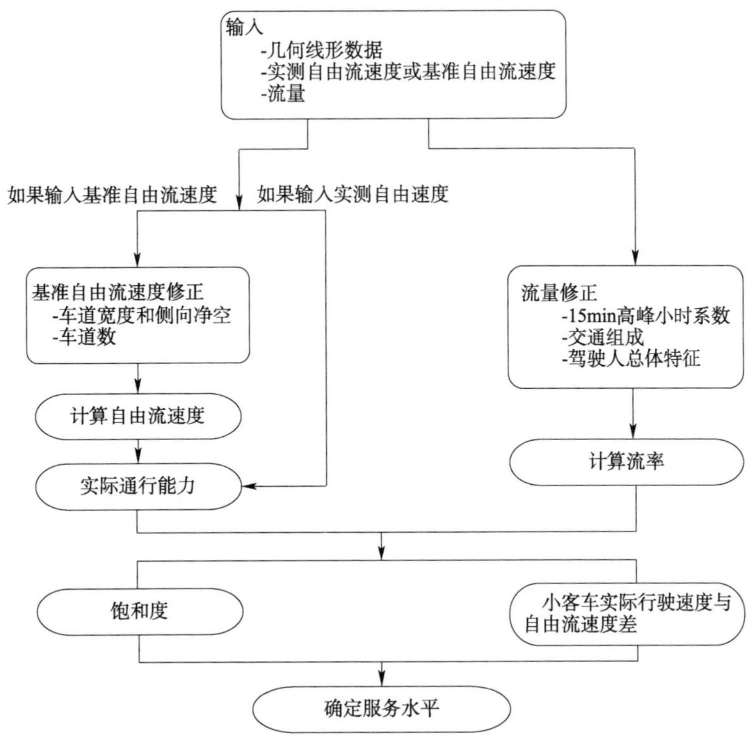

图 3-4　高速公路基本路段通行能力分析方法流程

二、计算参数与公式

1. 基本路段服务水平分级

以美国 HCM2010 为代表的高速公路基本路段分析方法，根据密度将服务水平分为 A ~ F 共 6 级。但分析认为，密度并不能充分反映服务质量，同一高速公路上不同路段可能有不同的几何设计，因此密度相同时，不同路段可能有不同的实际行驶速度，而密度较低的路段或者车道上也不一定会有较高的速度。例如，爬坡车道上的密度可能低于左侧各车道上的密度，但实际行驶速度却比较低。一般高速公路使用者所关心的服务质量主要是拥挤程度及实际行驶速度，本手册采用 v/C 值来衡量拥挤程度，作为评价服务水平的主要指标，v/C 是相对概念，不同设施之间有较好的对比性，如高速公路和一级公路。同时采用小客车实际行驶速度与自由流速度之差作为次要评价指标，从另一个角度来评估服务水平，服务水平评价用两个指标组合表达。

基本路段的 v/C 值在 0.55 以下时，驾驶人对拥挤程度的变化不太敏感，而 v/C 值在

0.90 时，交通流就有不稳定的趋势。在这种情况下，只要流量稍微增高，交通流可能很快地进入拥堵状态。根据这些现象，本手册给出了 v/C 值划分标准见表 3-1，根据拥挤程度将服务水平分为一级～六级。从另外一个角度来说，小客车实际行驶速度值越接近自由流速度值，基本路段的服务质量越高。因此本手册从小客车实际行驶速度的角度又将各级服务水平分成 1～3 三等。

高速公路基本路段服务水平分级　　表 3-1

服务水平等级		分级指标	
		主要指标	次要指标
		v/C 值	小客车实际行驶速度与基准自由流速度差（km/h）
一	1	$v/C \leq 0.35$	≤10
	2		(10，20]
	3		>20
二	1	$0.35 < v/C \leq 0.55$	≤10
	2		(10，20]
	3		>20
三	1	$0.55 < v/C \leq 0.75$	≤20
	2		(20，30]
	3		>30
四	1	$0.75 < v/C \leq 0.90$	≤20
	2		(20，35]
	3		>35
五	1	$0.90 < v/C \leq 1.00$	≤30
	2		(30，40]
	3		>40
六		$v/C > 1.00$	

设计服务水平的选用应依据公路功能，结合地形条件、交通组成等综合确定。对于一般高速公路按三级服务水平规划设计，对于以小客车为主的高速公路，如机场高速等可选二级服务水平进行规划设计。当已运营高速公路的服务水平评价结果为三（3）及以下时，则考虑采取改建和拓宽等措施提升高速公路的运行环境。

2. 基准条件下的通行能力

高速公路基本路段的基准通行能力应根据自由流速度确定，具体取值见表 3-2。

不同基准自由流速度对应的基准通行能力值　　表 3-2

基准自由流速度（km/h）	110	100	90	80
基准通行能力［pcu/(h·ln)］	2200	2100	2000	1800

3. 实际道路条件对自由流速度的修正

按照式（3-1）计算实际道路条件对自由流速度的修正。

$$v_{FF} = v_{BFF} + \Delta v_w + \Delta v_N \tag{3-1}$$

式中：v_{FF}——高速公路基本路段实际自由流速度（km/h）；

v_{BFF}——基本路段的基准自由流速度（km/h）；

Δv_w——车道宽度和路侧宽度对基准自由流速度的修正值（km/h），宜根据当地实测资料确定，或按表3-3选取；

Δv_N——车道数对基准自由流速度的修正值（km/h），按表3-4选取。

1）车道宽度和路侧宽度对基准自由流速度的修正

表3-3分别列出了车道宽度、左侧路缘带和右侧路肩宽度不满足理想条件时，基准自由流速度的修正值。当以上3个条件中有2个或3个同时不满足时，其综合的修正值为独立影响情况下修正值之和。如车道宽为3.5m，左侧路缘带0.25m时，其设计速度修正值为(−3)+(−3)=−6(km/h)；又如，车道宽为3.5m，左侧路缘带0.25m，右侧路肩为1.0m时，其设计速度的修正值为(−3)+(−3)+(−3)=−9(km/h)。

车道宽度和路侧宽度对基准自由流速度的修正　　表3-3

宽　度（m）		基准自由流速度修正值 Δv_w（km/h）
车道	3.25	−5.0
	3.50	−3.0
	3.75	0.0
左侧路缘带	0.25	−3.0
	0.50	−1.0
	0.75	0.0
右侧路肩	≤0.75	−5.0
	1.00	−3.0
	1.50	−1.0
	≥2.50	0.0

注：高速公路为8车道及以上时，内侧车道为3.50m可不进行修正。

2）车道数对基准自由流速度的修正值

车道数对基准自由流速度的修正值　　表3-4

车道数（单向）	基准自由流速度修正值 Δv_N（km/h）
≥4	0
3	−4.0
2	−8.0

4. 服务交通量

按照式（3-2）计算实际道路、交通条件对最大服务交通量的修正。

$$SF_i = MSF_i \times f_{HV} \times f_p \times N \tag{3-2}$$

式中：SF_i——实际道路、交通条件下，i级服务水平对应的单方向N条车道的服务交通量（veh/h）；

MSF_i——基准条件下，i 级服务水平对应的单车道最大服务交通量［pcu/(h·ln)］；五级服务水平对应的服务交通量就是基准通行能力。

f_{HV}——交通组成修正系数，见式（3-3）；

f_p——驾驶人总体特性修正系数；

N——高速公路单向车道数。

1）交通组成修正系数

$$f_{HV}=\frac{1}{1+\sum P_i(E_i-1)} \tag{3-3}$$

式中：P_i——车型 i 的交通量占总交通量的百分比；

E_i——车型 i 的车辆折算系数；高速公路中车型 i 包括中型车、大型车和汽车列车。

实际上，车辆折算系数的影响因素非常多，如交通量的大小、纵坡坡度和坡长、车辆性能等。表 3-5 所列的车辆折算系数只适用于平原区坡度小于 2% 的路段，对于特定纵坡路段的通行能力分析则应该采用特殊的方法，详见本章第三节三。

高速公路基本路段车辆折算系数 表 3-5

车　型	交通量［veh/(h·ln)］	基准自由流速度（km/h）		
		110	100	≥80
中型车	≤800	1.5	1.5	2.0
	(800，1200]	2.0	2.5	3.0
	(1200，1600]	2.5	3.0	4.0
	>1600	1.5	2.0	2.5
大型车	≤800	2.0	2.5	3.0
	(800，1200]	3.5	4.0	5.0
	(1200，1600]	4.5	5.0	6.0
	>1600	2.5	3.0	4.0
汽车列车	≤800	3.0	4.0	5.0
	(800，1200]	4.5	5.0	7.0
	(1200，1600]	6.0	7.0	9.0
	>1600	3.5	4.0	5.0

2）驾驶人总体特征修正系数

驾驶人技术越熟练、越熟悉所行驶的高速公路路段，则越容易以较高且一致的速度行驶。反之，则会使交通流的速度降低，同时导致速度—流量—密度关系曲线变化和通行能力降低。

驾驶人总体特征对通行能力的影响，用修正系数 f_p 表示。驾驶人总体特征影响修正系数的使用应该非常谨慎，可以通过调查工作日和休息日的交通流率和速度来确定该修正系数取值；或通过专家对公路、交通状况的综合分析，提出合理的修正系数，如通常情况下驾驶人总体特征影响修正系数可取 1，当分析有旅游功能的高速公路时，f_p 可取 0.90。

在一些情况下，可以采用f_p的取值范围对通行能力进行灵敏性分析，以确定不同的驾驶人总体特征是否会严重影响高速公路通行能力。

第三节　通行能力分析步骤

上节中讨论的通行能力分析方法常用于解决下列各类问题。

（1）运行状况分析——运行状况分析可以分析现有的或拟建的高速公路。运行状况分析是在已知详细的道路几何线形及交通条件的基础上，通过运行状况分析，估计现有的或拟建的高速公路中交通流的服务水平、速度和密度。运行状况分析可以用来评价高速公路运营状况，或采取某些改造措施后产生的效果，也可以用来评价高速公路的设计方案。

（2）规划和设计分析——规划和设计分析一般是根据预测交通量和几何线形设计标准，以及目标年期望达到的服务水平作为已知条件，计算出规划和设计中高速公路路段所需的车道数。规划和设计相比，规划分析中只要求交通预测和道路的平、纵线形的近似数据，对所需车道数进行初步估算。另外，虽然规划和设计分析本身的过程相对简单，但是为深入分析规划、设计方案，往往需要假设详细的交通预测资料，包括交通量高峰特性，交通组成和有关的平、纵线形的资料，对路段运行状况进行分析。

必须指出的是：本手册的这些分析方法只是用作指导性分析，并不能代替可行方案的论据和决策。通过通行能力分析，只是向作决策的工程师和规划人员提供了一些参考数据，并不等于决策本身。要进行最后的决策，除了这些基本的、重要的数据以外，还有其他一些分析，如经济效益和环境影响评价等。

一、运行状况分析

1. 数据要求

进行高速公路基本路段运行状况分析所需资料如下：

（1）高峰小时交通量，或者其他规定时间内的小时交通量；

（2）交通特性，包括交通组成，即汽车列车以及大、中、小型车所占的百分比，15min 高峰小时系数以及驾驶人总体特征；

（3）公路特性，包括车道数，车道宽度，侧向净空，设计速度和纵坡坡度等。

2. 划分分析路段

在运行状况分析之前，应把高速公路划分成具有统一特性的路段，即各路段的上述各项数据是常数；如果某一项数据发生变化，则需要划分为另外一段进行分析。通常将分流区、合流区、交织区等作为分段点，因为该点的交通量会发生变化。

3. 运行状况分析步骤

运行状况分析是在式（3-1）和式（3-2）的基础上进行的，详细的分析步骤如图 3-5 所示。

运行状况分析步骤说明如下。

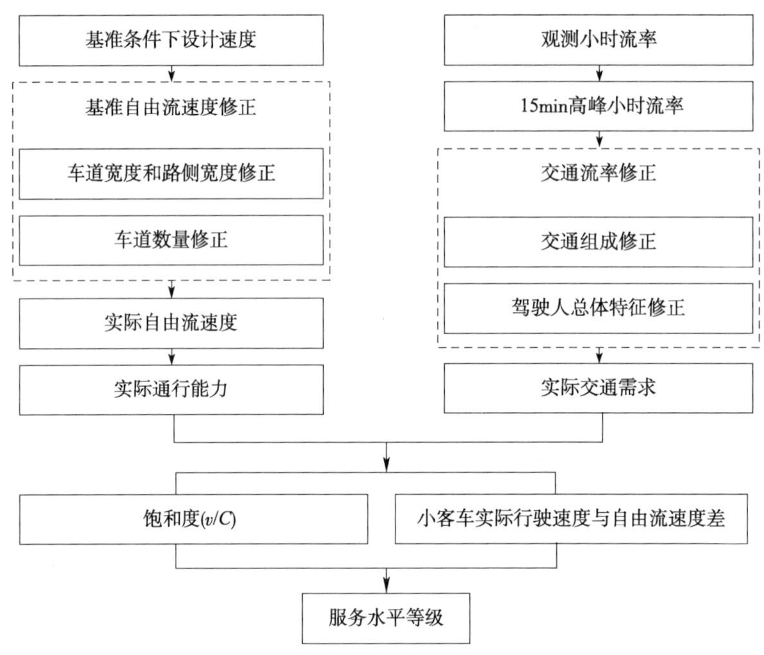

图 3-5　高速公路基本路段运行状况分析步骤

1）明确已知条件

已知条件包括车道宽度、车道数、侧向净空、自由流速度、纵坡坡度、观测交通量、交通组成、15min 高峰小时系数以及驾驶人总体特征等。

2）计算实际通行能力 C_r

①根据分析路段的实测速度数据计算小客车实际自由流速度，或者根据基准条件下的设计速度，按照式（3-1），查表 3-3 和表 3-4，计算实际条件下的自由流速度 v_{FF} 。

②根据实际条件下的自由流速度 v_{FF} ，查表 3-2，通过内插计算实际自由流速度对应的实际通行能力 C_r 。

3）计算实际条件下每车道的最大服务交通量

①实测的单方向小时交通量 Q 通过 15min 高峰小时系数 PHF_{15} 折算成为 15min 高峰小时交通流率 SF。

$$SF = Q/PHF_{15} \tag{3-4}$$

式中：SF——单方向实际高峰小时服务流率（veh/h）；

Q ——单方向观测小时交通量（veh/h）；

PHF_{15}——15min 高峰小时系数，具体取值见表 3-6。

15min 和 5min 高峰小时系数 PHF 值　　表 3-6

指　　标		东部	中部	西部	全国典型
平均值	PHF_{15}	0.924	0.926	0.883	0.911
	PHF_5	0.834	0.836	0.775	0.815

注：东部地区包括北京、天津、河北、辽宁、山东、江苏、浙江、上海、福建、广东、广西、海南；中部地区包括山西、内蒙古、吉林、黑龙江、安徽、江西、河南、湖北、湖南；西部地区包括四川、重庆、贵州、云南、西藏、陕西、甘肃、青海、宁夏、新疆；本表未包括港澳台地区。

②根据式（3-5）计算实际公路、交通条件下的最大服务交通量 MSF_d。

$$MSF_d = \frac{SF}{f_{HV} \times f_p \times N} \tag{3-5}$$

式中：MSF_d——实际公路、交通条件下每车道的最大服务交通量［pcu/(h · ln)］；

其余符号同式（3-2）。

4）运行状况分析

①计算饱和度，根据计算得到的单车道实际最大服务交通量 MSF_d 和实际条件下的通行能力 C_r，按照式（3-6）计算饱和度 v/C。

$$v/C = MSF_d/C_r \tag{3-6}$$

式中：C_r——实际自由流速度 v_{FF} 对应的通行能力值［pcu/(h · ln)］；

其余符号同式（3-5）。

②计算速度差，根据分析路段的实测速度数据计算小客车实际行驶速度和自由流速度，并计算两者差值。

③确定服务水平等级，根据计算得到的饱和度，以及小客车实际行驶速度和自由流速度的差值，对应表 3-1 确定分析路段的服务水平等级。

二、设计和规划分析

1. 数据需求

设计分析需要的资料主要涉及预测的定向设计小时交通量及其交通流特性描述方面的数据。同时，还需要事先假设设计速度、车道宽度和侧向净空等规划和设计数据。如果需要对设计方案进行详细的运行状况分析，则还需要假设道路平、纵线形的有关资料。通常进行设计分析所需的数据如下：

（1）在考虑分析路段地形条件的基础上，假设车道宽度、侧向净空和设计速度等设计的几何线形数据；

（2）预测设计年限的年平均日交通量 AADT；

（3）假设交通流特性，如交通流组成：汽车列车以及大、中、小型车组成比例，15min 高峰小时系数以及驾驶人总体特征。

相比之下，规划分析的数据要求相对较粗，通常需要如下数据：

（1）预测设计年限的年平均日交通量 AADT；

（2）预测汽车列车以及大、中型车在交通中所占百分比；

（3）规划路段的地形分类。

2. 划分分析路段

与运行状况分析一样，分析之前应把高速公路划分成具有统一特性的路段。考虑到分流区、合流区、交织区等交通量会发生变化，通常作为通行能力分析的分段点。

3. 设计和规划分析步骤

设计分析也是在式（3-1）和式（3-2）的基础上进行的，详细的分析步骤如图 3-6 所示。

由于设计分析要求更细致，因此以下按设计分析步骤进行说明，而对规划分析中不一样的地方进行相应的补充说明。

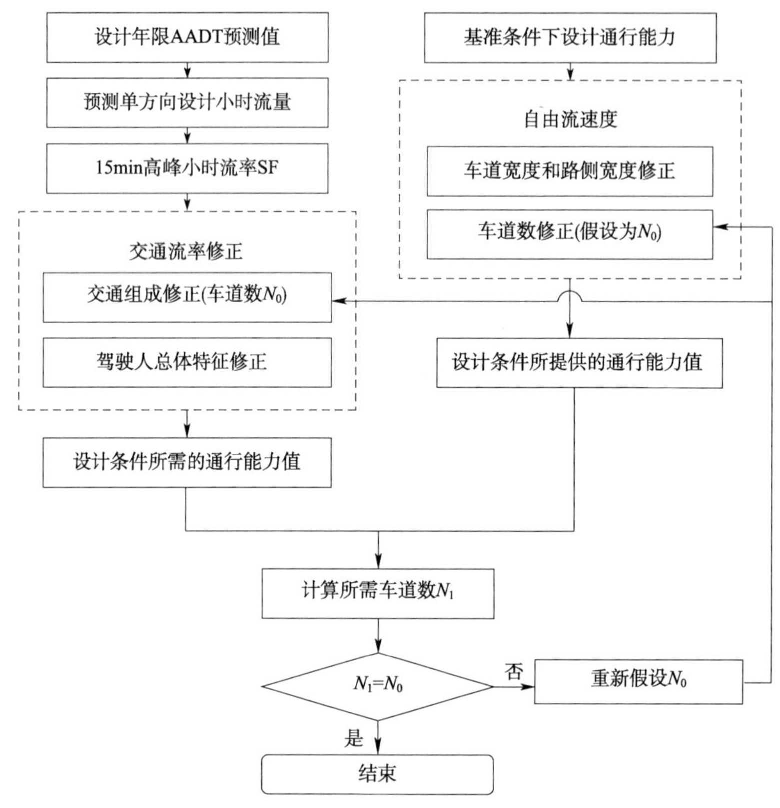

图 3-6 高速公路基本路段设计分析步骤

1）明确已知条件

设计年限的年平均日交通量 AADT、规划路段地形条件，假设车道宽度、侧向净空、设计速度、纵坡坡度以及交通组成、15min 高峰小时系数以及驾驶人总体特征等。

2）计算规划、设计条件所需的最大服务交通量

①将设计年限的年平均日交通量按照式（3-7）换算成为单方向设计小时交通量。

$$\mathrm{DDHV} = \mathrm{AADT} \times K \times D \tag{3-7}$$

式中：DDHV——预测的单方向设计小时交通量（veh/h）；

AADT——年平均日交通量（veh/h）；

K——设计小时交通量系数，具体取值见表 3-7；

D——方向不均匀系数，其取值可根据当地交通量实测资料确定，或者取 0.5，即按两个方向交通量无明显差异进行处理。

设计小时交通量系数（单位：%） 表 3-7

公路位置	华北	东北	华东	中南	西南	西北
城市近郊	8.0	9.5	8.5	8.5	9.0	9.5
公路	12.0	13.5	12.5	12.5	13.0	13.5

注：华北地区包括北京、天津、河北、山西、内蒙古；东北地区包括辽宁、吉林、黑龙江；华东地区包括上海、江苏、浙江、安徽、福建、江西、山东；中南地区包括河南、湖南、湖北、广东、广西、海南；西南地区包括四川、重庆、云南、贵州、西藏；西北地区包括陕西、甘肃、青海、宁夏、新疆；本表未包括港澳台。

②将预测的单方向设计小时交通量 DDHV 通过 15min 高峰小时系数 PHF_{15} 折算成为 15min 高峰小时交通量 SF。

$$SF = DDHV/PHF_{15} \tag{3-8}$$

式中：DDHV——预测的单方向设计小时交通量（veh/h）；

其他符号同式（3-4），PHF_{15}的取值见表 3-6。

③根据式（3-9）计算设计道路和假设交通条件所需的最大服务交通量 MSF_d。

$$MSF_d = \frac{SF}{f_{HV} \times f_p} \tag{3-9}$$

式中：MSF_d——设计道路条件和假定的交通条件所需要的最大服务交通量（pcu/h）；

其他符号同式（3-2），修正系数的取值可查表 3-5 获得。

规划分析时，由于规划资料内容有限，所以，只能根据通常的交通组成资料进行交通组成影响的修正，而认为车道宽度和驾驶人特征均为理想条件。

3）计算规划、设计条件单车道通行能力

①高速公路基本路段设计速度与基准自由流速度关系，见表 3-8。

高速公路基本路段设计速度与基准自由流速度对应关系　　表 3-8

设计速度（km/h）	120	100	80	60
基准自由流速度（km/h）	110	100	90	80

②高速公路基本路段在不同服务水平、不同自由流速度对应的单车道的设计通行能力取值，见表 3-9。

高速公路基本路段基准条件下每条车道设计通行能力　　表 3-9

自由流速度（km/h）		110	100	90	80
设计通行能力［pcu/(h · ln)］	二级	1200	1150	1100	1000
	三级	1650	1600	1500	1350

③根据设计速度查表 3-8 确定基准自由流速度，再按照式（3-1），查表 3-3 和表 3-4，计算实际条件下的自由流速度 v_{FF} 。

④根据实际条件下的自由流速度 v_{FF} ，查表 3-9，通过内插计算实际自由流速度对应的设计通行能力 C_d 。

4）计算设计路段所需车道数

根据计算得到设计路段所需的最大服务交通量 MSF_d 和设计条件下单车道所能提供的最大服务交通量 C_d ，按照式（3-10）计算设计路段所需车道数。

$$N = MSF_d/C_d \tag{3-10}$$

5）确定车道数

最后计算出的车道数通常不是整数，最简单的处理办法是向上取整；也可以综合考虑经济因素和其他方面的问题，重新选择设计通行能力，再次计算后再取整，但无论如何取整，都应通过运营阶段通行能力分析方法审查其运行情况，以便做出最后的决策。如果取整后得到的 $N_1 = N_0$ ，则表示分析结束；如果 $N_1 \neq N_0$ ，则应重新假设 N_0 来确定交通组成的影响f_{HV}和实际自由流速度v_{FF}，进而重新得出N_1，直至$N_1 = N_0$为止。另外，由于公路几何特征及交通条件的变化，可能使相邻两段高速公路路段上所需的车道数不一致，甚至在同一路段上两个方向（尤其是在特定纵坡路段）的计算车道数值也不相等，关于这一点，应该从高速公路系统的一致性、连续性需求方面进行考虑，综合其他因素做出最终决策。

在规划分析中，由于规划分析结果是根据一般规划资料得到的，而这些资料将随着高速公路从规划阶段进入设计阶段而有所变化。因此，规划分析的结果不能直接作为设计结果使用，而且，设计分析也不应拘于规划分析的结果。

三、特定纵坡路段分析

所谓特定纵坡路段是指单一的坡度—坡长，或者几个上（或下）坡段组合的等效坡度—坡长值符合表3-10和表3-11中任何一项坡度—坡长值的路段。由于特定纵坡上坡路段中，大型车的车辆换算系数较大，导致当量交通量增大，使该路段成为基本路段上运行质量较差甚至最差的部分。另外，当特定上坡路段的设计小时交通量超过其同向车行道的设计通行能力时，还需要设置爬坡车道。因此，需要对特定纵坡上坡路段进行特别分析。

除此之外，由于纵坡路段在上坡路段和下坡路段的交通特性存在明显的不同，因此，要对特定纵坡的上坡路段和下坡路段分别进行通行能力和服务水平分析。

特定上坡路段中型车的车辆换算系数 E_{HV} 表3-10

坡度（%）	坡长（m）	中型车辆比例（%）						
		5	10	15	20	25	30	>30
[2，3]	(0，1200]	1.5						
	>1200	2.0						
(3，4]	(0，900]	1.5						
	(900，1200]	2.0						
	>1200	3.0	3.0	2.5	2.5	2.5	2.5	2.0
(4~5]	(0，300]	1.5						
	(300，1200]	2.0						
	>1200	3.0	3.0	3.0	2.5	2.5	2.0	2.0
(5，6]	(0，300]	2.0						
	(300，1200]	2.5						
	>1200	4.5	4.5	4.0	4.0	3.0	2.5	2.5

1. 特定纵坡下坡段的E_{HV}求法

①当非标准车型中以中型车及以下车辆占主导地位（比例最大）时，纵坡坡度—坡长为｛(2%，3%]，>1200m｝｛(3%，4%]，>900m｝及纵坡坡度大于4%的所有下坡路段；当非标准车型中大型车及拖挂车占主导地位时，坡度—坡长为｛(2%，3%]，>900m｝｛(3%，4%]，>600m｝及坡度大于4%的所有下坡路段（不论单一坡段或组合坡段），

E_{HV} 可取为同样坡度—坡长上坡段 E_{HV} 值的一半，且不低于表 3-5 的取值。

②当坡度—坡长小于上述所属范围的特定下坡路段时，E_{HV} 取值参考表 3-5。

特定上坡路段大型车的车辆换算系数 E_{HV}　　表 3-11

坡度（%）	坡长（m）	大型车辆比例（%）						
		5	10	15	20	25	30	>30
[2，3]	(0，300]	3.0						
	(300，600]	3.5						
	(600，900]	4.0						
	(900，1200]	4.5	4.5	4.5	4.5	4.5	4.0	4.0
	>1200	5.0	5.0	5.0	5.0	4.5	4.5	4.5
(3，4]	(0，300]	3.5						
	(300，600]	4.0						
	(600，900]	4.5	4.5	4.5	4.5	4.5	4.5	4.0
	(900，1200]	5.5	5.5	5.5	5.5	5.5	5.0	5.0
	>1200	6.5	6.5	6.5	6.5	6.0	6.0	5.5
(4，5]	(0，300]	4.0						
	(300，600]	5.0						
	(900，1200]	6.0	6.0	6.0	5.5	5.5	5.5	5.0
	>1200	7.0	7.0	6.5	6.5	6.0	6.0	5.5
(5，6]	(0，300]	4.5						
	(300，600]	6.0	6.0	6.0	6.0	5.5	5.5	5.0
	(900，1200]	8.0	8.0	7.5	7.5	6.5	6.5	5.5
	>1200	10.0	10.0	9.5	8.5	7.0	6.0	5.5

2. 特定纵坡上坡段的 E_{HV}

求组合上坡路段之等效坡度—坡长。当组合上坡段中的坡度均小于 4% 或组合坡段总长小于 1000m 时，可采用加权平均法计算平均坡度作为等效坡度，组合上坡段总长即为等效坡长。当组合上坡段中有一个或更多坡段的坡度等于或者大于 4% 或组合坡段总长等于或大于 1000m 时，则应采用精确法求等效坡度—坡长。计算过程应按下列步骤进行：

①当非标准车型中以中型车及以下车辆占主导地位时，精确法中应用图 3-7。当非标准车型中大型车及拖挂车占主导地位时，则应用图 3-8。

②非整数纵坡坡度要四舍五入取整后再进行计算。

③在图 3-7 或者图 3-8 中写入最初的坡度和坡长，确定货车在第一个纵坡结束时的速度。

④确定货车以第一坡度末的速度在第二纵坡上行驶的长度，将该点作为第二纵坡起点。

⑤将第二步中算出的长度与第二纵坡的坡长相加，然后确定货车在纵坡终点的速度。

⑥对接下来的纵坡重复以上计算。

⑦在图 3-7 或图 3-8 中，根据货车最终速度和纵坡总长确定等效纵坡。

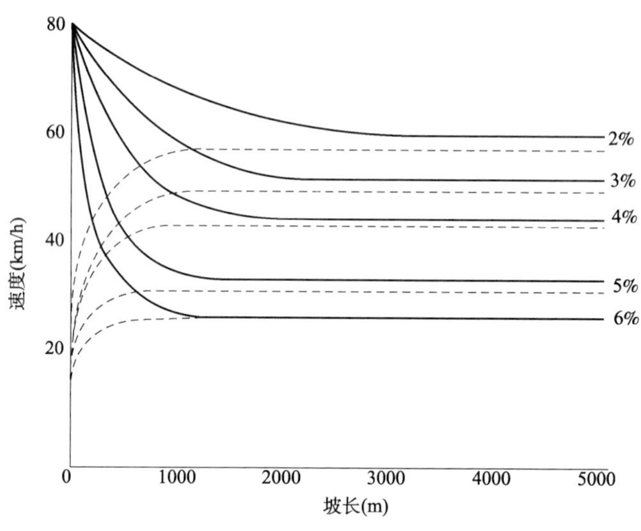

图 3-7　上坡路段中型车（122kg/kW）性能曲线

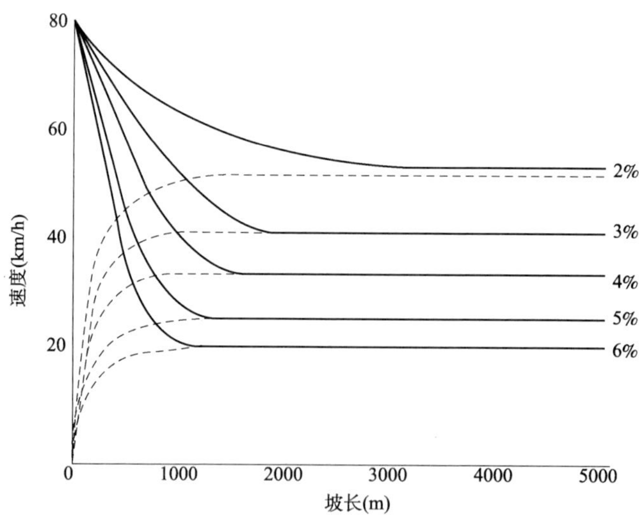

图 3-8　上坡路段大型车（177kg/kW）性能曲线

第四节　算　　例

一、算例 1——基本路段的运行状况分析

已知　现以实测高速公路路段 G30 连霍高速公路陕西西潼段改扩建前双向四车道路段为例，按照交通运行状况分析步骤进行评价。实地勘察资料如下：

（1）单方向观测到的高峰小时交通量为1586veh/h。

（2）交通组成为小型车比例50%，中型车比例8%，大型车比例24%，汽车列车比例18%；驾驶人多为职业驾驶人，比较熟悉分析路段。

（3）道路条件为平原微丘地区的双向四车道高速公路，行车道宽度为2×3.75m，柔性路面，左侧路缘带宽度0.75m，右侧硬路肩宽度3.0m，设计速度为100km/h，纵坡坡度<2%。

问题　根据以上条件确定该路段的饱和度、服务水平等级，是否满足改扩建的条件？

分析　按照图3-5描述的运行状况分析步骤进行求解。

1）计算实际通行能力

（1）由行车道宽度为2×3.75m，左侧路缘带宽度0.75m，右侧硬路肩宽度3.0m，查表3-3，得$\Delta v_w = 0.0$km/h；已知单方向的车道数为2，查表3-4，得$\Delta v_N = -8.0$km/h，则实际自由流速度$v_{FF} = v_{BFF} + \Delta v_w + \Delta v_N = 100 + 0 - 8 = 92$（km/h）。

（2）根据实际自由流速度92km/h，查表3-2，则实际自由流速度对应的实际通行能力：

$$C_r = 2000 + \frac{2100 - 2000}{100 - 90} \times (92 - 90) = 2020 \ [\text{pcu}/(\text{h} \cdot \text{ln})]$$

（3）计算实际条件下每车道的最大服务交通量：

（4）由已知条件，实际的高峰小时交通量SF = 1586veh/h。

（5）根据式（3-5）计算实际公路、交通条件下的最大交通量MSF_d。由于纵坡坡度<2%，且单车道高峰小时交通量小于800［veh/(h·ln)］，查表3-5，取中型车的车辆折算系数为1.5，大型车的车辆折算系数为2.5，汽车列车的车辆折算系数为4.0；由于驾驶人多为职业驾驶人，且熟悉分析路段，则f_p取1.00。

由交通组成中中型车比例8%、大型车比例24%、汽车列车比例18%，则有：

$$f_{HV} = \frac{1}{1 + \sum p_i(E_i - 1)} = \frac{1}{1 + [0.08 \times (1.5 - 1) + 0.24 \times (2.5 - 1) + 0.18 \times (4.0 - 1)]} = 0.515$$

而

$$\text{MSF}_d = \frac{\text{SF}}{f_{HV} \times f_p \times N} = \frac{1586}{0.515 \times 1.00 \times 2} = 1540 \ [\text{pcu}/(\text{h} \cdot \text{ln})]$$

2）运行状况分析

（1）由于单车道实际最大交通量MSF_d为1540［pcu/(h·ln)］，实际条件下的通行能力C_r为2020［pcu/(h·ln)］，则饱和度为：

$$v/C = \frac{\text{MSF}_d}{C_r} = \frac{1540}{2020} = 0.76$$

（2）分析路段小客车实际行驶速度为78km/h，小客车自由流速度为92km/h，两者差值达到14km/h。

（3）根据计算得到的饱和度，以及小客车实际行驶速度和自由流速度的差值，对应表3-1确定分析路段的服务水平等级为四（1）级，超过设计服务水平，满足进行改扩建的条件。

二、算例2——基本路段的运行状况分析

已知 现以实测高速公路路段江苏沪宁高速公路硕放枢纽—东桥枢纽路段为例，按照交通运行状况分析步骤进行评价。实地勘察资料如下：

（1）上午9：00上海方向观测到的高峰小时交通量为4346veh/h；

（2）交通组成为小型车比例63.5%，中型车比例15%，大型车比例12.8%，汽车列车比例8.7%；驾驶人多为职业驾驶人，比较熟悉分析路段；

（3）道路条件为平原微丘地区的双向八车道高速公路，行车道宽度为8×3.75m，柔性路面，左侧路缘带宽度0.75m，右侧硬路肩宽度3.25m，设计速度为120km/h，纵坡坡度<2%。

问题 根据以上条件确定该路段的饱和度、服务水平等级。

分析 按照图3-5描述的运行状况分析步骤进行求解。

1）计算实际通行能力

（1）由行车道宽度为8×3.75m，左侧路缘带宽度0.75m，右侧硬路肩宽度3.25m，查表3-3，得$\Delta v_w=0.0$km/h；已知单方向的车道数为4，查表3-4，得$\Delta v_N=0.0$km/h，则实际自由流速度$v_{FF}=v_{BFF}+\Delta v_w+\Delta v_N=110+0+0=110$km/h。

（2）根据实际自由流速度110km/h，查表3-2，则实际自由流速度对应的实际通行能力为：

$$C_r=2200\ [\mathrm{pcu/(h \cdot ln)}]$$

2）计算实际条件下每车道最大服务交通量

（1）由已知条件，实际的高峰小时交通量SF=4346veh/h；

（2）根据式（3-5）计算实际道路、交通条件下的最大交通量MSF_d。由于纵坡坡度<2%，且单车道高峰小时交通量大于1000［veh/(h·ln)］，而小于1200［pcu/(h·ln)］，查表3-5，取中型车的车辆折算系数为2.0，大型车的车辆折算系数为3.5，汽车列车的车辆折算系数为4.5；由于驾驶人多为职业驾驶人，且熟悉分析路段，则f_p取1.00。

由交通组成中，中型车比例15%，大型车比例12.8%，汽车列车比例8.7%，则有：

$$f_{HV}=\frac{1}{1+\sum p_i(E_i-1)}$$

$$=\frac{1}{1+[0.15\times(2.0-1)+0.128\times(3.5-1)+0.087\times(4.5-1)]}=0.564$$

而
$$\mathrm{MSF}_d=\frac{\mathrm{SF}}{f_{HV}\times f_p\times N}=\frac{4346}{0.564\times1.00\times4}=1926\ [\mathrm{pcu/(h \cdot ln)}]$$

3）运行状况分析

由于单车道实际最大交通量MSF_d为1926［pcu/(h·ln)］，实际条件下的通行能力C_r为2200［pcu/(h·ln)］，则饱和度为：

$$v/C=\frac{\mathrm{MSF}_d}{C_r}=\frac{1926}{2200}=0.875$$

（1）分析路段小客车实际行驶速度为72km/h，小客车自由流速度为110km/h，两者差值达到38km/h。

（2）根据计算得到的饱和度，以及小客车实际行驶速度和自由流速度的差值，对应表3-1确定分析路段的服务水平等级为四（3）级，高峰时段超过设计服务水平，如图3-9所示。

图 3-9　沪宁高速公路某路段高峰运行状况

三、算例 3——基本路段的规划分析

已知　现以实际高速公路路段京哈高速公路 G1 盘锦至沈阳段改扩建规划为例，按照基本路段规划分析步骤进行评价。规划资料如下：

（1）规划预测 2035 年平均日交通量为 53739veh/d，交通组成见表 3-12。

京哈高速公路盘锦至沈阳段交通组成　　表 3-12

小客车	大客车	小货车	中货车	大货车	拖挂车	自然辆合计
29589	2866	3199	2532	3132	12420	53739

（2）规划路段的地形为平原微丘，设计速度为 120km/h。

问题　按照通常的设计服务水平，应该将该路规划成为几车道的高速公路？

分析

1）计算规划、设计条件所需的最大服务交通量

（1）将设计年限的年平均日交通量 AADT 按照式（3-7）换算成为单方向设计小时交通量 DDHV。由于规划路段地处东北地区的城市近郊，查表 3-7 取设计小时交通量系数 K 为 13.5；假设两个方向交通量无明显差异，取方向不均匀系数 D 为 0.5；则：

$$\mathrm{DDHV} = \mathrm{AADT} \times K \times D = 53739 \times 0.135 \times 0.5 = 3627\ \text{(veh/h)}$$

（2）将预测的单方向设计小时交通量 DDHV 通过 15min 高峰小时系数 PHF_{15} 折算成为 15min 高峰小时交通量 SF。查表 3-6，得到辽宁地区的 15min 高峰小时系数 PHF_{15} 为 0.924，则有：

$$\mathrm{SF} = \frac{\mathrm{DDHV}}{\mathrm{PHF}_{15}} = \frac{3627}{0.924} = 3925\ \text{(veh/h)}$$

（3）假设纵坡坡度为 0，由于设计小时交通量为 3925veh/h，假设单向 5 车道，则单车道的流量在 800veh/h 以下，查表 3-5，取中型车的车辆折算系数为 1.5，大型车的车辆折算系数为 2.0，汽车列车的车辆折算系数为 3.0；由于驾驶人多为职业驾驶人，且熟悉分析路段，则 f_p 取 1.00；

由表 3-12 可估算，交通组成中，小客车 61%，中型车 10%，大型车 6%，汽车列车 23%，则有：

$$f_{HV}=\frac{1}{1+\sum p_i(E_i-1)}$$
$$=\frac{1}{1+[0.10\times(1.5-1)+0.06\times(2.0-1)+0.23\times(3.0-1)]}$$
$$=0.637$$

（4）根据式（3-9）计算设计道路和假设交通条件所需的最大服务交通量 MSF_d。

$$MSF_d=\frac{SF}{f_{HV}\times f_p}=\frac{3925}{0.637\times1.0}=6162\ (pcu/h)$$

2）计算规划、设计条件所提供的最大服务交通量

（1）假设平原微丘高速公路的设计速度为120km/h，进行双向10车道设计，车道宽度和侧向净空也按照基准条件设计，由式（3-1），查表3-3和表3-4，计算实际自由流速度 $v_{FF}=v_{BFF}+\Delta v_w+\Delta v_N=110+0+0=110$（km/h）。

（2）根据实际自由流速度，查表3-9，通常取三级服务水平对应的最大服务交通量MSF为设计通行能力，得到设计条件所提供的最大服务交通量 $C_d=1650$[pcu/(h·ln)]。

3）计算设计路段所需车道数

根据计算得到设计路段所需的最大服务交通量 MSF_d 和设计条件下单车道所能提供的通行能力 C_d，按照式（3-10）计算设计路段所需车道数。

$$N=\frac{MSF_d}{MSF}=\frac{6162}{1650}=3.73$$

4）确定车道数

由于车道数不能是小数，通过向上取整方法，所需的最少设计车道数为单向4车道，即双向8车道。

四、算例4——特定纵坡路段的分析

已知 现以实测高速公路路段山东滨莱高速公路纵坡路段为例，按照特定纵坡路段交通运行状况分析步骤进行评价，其相关资料如下：

（1）小时交通量达到1147veh/h，其高峰小时系数为0.95；

（2）交通组成为中型车占21.2%，大型车（含汽车列车）占43%，其余为小型车。驾驶人多为熟悉地形的职业驾驶人；

（3）道路条件为车道宽度为3.75m，并有足够宽的侧向净空。设计车速为80km/h，持续上坡坡度为5%。

问题 现有单向两车道是否满足通行能力要求？所需的车道数是多少？

分析 按照特定纵坡路段的分析方法进行如下分析。

1）计算最大服务交通量

（1）将单方向小时交通量DDHV通过15min高峰小时系数 PHF_{15} 折算成为15min高峰小时交通量SF，则有：

$$SF=\frac{1147}{0.95}=1207\ (veh/h)$$

（2）坡度为 5%，坡长为 1km，中型车占 21.2%，查表 3-8 得 $E_{HV}=2$；大型车占 43%；查表 3-9 得 $E_{HV}=5$，则有：

$$f_{HV}=\frac{1}{1+\sum p_i(E_i-1)}=\frac{1}{1+[0.212\times(2-1)+0.43\times(5-1)]}=0.341$$

（3）由于驾驶人多为职业驾驶人，且熟悉分析路段，则 f_p 取 1.00，根据式（3-9）计算最大服务交通量 MSF_d。

$$MSF_d=\frac{SF}{f_{HV}\times f_p}=\frac{1207}{0.341\times1.0}=3540\ (pcu/h)$$

2）计算实际条件提供的最大服务交通量

（1）高速公路的设计速度为 80km/h，双向 4 车道，车道宽度和侧向净空也按照理想条件设计，由式（3-1），已知单方向的车道数为 2，查表 3-4，得 $\Delta v_N=-8.0$km/h，则实际自由流速度 $v_{FF}=v_{BFF}+\Delta v_w-\Delta v_N=90+0-8=82$km/h。

（2）根据实际条件下的设计速度 v_{FF}，表 3-9，取三级服务水平对应的最大服务交通通量为设计通行能力，则设计条件下单车道所能提供的最大服务交通量 $C_d=1350+\frac{1500-1350}{90-80}\times(82-80)=1380$ [pcu/(h·ln)]。

3）计算实际路段所需车道数

根据计算得到实际所需的最大服务交通量 MSF_d 和实际条件下单车道的设计通行能力 C_d，按照式（3-10）计算实际路段所需车道数。

$$N=\frac{MSF_d}{C_d}=\frac{3540}{1380}=2.56$$

4）确定车道数

由于车道数不能是小数，采用向上取整方法，所需的车道数为单向三车道，可见目前上坡路段的双车道是无法满足交通要求的。从现场的实际运行观测来看，此路段在高峰时段经常出现车辆排队上坡的情况。因而推荐增设爬坡车道的设计改造形式，如图 3-10 所示。

图 3-10　山东滨莱高速公路某纵坡路段运行现场

第四章　高速公路交织区

第一节　引　　言

行驶方向大致相同的两股或多股车流，沿着相当长的路段，不借助于交通控制设施进行的交叉运行，定义为交织。公路上，一个进口紧接着一个出口或一个进口紧接着多个出口，或多个进口紧接着一个出口或多个进口紧接着多个出口时，构成交织区（图4-1）。目前交织区更多存在于城市道路上，以北京市为例，二环路、三环路和四环路共有343个交织区（双向），其中路段交织区157个、立交桥交织区186个，交织区平均间距为2.1km。随着珠三角、长三角等城市群的出现，部分高速公路立交密度增加、间距减少，交织区也有存在。

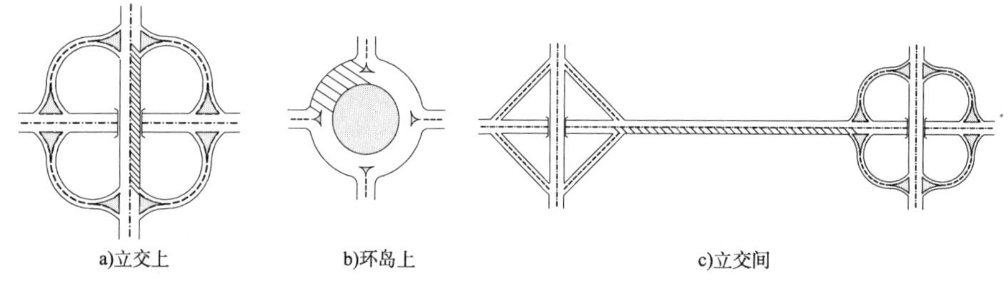

图4-1　交织区存在位置示意图

在交织区内，交织车辆寻找合适换道时机驶出主线进入匝道或驶入主线，实现行驶路径的变更。在车流稳定运行过程中，由于运行速度产生变化，车道变更行为将会对车流局部带来扰动；车辆完成换道行为后，主线车流自组织运行进入一种新的稳定运行状态，重新分配道路资源，抵消由于车辆的驶出或驶入带来的局部扰动。这一过程将在有限的交织区空间内完成，如果换道行为较多，使得交通流在有限的交织区空间内，无法平衡局部扰动影响，将会导致交织区通行能力的降低。可见交织区交通流运行受制变量多、影响因素组合复杂，交通流运行数据获取难度大也是我国对其研究始终难以突破的制约所在。

本章在论述交织构造形式的基础上，讲述了交织区通行能力和服务水平的分析方法和分析步骤。

一、名词术语

1. 交通流组成

（1）交织流。图4-2中，从A入口支路驶向D出口支路的车辆必须穿过从B入口支路驶往C出口支路车辆行驶的路径形成交叉，因此将A-D和B-C的交通流称为交织流。

（2）非交织车流。在这段路上还有A-C和B-D车流，它们不与其他车流交叉，因而称为非交织车流。

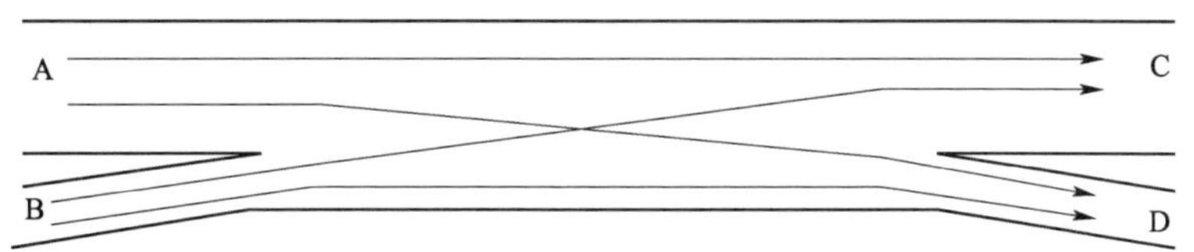

图 4-2　交织路段的结构

2. 交织区构型

交织区构型指交织区进出口车道的连接形式，决定了交织车辆完成交织行为所需的车道变换次数。目前，公路上见到的交织区构型有同侧交织区和异侧交织区两类。同侧交织区指出入口匝道位于主线同侧，车辆完成交织行为需要不多于两次换道行为的交织区。依据交织区进出口车道的数量，同侧交织区又分为匝道交织区和主线交织区（3 个或 3 个以上进出口为多车道布置），如图 4-3 所示。异侧交织区指交织区出入口匝道分别位于主线两侧，车辆完成交织行为至少需要 3 次换道行为的交织区，如图 4-4 所示。

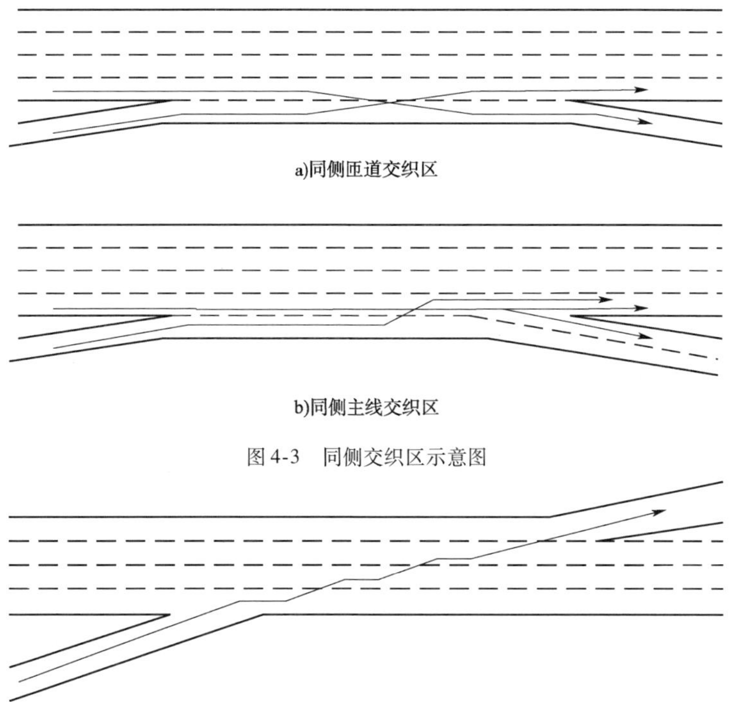

a)同侧匝道交织区

b)同侧主线交织区

图 4-3　同侧交织区示意图

图 4-4　异侧交织区示意图

交织区构型不同，其车流运行特征有所差异。对于同侧交织区可用主线交织车辆最小换道次数、匝道交织车辆最小换道次数及交织车道数来刻画其车流运行特征。主线交织车辆最小换道次数（LC_{FR}）指主线车流向匝道行驶车辆完成交织行为所需的最小换道次数；匝道交织车辆最小换道次数（LC_{RF}）指汇入主线车流的匝道车辆完成交织行为所需的最小换道次数；交织车道数（N_{WL}）指交织区车流在用不多于一次换道行为完成交织过程所占用交织区的车道数。

例如，对于 5 车道同侧匝道交织区，如图 4-5a）所示，$LC_{FR}=1$、$LC_{RF}=1$、$N_{WL}=2$；对于 4 车道同侧主线交织区，如图 4-5b）所示，$LC_{FR}=0$、$LC_{RF}=1$、$N_{WL}=2$；对于 4 车道车

道平衡（主线入口车道数小于等于出口车道数）同侧主线交织区，如图4-5c）所示，$LC_{FR}=1$、$LC_{RF}=0$、$N_{WL}=3$。

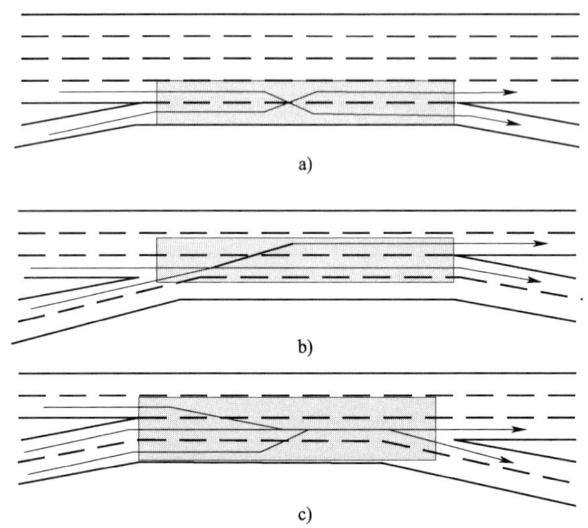

图4-5　交织运行特征判断图

对于异侧交织区，车流运行过程中只是入口匝道到出口匝道的车流运行干扰主线车流的运行。可以利用车辆最小换道次数（LC_{RR}）即车辆由入口匝道进入到出口匝道分出所需最小换道次数，来描述车辆的运行特征，如图4-4所示，异侧交织区$LC_{RR}=3$。

3. 交织区长度

交织区长度（L_W）指合流点与分流点之间的距离，如图4-6所示。交织区长度对交织区内车辆车道变换强度有着重要的影响。当其他条件相同时，交织区长度越长，交织车辆拥有越多的运行时间及空间进行车道变换，有助于降低车辆换道强度和车流紊乱程度，提升交织区通行能力，改善交织区车流运行状况。同时车辆交织影响范围与交织车流比例有密切的函数关系，如果交织影响范围大于交织区物理距离，说明在该路段内交织行为显著，可按交织区来计算。

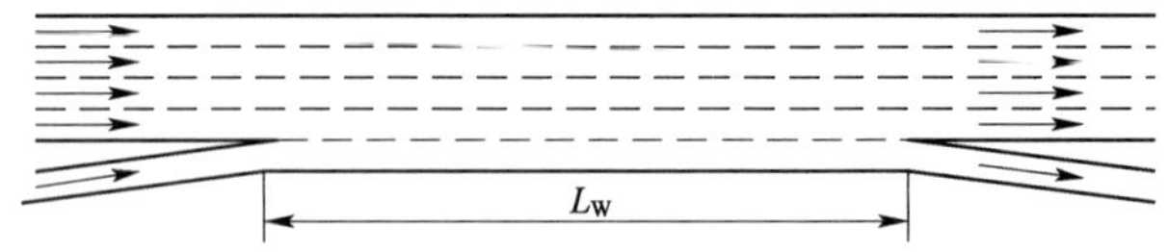

图4-6　交织区长度示意图

交织区影响范围定义为交织区最大交织长度（L_{MAX}），按式（4-1）计算。

$$L_{MAX}=\left[1746\times(1+QR)^{1.6}\right]-477\times N_{WL} \tag{4-1}$$

式中：N_{WL}——交织区车流在利用0次和1次换道行为完成交织过程所占用交织区的车道数；

QR——交织流量比，$QR=Q_W/Q$；Q_W为交织区流量（pcu/h），Q为交织区总流量（pcu/h）。

当$L_W\leqslant L_{MAX}$时，该路段通行能力分析应按交织区进行；当$L_W>L_{MAX}$时，该路段通行能力分析应按分流区或合流区分别进行。

4. 交织区宽度

交织区宽度是以交织区的车道数（N）来计量，它不仅与交织运行的车道总数有关，而且还与交织车辆和非交织车辆能够使用这些车道的比例有关。在交织区中，交织车辆总是希望在能够进行车道变换的车道上运行，而非交织车辆则期望能够远离变换车道的车辆产生的影响，因此，交织车辆与非交织车辆所使用的车道数量和位置对不同形式的交织区有所不同。

二、通行能力影响因素

公路通行能力定义为一定的公路、交通、控制及环境条件下，公路某断面或点合情合理通过的最大小时流率。对于公路交织区设施，公路条件包括交织区长度、交织区车道数及交织区构型；交通条件包括各向车流流率、交通组成；无外部控制条件，车辆在交织区内自组织运行；环境条件一般有天气、景观等影响。由此，交织区通行能力可理解为特定比例的交通流受交织区构型、长度及车道数限制及周边环境影响，相互交织作用后，所能合情合理通过整个区域的最大小时流率。不同于其他设施，交织区最为典型特征是各向交通流组成复杂，同侧交织区通行能力分析流率因素应考虑以下内容：

（1）交织区主线到主线车流流率 Q_{FF}（pcu/h），如图 4-7 所示；

（2）交织区匝道到主线车流流率 Q_{RF}（pcu/h），如图 4-7 所示；

（3）交织区主线到匝道车流流率 Q_{FR}（pcu/h），如图 4-7 所示；

（4）交织区匝道到匝道车流流率 Q_{RR}（pcu/h），如图 4-7 所示；

（5）交织车流流率 Q_W（pcu/h），$Q_W = Q_{RF} + Q_{FR}$；

（6）非交织车流流率 Q_{NW}（pcu/h），$Q_{NW} = Q_{FF} + Q_{RR}$；

（7）交织区总流率 Q（pcu/h），$Q = Q_W + Q_{NW}$。

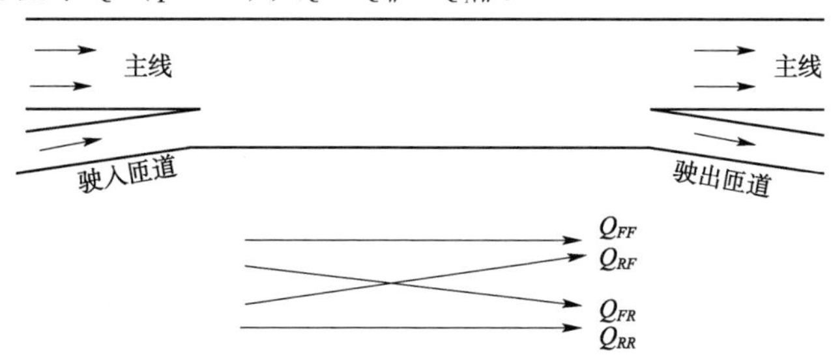

图 4-7　同侧交织区交织车流示意图

异侧交织区通行能力分析流率因素应考虑下列内容：

（1）交织车流流率 Q_W（pcu/h），$Q_W = Q_{RR}$，如图 4-8 所示；

（2）非交织车流流率 Q_{NW}（pcu/h），$Q_{NW} = Q_{FF} + Q_{RF} + Q_{FR}$，如图 4-8 所示。

其他影响因素与同侧交织区相同。

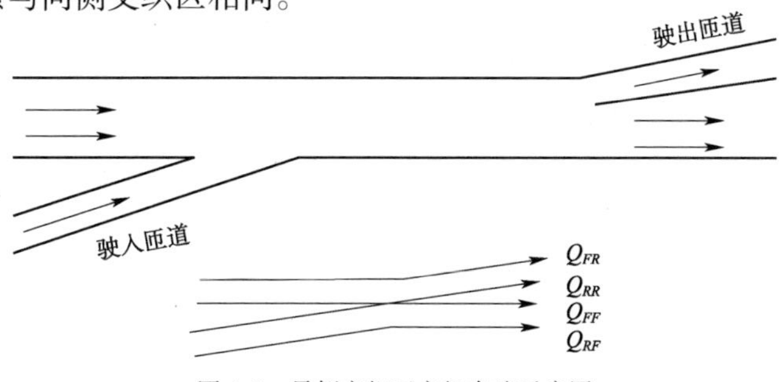

图 4-8　异侧交织区交织车流示意图

第二节　通行能力分析方法

一、通行能力分析流程

交织区通行能力分析方法首先是计算在规划、设计和实际的交织区公路、交通条件下，会产生交织运行的最大距离，在判断规划、设计和实际公路的运行是交织以后，再按照交织区通行能力分析模型，计算交织区通行能力、车道变换率、交织速度和非交织速度及其服务水平。高速公路交织区通行能力分析方法的流程如图 4-9 所示，该方法的主要输出结果为服务水平。如何应用这些步骤进行具体的交通规划、设计和运行状况分析，将在本章第三节中详细讨论。

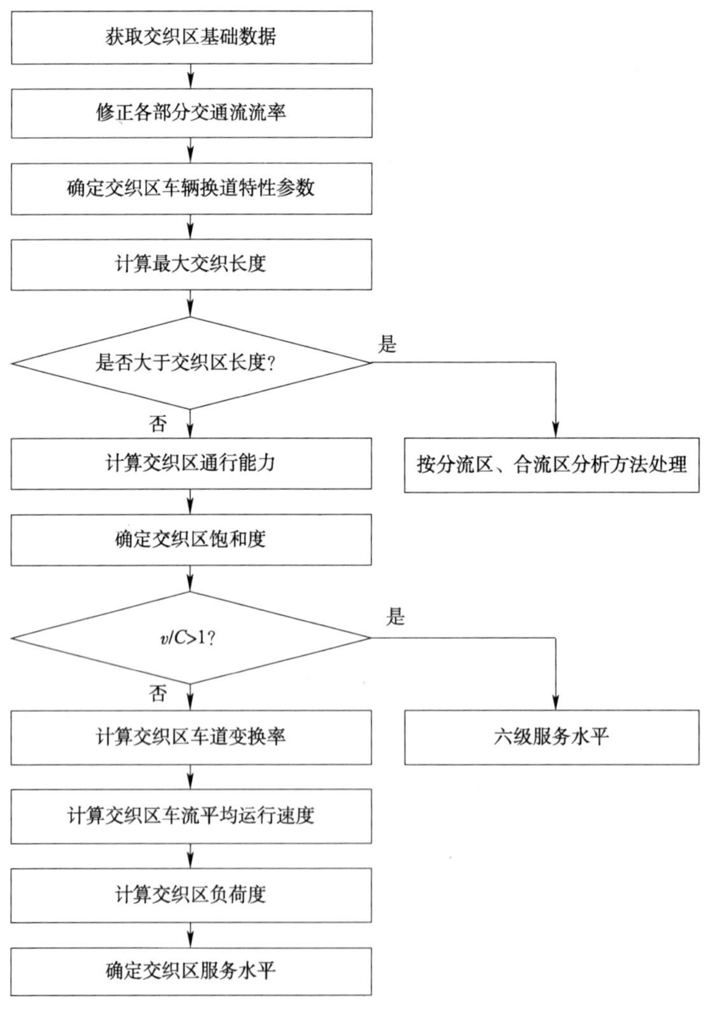

图 4-9　交织区通行能力分析的流程图

二、计算公式与参数

1. 交织区服务水平分级

交织区的服务水平以 v/C 值作为主要评价指标确定服务水平等级，小客车实际行驶速度与基准自由流速度的差值作为次要评价指标，将一级至五级服务水平细分为三种状态，各级服务水平对应的指标规定见表 4-1。交织区设计服务水平宜与主线基本路段设计服务水平相一致，且不应低于四级。

交织区服务水平分级　　表 4-1

服务水平等级		分级指标	
		主要指标	次要指标
		v/C 值	小客车实际行驶速度与基准自由流速度差（km/h）
一级	1	$v/C \leq 0.35$	≤10
	2		(10，20]
	3		>20
二级	1	$0.35 < v/C \leq 0.55$	≤10
	2		(10，20]
	3		>20
三级	1	$0.55 < v/C \leq 0.75$	≤20
	2		(20，30]
	3		>30
四级	1	$0.75 < v/C \leq 0.90$	≤20
	2		(20，35]
	3		>35
五级	1	$0.90 < v/C \leq 1.00$	≤30
	2		(30，40]
	3		>40
六级		$v/C > 1.00$	

2. 通行能力分析指标

1）规划设计阶段的通行能力分析指标

规划设计阶段通行能力分析应根据设计服务水平和交通需求，确定合理的交织区几何构型、交织长度和宽度。

（1）交织区各方向高峰小时流率按式（4-2）计算：

$$Q_i = \frac{q_i}{\mathrm{PHF}_{15} \times f_{HV} \times f_P} \tag{4-2}$$

式中：Q_i ——车流 i（i = FF、FR、RF 或 RR）高峰小时流率（pcu/h）；

q_i ——车流 i 预测小时流量（veh/h）；

PHF_{15}——15min 高峰小时系数；

f_{HV}——交通组成修正系数；

f_P——驾驶人总体特征修正系数；

i——包括匝道至匝道、匝道至主线、主线至主线、主线至匝道车流。

当以年平均日交通量（AADT）计算时，按式（3-7）将年平均日交通量换算为设计小时交通量进行分析。

（2）交织区构型应根据交织区主线交织车辆完成交织过程的最小换道次数 LC_{FR}、匝道交织车辆完成交织过程的最小换道次数 LC_{RF} 来确定。并计算交织区内车流最小换道次数 LC_{MIN}，LC_{MIN} 按式（4-3）计算。

$$LC_{MIN} = (LC_{FR} \times Q_{FR}) + (LC_{RF} \times Q_{RF}) \tag{4-3}$$

（3）交织区通行能力按式（4-4）计算。

$$C_{IWL} = C_0 - 495.6 \times \ln(1 + QR) - \ln(1 + DR) + 0.05 \times L_W - 60.38 \times N \tag{4-4}$$

$$C_W = C_{IWL} \times N \tag{4-5}$$

式中：C_{IWL}——交织区一条车道基准通行能力［pcu/(h·ln)］；

C_0——相同自由流车速下，基本路段一条车道的基准通行能力［pcu/(h·ln)］；

C_W——交织区通行能力（pcu/h）；

DR——汇出流量比，$DR = Q_{FR}/Q_W$；

N——交织区内车道数；

其他符号意义同前。

需要说明的是交织区分为交织影响区及交织非影响区，在实际运行过程中两者之间有一定差异，也相互影响。本节方法所求算交织区车道基准通行能力为交织区断面每车道通行能力的平均值。

（4）交织区饱和度 v/C 按式（4-6）计算。

$$v/C = Q/C_W \tag{4-6}$$

（5）交织区车辆换道次数 LC_{ALL} 应考虑交织车辆换道次数 LC_W 和非交织车辆换道次数 LC_{NW}，$LC_{ALL} = LC_W + LC_{NW}$。

①交织车辆换道次数 LC_W 与交织区长度、交织区车道数量等有关，按式（4-7）计算：

$$LC_W = LC_{MIN} + 0.706 \times [(L_W - 90)^{0.5} \times N^2 \times (1 + ID)^{0.8}] \tag{4-7}$$

式中：ID——立体交叉口密度，以分析交织区为中心、前后 10km 内立交桥的个数除以 10；

其他符号意义同前。

当交织区长度小于 90m 时，交织车辆只做强制性换道行为，$LC_W = LC_{MIN}$。

②非交织车辆换道次数 LC_{NW} 属于选择性换道，与交织区内部交通流状态相关，按式（4-8）计算：

$$LC_{NW} = \begin{cases} LC_{NW1} = 0.206 \times Q_{NW} + 1.778 \times L_W - 192.6 \times N & (I_{NW} \leqslant 1300) \\ LC_{NW2} = 2135 + 0.223 \times (Q_{NW} - 2000) & (I_{NW} \geqslant 1950) \\ LC_{NW3} = LC_{NW1} + (LC_{NW2} - LC_{NW1}) \times [(I_{NW} - 1300) \div 650] & (1300 < I_{NW} < 1950) \end{cases} \tag{4-8}$$

式中：I_{NW} ——非交织车辆换道判别指数，按式（4-9）计算：

$$I_{NW} = \frac{L_W \times ID \times Q_{NW}}{3048} \tag{4-9}$$

（6）交织区小客车实际行驶速度根据交织车辆速度和非交织车辆速度按式（4-10）计算。

$$v = \frac{Q_W + Q_{NW}}{\frac{Q_W}{v_W} + \frac{Q_{NW}}{v_{NW}}} \tag{4-10}$$

①交织车辆速度按式（4-11）计算。

$$v_W = 24 + \frac{v_{FF} - 24}{1 + W_I} \tag{4-11}$$

式中：v_W ——交织区交织车辆实际行驶速度（km/h）；

v_{FF} ——基本路段实际自由流速度（km/h）；

W_I ——交织区交织强度，按公式（4-12）计算。

$$W_I = 0.78 \times \left(\frac{LC_{ALL}}{L_W}\right)^{0.229} \tag{4-12}$$

②非交织车辆速度按式（4-13）计算。

$$v_{NW} = v_{FF} - 0.0562 \times \frac{LC_{MIN}}{N_{WL} \times L_W} - 0.0176 \times \frac{Q}{N} \tag{4-13}$$

式中：v_{NW} ——交织区非交织车辆实际行驶速度（km/h）；

其他符号意义同前。

2）运营阶段的通行能力分析指标

运营阶段通行能力分析应根据道路条件和交通量确定服务水平。

交织区各方向高峰小时流率按式（4-14）计算：

$$Q_i = \frac{q_i}{\text{PHF}_{15} \times f_{HV} \times f_P} \tag{4-14}$$

式中：Q_i ——车流 i（$i = FF$、FR、RF 或 RR）15min 高峰小时流率（pcu/h）；

q_i ——车流 i 实测的小时流量（veh/h）；

PHF_{15}——15min 高峰小时系数；

f_{HV} ——交通组成修正系数；

f_P ——驾驶人总体特征修正系数。

运营阶段通行能力分析的其他指标与规划设计阶段通行能力分析指标相同。

第三节　通行能力分析步骤

上节中讨论的通行能力分析方法常用于解决下列各类问题。

（1）运行状况分析——运行状况分析可以分析现有的或拟建的高速公路交织区。运行状况分析是在已知详细的交织区构型、几何特征及交通条件的基础上，通过运行状况分析，估计现有的或拟建的高速公路交织区的服务水平、速度和密度。运行状况分析可以用来评价高速公路交织区的运营状况，或采取某些改造措施后产生的效果，也可以用来评价高速公路交织区的设计方案。

（2）规划和设计分析——规划和设计分析一般是根据预测交通量和几何特征设计标准，以及目标年期望达到的服务水平作为已知条件，计算出规划和设计中高速公路交织区的构型及几何特征数据。规划和设计相比，规划分析中只要求交通预测和交织区的构型，对所需车道数及长度进行初步估算。另外，虽然规划和设计分析本身的过程相对简单，但是为深入分析规划、设计方案，往往需要假设详细的交通预测资料，包括交通量高峰特性，交通组成和有关几何特征的资料，对交织区运行状况进行分析。

必须指出的是：本手册的这些分析方法只是用作指导性分析，并不能代替可行方案的论据和决策。通过通行能力分析，只是向作决策的工程师和规划人员提供了一些参考数据，并不等于决策本身。要进行最后的决策，除了这些基本的、重要的数据以外，还有其他一些分析，如经济效益和环境影响评价等。

一、运行状况分析

1. 数据要求

（1）高速公路主线基本数据，包括主线自由流速度、观测交通量、设计小时系数、方向分布系数、交通组成和驾驶人总体特征等。

（2）分析交织区基本数据，包括车道数、车道宽度、交织区长度、交织区构型、观测交通流量或 AADT、交织车流量、非交织车流量、设计小时系数、交通组成和驾驶人总体特征等。

（3）进口匝道基本数据，包括观测交通流量或 AADT、设计小时系数、方向分布系数、交通组成和驾驶人总体特征等。

（4）出口匝道基本数据，包括观测交通流量或 AADT、设计小时系数、方向分布系数、交通组成和驾驶人总体特征等。

（5）高速公路主线 10km 路段内，立体交叉个数。

2. 分析步骤

分析步骤如图 4-10 所示。

交织区运营、管理阶段通行能力分析步骤如上图所示，具体操作步骤如下：

（1）据实际条件确定自由流速度 v_{FF}、交织区长度 L_S、交织区车道数 N、车道宽度、交织区构型、交织区内交织交通流及非交织交通流流量。

（2）观测交织区交通流量，并按式（4-14）计算各种交通流 15min 的高峰小时流率，包括主线交通流率 Q_{FF}、匝道到主线车流流率 Q_{RF}、主线到匝道车流流率 Q_{FR}、匝道到匝道车流流率 Q_{RR}；并由此确定交织车流流率 Q_W、非交织车流流率 Q_{NW}、交织区总流率 Q、交织流量比 QR、汇出流量比 DR 等参数。

（3）依据交织区构型确定交织区主线交织车辆最小换道次数（LC_{FR}）、匝道交织车辆最小换道次数（LC_{RF}）及交织区内车流最小换道次数（LC_{MIN}）。

（4）按式（4-4）~式（4-5）计算交织区通行能力值，并按照式（4-6）计算交织区

饱和度值 v/C。如果 $v/C>1$，表明交织区处于六级服务水平，交织区满负荷运行，停止计算；如果 $v/C\leq1$，进入下一步分析。

（5）按式（4-9）确定非交织车辆换道判别指数（I_{NW}），然后按照式（4-7）、式（4-8）确定交织区车流换道率。

（6）按式（4-12）计算出交织强度 W_I，然后按照式（4-10）、式（4-11）及式（4-13）计算交织区车流运行速度。

（7）对照表4-1确定交织区服务水平等级，如果计算得出服务水平等级不低于设计服务水平等级。

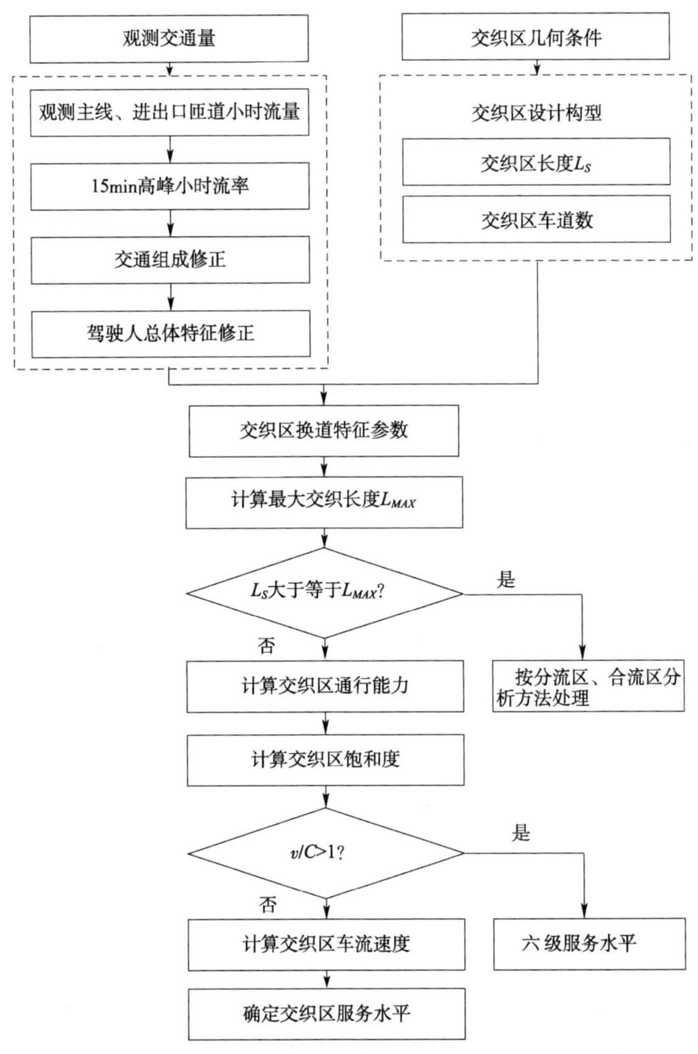

图4-10　运营、管理阶段交织区通行能力分析步骤

二、规划和设计分析

1. 数据要求

（1）高速公路主线基本数据，包括主线自由流速度、规划年限预测交通量或AADT、

设计小时系数、方向分布系数、交通组成和驾驶人总体特征等。

（2）规划交织区基本数据，包括设计车道数、设计车道宽度、设计交织区长度、设计交织区构型、预测交通流量或 AADT、预测交织车流量、非交织车流量、设计小时系数、交通组成和驾驶人总体特征等。

（3）进口匝道基本数据，包括预测交通流量或 AADT、设计小时系数、方向分布系数、交通组成和驾驶人总体特征等。

（4）出口匝道基本数据，包括预测交通流量或 AADT、设计小时系数、方向分布系数、交通组成和驾驶人总体特征等。

（5）高速公路主线 10km 路段内，立体交叉个数。

2. 分析步骤

分析步骤如图 4-11 所示。

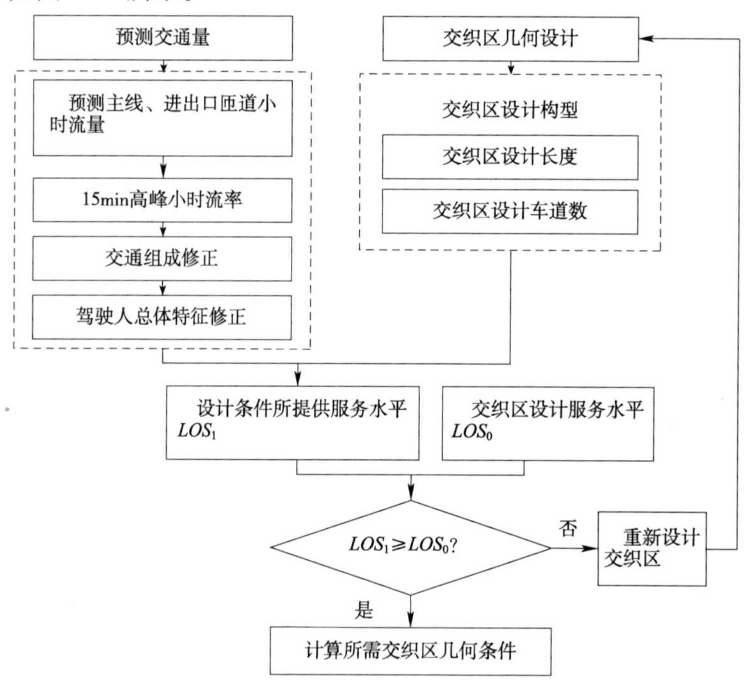

图 4-11　规划、设计阶段交织区通行能力分析步骤

交织区规划、设计阶段通行能力分析步骤如图 4-11 所示，具体操作步骤如下：

（1）据实际条件确定自由流速度 v_{FF}、交织区长度 L_S、交织区车道数 N、车道宽度、交织区构型、交织区内交织交通流及非交织交通流流量。

（2）观测交织区交通流量，并按式（4-2）计算各种交通流 15min 的高峰小时流率，包括主线交通流率 Q_{FF}、匝道到主线车流流率 Q_{RF}、主线到匝道车流流率 Q_{FR}、匝道到匝道车流流率 Q_{RR}；并由此确定交织车流流率 Q_W、非交织车流流率 Q_{NW}、交织区总流率 Q、交织流量比 QR、汇出流量比 DR 等参数。

（3）依据交织区构型确定交织区主线交织车辆最小换道次数（LC_{FR}）、匝道交织车辆最小换道次数（LC_{RF}）及交织区内车流最小换道次数（LC_{MIN}）。

（4）按式（4-4）~式（4-5）计算交织区通行能力值，并按照式（4-6）计算交织区

饱和度值 v/C。如果 $v/C>1$，表明交织区处于六级服务水平，交织区满负荷运行，停止计算；如果 $v/C\leqslant 1$，进入下一步分析。

（5）按式（4-9）确定非交织车辆换道判别指数（I_{NW}），然后按照式（4-7）、式（4-8）确定交织区车流换道率。

（6）按式（4-12）计算出交织强度 W_I，然后按照式（4-10）、式（4-11）及式（4-13）计算交织区车流运行速度。

（7）对照表4-1确定交织区服务水平等级，如果计算得出服务水平等级不低于设计服务水平等级。

（8）如果计算得出服务水平等级不低于设计服务水平等级，停止计算，设计合理；如果计算得出服务水平低于设计服务水平（规划设计阶段，交织区设计服务水平宜与主线基本路段设计服务水平一致），重新设计，重复步骤（1）~（7）。

第四节　算　　例

一、交织区的运行状态分析

已知　有的乡区高速公路上的匝道交织区如图4-12所示，并且A-C流量=4000pcu/h，A-D流量=300pcu/h，B-C流量=600pcu/h，B-D流量=100pcu/h；高速公路自由流速度 $v_{FF}=120\text{km/h}$；交织段长度 $L=300\text{m}$。

问题　该交织区的服务水平与通行能力怎样？

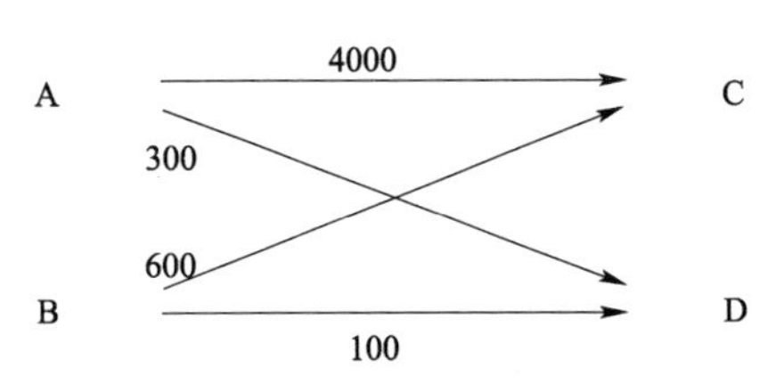

图4-12　交织区结构形式及主要参数

分析

1）确定交织区交通运行参数

$L=300\text{m}, N=4, v_{FF}=120\text{km/h}$

2）计算交通流率

交织段内主线交通流率：$Q_{FF}=Q_{AC}=4000(\text{pcu/h})$

交织段内匝道到主线车流流率：$Q_{RF}=Q_{BC}=600(\text{pcu/h})$

交织段内主线到匝道车流流率：$Q_{FR}=Q_{AD}=300(\text{pcu/h})$

交织段内匝道到匝道车流流率：$Q_{RR}=Q_{BD}=100(\text{pcu/h})$

交织段内总的交织流率：$Q_w=Q_{BC}+Q_{AD}=600+300=900(\text{pcu/h})$

交织段内总的非交织流率：$Q_{nw}=Q_{AC}+Q_{BD}=4000+100=4100(\text{pcu/h})$

总的交通流率：$Q=Q_w+Q_{nw}=900+4100=5000(\text{pcu/h})$

交织流量比：$QR=Q_w\div Q=900\div 50000=0.180$

汇出流量比：$DR=Q_{FR}\div Q_w=300\div 900=0.333$

3）确定交织区换道特征

由于 A→D 和 B→C 的交通流都需要 1 次车道变换，可知 $LC_{FR}=LC_{RF}=1$，交织车道数 $N_{WL}=2$。

4）按式（4-1）计算交织区最大交织长度

$$L_{MAX}=1746\times(1+QR)^{1.6}-477\times N_{WL}=1321\ (\mathrm{m})$$

交织区物理长度小于最大交织长度，可按交织区通行能力分析方法进行。

5）按式（4-3）计算最小换道次数

$$LC_{MIN}=(LC_{FR}\times Q_{FR})+(LC_{RF}\times Q_{RF})=300\times1+600\times1=900$$

6）按式（4-4）、式（4-5）计算交织区通行能力值

$$C_{IWL}=C_0-495.6\times\ln(1+QR)-\ln(1+DR)+0.05\times L_W-60.38\times N$$
$$=1891\ (\mathrm{pcu/h})$$

$$C_W=C_{IWL}\times N=7565\ (\mathrm{pcu/h})$$

7）按式（4-6）计算交织区负荷度

$$v/C=Q\div C_W=5000\div7565=0.66$$

查表 4-1 可知，交织处于三级服务水平。

8）进一步计算交织区运行速度

（1）按式（4-9）确定非交织车辆换道判别指数：

$$I_{NW}=\frac{L_W\times ID\times Q_{NW}}{3048}=\frac{300\times1\times4100}{3048}=403.5$$

（2）按式（4-7）计算交织换道次数：

$$LC_W=LC_{MIN}+0.706\times[(L_W-90)^{0.5}\times N^2\times(1+ID)^{0.8}]=1064$$

（3）按式（4-8）计算非交织换道次数：

$$LC_{NW}=0.206\times Q_{NW}+1.778\times L_W-192.6\times N=608$$

（4）计算交织区换道总次数：

$$LC_{ALL}=LC_W+LC_{NW}=1064+608=1672$$

（5）按照式（4-12）计算交织区交织强度：

$$W_I=0.78\times\left(\frac{LC_{ALL}}{L_W}\right)^{0.229}=1.15$$

（6）按照式（4-11）计算交织车辆运行速度：

$$v_W=24+\frac{v_{FF}-24}{1+W_I}=v_W=24+\frac{100-24}{1+1.15}=59.2\ (\mathrm{km/h})$$

（7）按照式（4-13）计算非交织车辆运行速度：

$$v_{NW}=v_{FF}-0.0562\times\frac{LC_{MIN}}{N_{WL}\times L_W}-0.0176\times\frac{Q}{N}=77.9\ (\mathrm{km/h})$$

（8）按照式（4-10）计算交织区平均运行速度：

$$v=\frac{Q_W+Q_{NW}}{\dfrac{Q_W}{v_W}+\dfrac{Q_{NW}}{v_{NW}}}=73.7\ (\mathrm{km/h})$$

9）确定服务水平

查表 4-1 可知：三级服务水平的临界负荷度为 0.55 ~ 0.75，计算交织区负荷度为

0.66，且速度差值为26.3km/h，属于三级2等服务水平。

二、匝道交织区的运行状态分析

已知　有城区高速公路的匝道交织区如图4-13所示，并且A-C流量=975veh/h，A-D流量=650veh/h，B-C流量=520veh/h，B-D流量=0veh/h；该地区高峰小时系数PHF=0.85；驾驶人为熟悉公路的职业驾驶人；高速公路自由流速度 $v_{FF}=100\text{km/h}$；交通组成中包括5%的中型车，3%大型车，1%拖挂车，其余为小客车；交织段长度 $L=300\text{m}$。

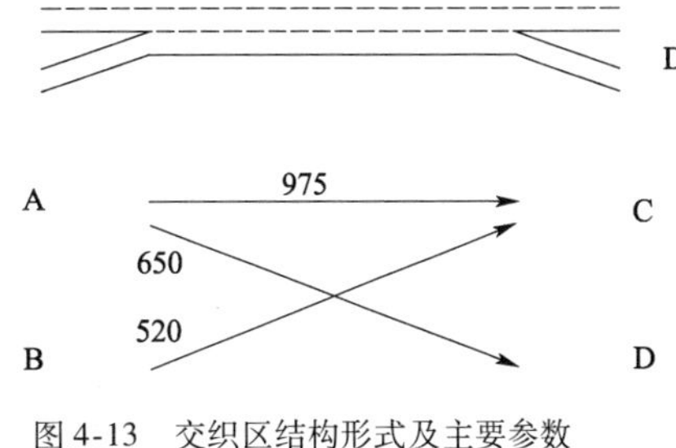

图4-13　交织区结构形式及主要参数

问题　确定交织区的服务水平与通行能力。

分析

1）确定交织区交通运行参数

$$L=300\text{m}\quad N=3$$

2）计算交通流率

（1）由于驾驶人为熟悉道路的职业驾驶人，所以取 $f_p=1.000$。

（2）由于交通组成中有5%的中型车，3%的大型车和1%的拖挂车，且 $v_{FF}=100\text{km/h}$，查表3-5可知，不能直接得到自由流为100km/h条件下的小客车当量值，但有自由流为120km/h和100km/h条件下的小客车当量值，利用内插公式很容易得到 $E_{中型车}=2.0$，$E_{大型车}=2.5$，$E_{小型车}=3.5$。按照公式（3-3）计算交通组成修正系数，得：

$$f_{HV}=\frac{1}{1+0.05\times(2.0-1)+0.03\times(2.5-1)+0.01\times(3.5-1)}=0.930$$

（3）根据式（4-2），计算高峰小时流率：

$$Q_{AC}=\frac{975}{0.85\times0.930\times1.000}=1233(\text{pcu/h})$$

$$Q_{AD}=822(\text{pcu/h})$$

$$Q_{BC}=658(\text{pcu/h})$$

$$Q_{BC}=0(\text{pcu/h})$$

交织段内总的交织流率：$Q_w=Q_{AD}+Q_{BC}=822+658=1480\ (\text{pcu/h})$

交织段内总的非交织流率：$Q_{nw}=Q_{AC}+Q_{BD}=1233\ (\text{pcu/h})$

总的交通流率：$Q=Q_w+Q_{nw}=1480+1233=2713\ (\text{pcu/h})$

交织流量比：$QR=Q_w\div Q=1480\div2713=0.545$

汇出流量比：$DR=Q_{w2}\div Q_w=658\div1480=0.444$

3）确定交织区换道特征

由于A→D和B→C的交通流都需要1次车道变换，可知 $LC_{FR}=LC_{RF}=1$，交织车道数 $N_{WL}=2$。

4）按式（4-1）计算交织区最大交织长度

$$L_{MAX}=1746\times(1+QR)^{1.6}-477\times N_{WL}=2548\ (\text{m})$$

交织区物理长度小于最大交织长度，可按交织区通行能力分析方法进行。

5）按式（4-3）计算最小换道次数

$$LC_{MIN}=(LC_{FR}\times Q_{FR})+(LC_{RF}\times Q_{RF})=822\times 1+658\times 1=1480$$

6）按式（4-4）、式（4-5）计算交织区通行能力值

$$C_{IWL}=C_0-495.6\times\ln(1+QR)-\ln(1+DR)+0.05\times L_W-60.38\times N$$
$$=1618\ (\text{pcu/h})$$

$$C_W=C_{IWL}\times N=4853\ (\text{pcu/h})$$

7）按式（4-6）计算交织区负荷度

$$v/C=Q\div C_W=2713\div 4853=0.56$$

查表4-1可知交织处于三级服务水平。

8）进一步计算交织区运行速度

（1）按式（4-9）确定非交织车辆换道判别指数：

$$I_{NW}=\frac{L_W\times ID\times Q_{NW}}{3048}=\frac{300\times 1\times 1223}{3048}=120.4$$

（2）按式（4-7）计算交织换道次数：

$$LC_W=LC_{MIN}+0.706\times[(L_W-90)^{0.5}\times N^2\times(1+ID)^{0.8}]=1572$$

（3）按式（4-8）计算非交织换道次数：

$$LC_{NW}=0.206\times Q_{NW}+1.778\times L_W-192.6\times N=207$$

（4）计算交织区换道总次数：

$$LC_{ALL}=LC_W+LC_{NW}=1572+207=1779$$

（5）按照式（4-12）计算交织区交织强度：

$$W_I=0.78\times\left(\frac{LC_{ALL}}{L_W}\right)^{0.229}=1.17$$

（6）按照式（4-11）计算交织车辆运行速度：

$$v_W=24+\frac{v_{FF}-24}{1+W_I}=v_W=24+\frac{100-24}{1+1.17}=59.0\ (\text{km/h})$$

（7）按照式（4-13）计算非交织车辆运行速度：

$$v_{NW}=v_{FF}-0.0562\times\frac{LC_{MIN}}{N_{WL}\times L_W}-0.0176\times\frac{Q}{N}=83.9\ (\text{km/h})$$

（8）按照式（4-10）计算交织区平均运行速度：

$$v=\frac{Q_W+Q_{NW}}{\dfrac{Q_W}{v_W}+\dfrac{Q_{NW}}{v_{NW}}}=68.1\ (\text{km/h})$$

9）确定服务水平

查表4-1可知：三级服务水平的临界负荷度为0.55～0.75，计算交织区负荷度为0.56，且速度差值为31.9km/h，属于三级3等服务水平。

第五章　高速公路分流区、合流区

第一节　引　　言

高速公路分流区、合流区包含匝道路段和匝道与主线连接处两部分。匝道路段车行道中车流运行环境比较简单，运行状态也相对稳定。匝道与主线连接处车辆需要在保证安全的前提下驶入或驶出，且驶入或驶出车辆将对高速路主线中的“直通”交通造成干扰，交通流运行特征较为复杂，是分析的重点。实现车流驶入功能的匝道为进口匝道，与主线衔接形成合流区；实现车流驶出功能的匝道为出口匝道，与主线衔接形成分流区。

在合流区中，从进口匝道进入的车辆在相邻的高速路主线车道交通流中寻找中可利用空隙，以便汇入。连接匝道通常位于主线右边，路肩车道将受到最直接的影响。由于合流车辆的影响，主线中的车辆将在进口匝道上游重新考虑其行驶车道，从而使交通量车道分布打破原来基本路段中的平衡状态，在主线中重新分布。合流区影响范围为合流匝道末端上游150m到合流匝道末端下游750m的范围内，如图5-1所示，其中最外侧两条车道为合流影响区。

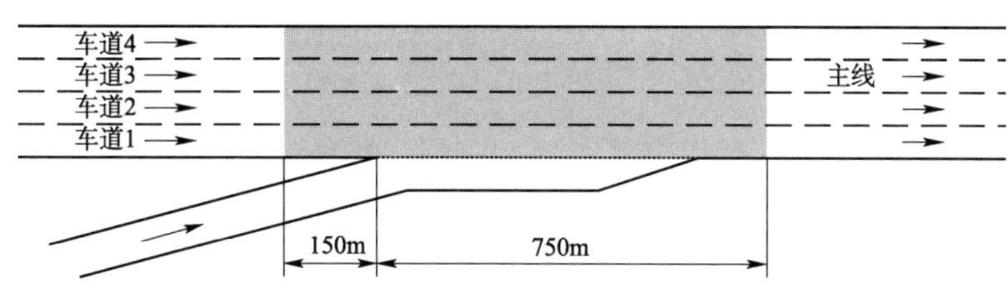

图5-1　进口匝道合流区影响范围示意图

在分流区中，希望驶出的车辆首先从“直通”交通流中分离出来，进入与匝道相邻的车道，整个车流也会重新调整交通量的车道分布。分流区影响范围为分流匝道始端上游750m到分流匝道始端下游150m的范围内，如图5-2所示，其中最外侧两条车道为分流影响区。

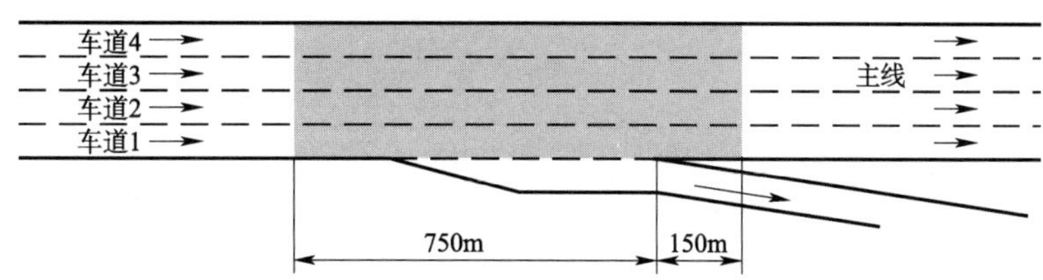

图5-2　出口匝道分流区影响范围示意图

分流区、合流区通行能力分析应充分考虑匝道、分流区和合流区车流运行特性及匝道类型。分流区、合流区通行能力分析的关键是核查匝道、分合流点、影响区关键断面三个部分的交通运行状态。合流区及分流区通行能力分析包括影响区通行能力分析及非影响区通行能力分析两部分内容，其中影响区通行能力按本章方法分析、非影响区通行能力按基本路段章节方法分析，且本章通行能力分析方法仅适用于车流稳定运行状态，没有车辆排队的产生。

一、基本概念

分流区通行能力分析应考虑道路条件和交通条件等影响因素，道路条件包括减速车道长度、驶出匝道距上下游匝道的距离；交通条件包括驶入高速公路分流区的总流率、驶出高速公路分流区的总流率、驶入分流影响区的最大流率及匝道交通流率。各参数如图 5-3 所示。

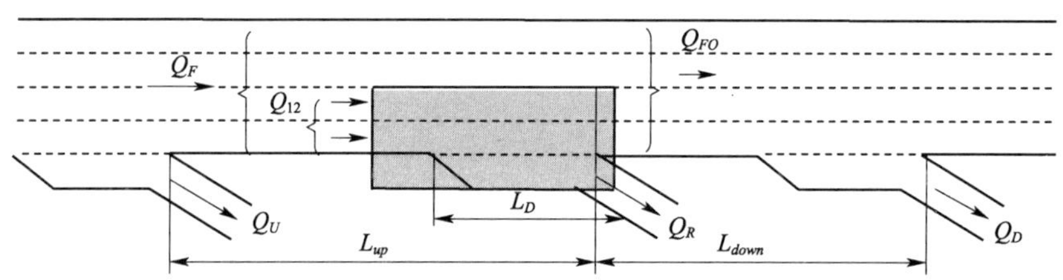

图 5-3　分流区通行能力的主要影响因素

Q_F -驶入高速公路分流区的总流率（pcu/h）；Q_{FO} -驶出高速公路分流区的总流率（pcu/h）；Q_{12} -驶入分流影响区的主线流率（pcu/h）；Q_R -匝道交通流率（pcu/h）；Q_U -上游相邻匝道的交通流率（pcu/h）；Q_D -下游相邻匝道的交通流率（pcu/h）；L_D -减速车道长度（m）；L_{up} -匝道起点距上游匝道的距离（m）；L_{down} -匝道起点距下游匝道的距离（m）

合流区通行能力分析应考虑道路条件和交通条件等影响因素，道路条件包括加速车道长度、驶入匝道距上下游匝道距离；交通条件包括驶入高速公路合流区的总流率、驶出高速公路合流区的总流率、驶入合流影响区的最大流率及匝道交通流率。各参数如图 5-4 所示。

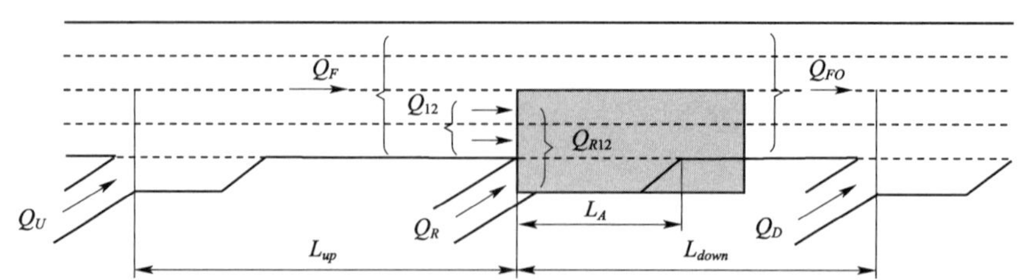

图 5-4　合流区通行能力的主要影响因素

Q_F -驶入高速公路合流区的总流率（pcu/h）；Q_{FO} -驶出高速公路合流区的总流率（pcu/h）；Q_{R12} -驶入合流影响区的最大流率（pcu/h）；Q_{12} -驶入合流影响区的主线流率（pcu/h）；L_A -加速车道长度（m）；Q_R 、Q_U 、Q_D 、L_{up} 和 L_{down} 含义同分流区的影响因素

二、通行能力

分流区、合流区通行能力分析应首先检核分/合流影响区内三处关键断面的流率，包括出入口匝道本身的流率、进入分/合流影响区的流率和分/合流影响区外主线下游的流率；当这三处的流率小于相应的通行能力时，交通流处于稳定状态，通过本章提供的计算模型，可计算其饱和度（v/C）和速度差，从而判断其服务水平等级。当这三处有任何一处的流率大于相应的通行能力时，则认为该分/合流区表现为不稳定状态，其服务水平等级为六级。

1. 匝道通行能力

匝道通行能力分析可按基本路段分析方法进行，匝道基准通行能力值应按表 5-1 确定。

匝道基准通行能力值 C_R　　表 5-1

匝道自由流速度 v_{FR}（km/h）	基准通行能力（pcu/h）	
	单车道匝道	双车道匝道
[60，70)	1600	3000
[50，60)	1400	2500
[40，50)	1200	2000

当驶向分流影响区的交通流率 Q_F 或驶出分流影响区的交通流率 Q_{FO} 超过高速公路路段的基准通行能力 C_F、C_{FO} 时，或者需要进入出口匝道的交通流率 Q_R 超过出口匝道本身通行能力时，交通流将出现阻塞；当进入匝道影响区的最大流率 Q_{12} 超过其通行能力 C_{12}，但交通流率 Q_F 或 Q_{FO} 没有超过高速公路路段的基准通行能力 C_F、C_{FO} 时，将出现局部高密度的交通流。

2. 分流区通行能力

对于分流区，驶出高速公路分流区的总流率应按式（5-1）计算。

$$Q_{FO} = Q_F - Q_R \tag{5-1}$$

上、下游高速公路基准通行能力 C_F、C_{FO} 和分流影响区的通行能力 C_{12} 可按表 5-2 确定。

分流区通行能力值　　表 5-2

基准自由流速度（km/h）	上、下游高速公路基准通行能力，C_F 或 C_{FO}（pcu/h）				分流影响区通行能力，C_{12}（pcu/h）
	单方向车道数				
	2	3	4	4 车道以上	
110	4400	6600	8800	2200/ln	3400
100	4200	6300	8400	2100/ln	3400
90	4000	6000	8000	2000/ln	3400
80	3600	5400	7200	1800/ln	3400

3. 合流区通行能力

对于合流区，驶出高速公路合流区的总流率 Q_{FO}应按式（5-2）计算。

$$Q_{FO} = Q_F + Q_R \tag{5-2}$$

驶入合流影响区的最大流率 Q_{R12}应按式（5-3）计算。

$$Q_{R12} = Q_{12} + Q_R \tag{5-3}$$

上、下游高速公路基准通行能力 C_F、C_{FO}和合流影响区的通行能力 C_{R12}可按表 5-3 确定。

合流区通行能力值 表 5-3

基准自由流速度（km/h）	上、下游高速公路的基准通行能力，C_F或 C_{FO}（pcu/h）				合流影响区内通行能力，C_{R12}（pcu/h）
	单方向车道数				
	2	3	4	4 车道以上	
110	4400	6600	8800	2200/ln	3600
100	4200	6300	8400	2100/ln	3600
90	4000	6000	8000	2000/ln	3600
80	3600	5400	7200	1800/ln	3600

当驶出合流影响区的交通流率 Q_{FO}超过下游高速公路路段的通行能力 C_{FO}时，或者需要进入入口匝道的交通流率 Q_R超过入口匝道本身通行能力 C_R时，交通流将出现阻塞，并且从合流点开始将会向上游形成排队；当进入合流影响区的最大流率 Q_{R12}超过了其通行能力 C_{R12}，但总流率 Q_{FO}没有超过下游高速公路路段的通行能力 C_{FO}时，将出现局部高密度的交通流。

三、服务水平

分流区、合流区服务水平以 v/C 值作为主要评价指标确定服务水平等级，小客车实际行驶速度与基准自由流速度的差值作为次要评价指标，将一级至五级服务水平细分为三种状态，各级服务水平对应的指标规定见表 5-4。分流区、合流区设计服务水平宜与主线基本路段设计服务水平一致，且不应低于四级。

分流区、合流区服务水平分级 表 5-4

服务水平等级		分 级 指 标	
		主 要 指 标	次 要 指 标
		v/C 值	小客车实际行驶速度与基准自由流速度差（km/h）
一	1	$v/C \leq 0.35$	≤10
	2		(10，20]
	3		>20
二	1	$0.35 < v/C \leq 0.55$	≤10
	2		(10，20]
	3		>20

续上表

服务水平等级		分级指标	
		主要指标	次要指标
		v/C 值	小客车实际行驶速度与基准自由流速度差（km/h）
三	1	$0.55 < v/C \leq 0.75$	≤20
	2		(20，30]
	3		>30
四	1	$0.75 < v/C \leq 0.90$	≤20
	2		(20，35]
	3		>35
五	1	$0.90 < v/C \leq 1.00$	≤30
	2		(30，40]
	3		>40
六		$v/C > 1.00$	

第二节　通行能力分析方法

分流区、合流区通行能力分析步骤见本章第三节。本节内容着重说明关键指标的计算方法。

一、分流区计算指标

（1）高峰小时流率应按式（4-2）计算。

（2）驶入分流影响区主线流率 Q_{12} 应按式（5-4）计算。

$$Q_{12} = Q_R + (Q_F - Q_R) \times P_{FD} \tag{5-4}$$

式中：P_{FD}——紧邻分流区上游主线车道 1 和车道 2 的流率占该方向总流率的比例（%）；

其他符号意义同前。

当高速公路为单向 2 车道时，$P_{FD} = 1.00$；

当高速公路为单向 3 车道时，P_{FD}按式（5-5）～式（5-7）计算，并按表 5-5 规定条件选取。

$$P_{FD} = 0.76 - 0.000025 \times Q_F - 0.000046 \times Q_R \tag{5-5}$$

$$P_{FD} = 0.717 - 0.000039 \times Q_F + 0.184 \times Q_u / L_{up} \tag{5-6}$$

$$P_{FD} = 0.616 - 0.000021 \times Q_F + 0.038 \times Q_D / L_{down} \tag{5-7}$$

当高速公路为单方向 4 车道时，$P_{FD} = 0.436$。

单向 3 车道高速公路出口匝道 P_{FD} 计算公式选择表　　表 5-5

上游相邻匝道	分析匝道类型	下游相邻匝道	适用公式
无	出口	无	公式（5-5）
无	出口	入口	公式（5-5）
无	出口	出口	公式（5-7）或公式（5-5）
入口	出口	无	公式（5-6）或公式（5-5）
入口	出口	入口	公式（5-6）或公式（5-5）
入口	出口	出口	公式（5-5）、公式（5-6）或公式（5-7）
出口	出口	无	公式（5-5）
出口	出口	入口	公式（5-5）
出口	出口	出口	公式（5-7）或公式（5-5）

判断上游相邻匝道影响下 P_{FD} 取值，按下列规则计算。

$$L_{EQ} = \frac{Q_U}{0.2337 + 0.000076 \times Q_F - 0.00025 \times Q_R} \tag{5-8}$$

式中：L_{EQ} ——等效距离（m），用于判断匝道是否受上下游相邻匝道影响；

当 $L_{up} \geqslant L_{EQ}$ 时，应采用式（5-5）；

当 $L_{up} < L_{EQ}$ 时，应采用式（5-6）。

判断下游相邻匝道影响下 P_{FD} 取值，按式（5-9）计算。

$$L_{EQ} = \frac{Q_D}{3.79 - 0.00011 \times Q_F - 0.00121 \times Q_R} \tag{5-9}$$

当 $L_{down} \geqslant L_{EQ}$ 时，应采用式（5-5）；

当 $L_{down} < L_{EQ}$ 时，应采用式（5-7）。

当确定分析匝道是否同时受上下游匝道影响时，应采用式（5-8）和式（5-9）分别确定两种 P_{FD} 的计算公式，选择结果较大的 P_{FD} 来计算进入分流影响区交通流率 Q_{12}。

（3）分流区饱和度 v/C 应按式（5-10）计算。

$$v/C = \frac{Q_F}{C_{12} + N_0 \times C_0} \tag{5-10}$$

式中：N_0 ——分流影响区外车道数，单向中除减速车道、车道 1 和车道 2 的车道数；

C_0 ——基本路段一条车道基准通行能力，按表 5-2 选取。

（4）分流影响区内车流速度 v_R 按式（5-11）计算。

$$v_R = v_{FF} - (v_{FF} - 67) \times D_v \tag{5-11}$$

式中：v_{FF} ——自由流速度（km/h）；

D_v ——分流影响区内车流速度中间计算变量，按式（5-12）计算。

$$D_v = 0.883 + 0.00009 \times Q_R - 0.008 \times v_{FR} \tag{5-12}$$

式中：v_{FR} ——匝道自由流速度（km/h）。

（5）分流影响区外车流速度 v_O 应按式（5-13）、式（5-14）计算。

当 $Q_{OA} < 1000$pcu/h 时：

$$v_O = 1.06 \times v_{FF} \tag{5-13}$$

当 $Q_{OA} \geqslant 1000$pcu/h 时，

$$v_O = 1.06 \times v_{FF} - 0.0062 \times (Q_{OA} - 1000) \tag{5-14}$$

$$Q_{OA} = \frac{Q_F - Q_{12}}{N_O} \tag{5-15}$$

式中：Q_{OA}——分流非影响区内每车道的交通需求量［pcu/(h · ln)］。

（6）分流区小客车实际行驶速度 v 按应式（5-16）计算。

$$v = \frac{Q_F}{\dfrac{Q_{12}}{v_R} + \dfrac{Q_{OA} \times N_O}{v_O}} \tag{5-16}$$

二、合流区计算指标

（1）高峰小时流率应按式（4-2）计算。

（2）驶入合流影响区交通流率 Q_{12}按式（5-17）计算。

$$Q_{12} = Q_F \times P_{FM} \tag{5-17}$$

式中：P_{FM}——紧邻合流区上游主线车道 1 和车道 2 的流率占该方向总流率的比例（%）。

当高速公路为单向 2 车道时，$P_{FM} = 1.00$；

当高速公路为单向 3 车道时，P_{FM}按式（5-18）～式（5-20）计算，并按表 5-6 规定条件选取。

单向 3 车道高速公路入口匝道 P_{FM}计算公式选择表　　表 5-6

上游相邻匝道	分析匝道类型	下游相邻匝道	适 用 公 式
无	入口	无	公式（5-18）
无	入口	入口	公式（5-18）
无	入口	出口	公式（5-20）或公式（5-18）
入口	入口	无	公式（5-18）
出口	入口	无	公式（5-19）或公式（5-18）
入口	入口	入口	公式（5-18）
入口	入口	出口	公式（5-20）或公式（5-18）
出口	入口	入口	公式（5-19）或公式（5-18）
出口	入口	出口	公式（5-20）、公式（5-19）或公式（5-18）

$$P_{FM} = 0.5775 + 0.000092 \times L_A \tag{5-18}$$

$$P_{FM} = 0.7289 - 0.0000135 \times (Q_F + Q_R) - 0.002048 \times v_{FR} + 0.0002 \times L_{up} \tag{5-19}$$

$$P_{FM} = 0.5487 + 0.0801 \times Q_D \div L_{down} \tag{5-20}$$

当高速公路为单向 4 车道时，P_{FM}按式（5-21）计算。

$$P_{FM} = 0.2178 - 0.000125 \times Q_R + 0.05887 \times L_A \div v_{FR} \tag{5-21}$$

判断上游相邻匝道影响下的 P_{FM} 取值，应按下列规则计算。

$$L_{EQ} = 0.0675 \times (Q_F + Q_R) + 0.46 \times L_A + 10.24 \times v_{FR} - 757 \tag{5-22}$$

当 $L_{up} \geqslant L_{EQ}$ 时，应采用式（5-18）；当 $L_{up} < L_{EQ}$ 时，应采用式（5-19）。

判断下游相邻匝道影响下的 P_{FM} 取值，应按下列规则计算。

$$L_{EQ} = \frac{Q_D}{0.3596 + 0.001149 \times L_A} \tag{5-23}$$

当 $L_{down} \geqslant L_{EQ}$ 时，采用式（5-18）；当 $L_{down} < L_{EQ}$ 时，采用式（5-20）。

当确定分析匝道是否同时受上下游匝道影响时，应采用式（5-21）和式（5-22）分别确定两种的 P_{FM} 计算公式，选择结果较大的 P_{FM} 来计算进入合流影响区交通流率 Q_{12}。

（3）合流区饱和度 v/C 按式（5-24）计算。

$$v/C = \frac{Q_F}{C_{R12} + N_O \times C_0} \tag{5-24}$$

式中：N_O——合流影响区外车道数，单方向中除减速车道、车道 1 和车道 2 的车道数；

C_0——基本路段一条车道基准通行能力，按表 5-3 选取。

（4）合流影响区内车流速度 v_R 应按式（5-25）计算。

$$v_R = v_{FF} - (v_{FF} - 67) \times M_v \tag{5-25}$$

式中：M_v——合流影响区内车流速度计算中间变量，按式（5-26）计算。

$$M_v = 0.321 + 0.0039 \times e^{(Q_{R12}/1000)} - 0.004 \times (L_A \times v_{FR} \div 1000) \tag{5-26}$$

式中：v_{FR}——匝道自由流速度（km/h）。

（5）合流影响区外车流速度 v_O 按式（5-27）～式（5-29）计算。

当 $Q_{OA} < 500$pcu/h 时，则有：

$$v_O = v_{FF} \tag{5-27}$$

当 500pcu/h$\leqslant Q_{OA} < 2100$pcu/h 时，则有：

$$v_O = v_{FF} - 0.0058 \times (Q_{OA} - 500) \tag{5-28}$$

当 $Q_{OA} \geqslant 2100$pcu/h 时，则有：

$$v_O = v_{FF} - 10.52 - 0.01 \times (Q_{OA} - 2100) \tag{5-29}$$

（6）合流区小客车实际行驶速度 v 按式（5-30）计算。

$$v = \frac{Q_F}{\dfrac{Q_{R12}}{v_R} + \dfrac{Q_{OA} \times N_O}{v_O}} \tag{5-30}$$

第三节　通行能力分析步骤

上节中讨论的通行能力分析方法常用于解决下列各类问题。

（1）运行状况分析——运行状况分析可以分析现有的或拟建的高速公路分流区、合流区交通流运行状况。运行状况分析是在已知详细的道路几何线形及交通条件的基础上，通过运行状况分析，估计现有的或拟建的分流区、合流区中交通流的服务水平、速度和密度。运行状况分析可以用来评价高速公路分流区、合流区运营状况，或采取某些改造措施后产生的效果，也可以用来评价分流区、合流区的设计方案。

（2）规划和设计分析——规划和设计分析一般是根据预测交通量和几何线形设计标准，以及目标年期望达到的服务水平作为已知条件，计算出规划和设计中高速公路分流区、合流区所需的车道数。规划和设计相比，规划分析中只要求交通预测和道路的平、纵线形的近似数据，对分流区、合流区所需车道数及长度进行初步估算。另外，虽然规划和设计分析本身的过程相对简单，但是为深入分析规划、设计方案，往往需要假设详细的交通预测资料，包括交通量高峰特性，交通组成和有关的分流区、合流区几何特征的资料，对路段运行状况进行分析。

必须指出的是：本手册的这些分析方法只是用作指导性分析，并不能代替可行方案的论据和决策。通过通行能力分析，只是向作决策的工程师和规划人员提供了一些参考数据，并不等于决策本身。要进行最后的决策，除了这些基本的、重要的数据以外，还有其他一些分析，如经济效益和环境影响评价等。

一、分流区通行能力分析步骤

1. 分流区运行状况分析

1）分析数据要求

（1）高速公路主线基本数据，包括主线自由流速度、高峰小时交通量、15min 高峰小时系数、方向分布系数、交通组成和驾驶人总体特征等；

（2）分析匝道基本数据，包括车道数、加/减速车道长度、匝道设计速度、高峰小时交通量、15min 高峰小时系数、方向分布系数、交通组成和驾驶人总体特征等；

（3）上游匝道基本数据，包括匝道类型、距分析匝道距离、高峰小时交通量、15min 高峰小时系数、方向分布系数、交通组成和驾驶人总体特征等；

（4）下游匝道基本数据，包括匝道类型、距分析匝道距离、高峰小时交通量、15min 高峰小时系数、方向分布系数、交通组成和驾驶人总体特征等。

2）分析步骤

图 5-5 给出了分流区通行能力分析的流程图。

通过分析可以确定匝道与匝道——主线连接处的交通运行状态，进而计算车流密度，确定服务水平等级和分流影响区的区间速度，具体分析步骤如下。

（1）据已知条件确定主线自由流速度 v_{FF}，上下游相邻匝道的类型（进口匝道或出口匝道）、距离（L_{up}或 L_{down}）和交通流率（Q_U或 Q_D），分析匝道的自由流速度 v_{FR}和交通流率 Q_R以及地形条件。

（2）计算各组成流量 15min 的高峰小时流率，包括主线交通流率 Q_F、匝道流率 Q_R以及上下游匝道流率 Q_U和 Q_D。

（3）根据主线车道数和分析匝道与上下游匝道的关系，按照式（5-4）计算进入出口匝道影响区的交通流率 Q_{12}。其中，应该首先按照式（5-8）和式（5-9）计算当量匝道间距 L_{EQ}；通过比较上下游相邻匝道间距 L_{up}和 L_{down}，确定计算进入出口匝道影响区的交通量占该方向交通量的比例 P_{FM}的计算公式，选择正确计算公式或得到比例值；最后，按式（5-4）计算进入进口匝道影响区的交通流率 Q_{12}。

（4）按照式（5-1）计算进入高速公路主线下游的交通流率 Q_{FO}。

（5）确定出口匝道的交通流率 Q_R，进入上下游高速公路的交通流率 Q_F、Q_{FO} 以及进入分流影响区交通流率 Q_{12}，分别与表 5-1 和表 5-2 中这些关键点所能容纳的最大流率 C_R、C_{FO} 和 C_{12} 进行比较，确定交通流是否处于稳定状态。当 $Q_R \geqslant C_R$、$Q_{FO} \geqslant C_{FO}$ 或者 $Q_{12} \geqslant C_{12}$，都认为交通流处于不稳定状态，服务水平为六级强制流。

（6）当交通流处于稳定状态时，分别按式（5-10）计算分流区的车流饱和度。

（7）计算分流影响区的区间速度 v。首先按式（5-11）计算分流影响区区间速度 v_R；然后根据分流区外侧车道中的交通流率，从式（5-13）和式（5-14）中选择恰当的公式，计算分流非影响区车道的区间速度 v_O；最后按式（5-16）计算分流影响区的区间速度 v。

（8）据分流区计算得到的饱和度，以及分流区车流平均速度和自由流速度的差值，按表 5-4 确定服务水平等级。

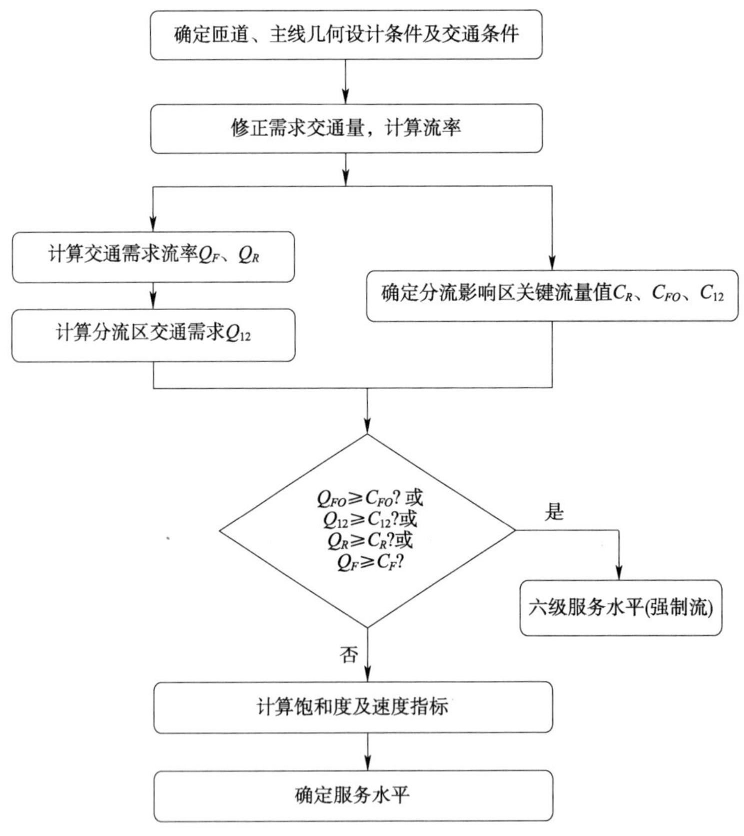

图 5-5　运营管理阶段分流区通行能力分析流程图

2. 分流区规划和设计分析

1）分析数据要求

（1）高速公路主线基本数据，包括主线自由流速度、预测交通量、设计小时系数、方向分布系数、预测交通组成和驾驶人总体特征等；

（2）分析匝道基本数据，包括设计车道数、设计加/减速车道长度、匝道设计速度、预测交通流量、设计小时系数、方向分布系数、交通组成和驾驶人总体特征等；

（3）上游匝道基本数据，包括匝道设计类型、距分析匝道距离、预测交通流量、设计小时系数、方向分布系数、交通组成和驾驶人总体特征等；

（4）下游匝道基本数据，包括匝道设计类型、距分析匝道距离、预测交通流量、设计小时系数、方向分布系数、交通组成和驾驶人总体特征等。

2）分析步骤

图5-6给出了分流区通行能力规划和设计分析的流程图。

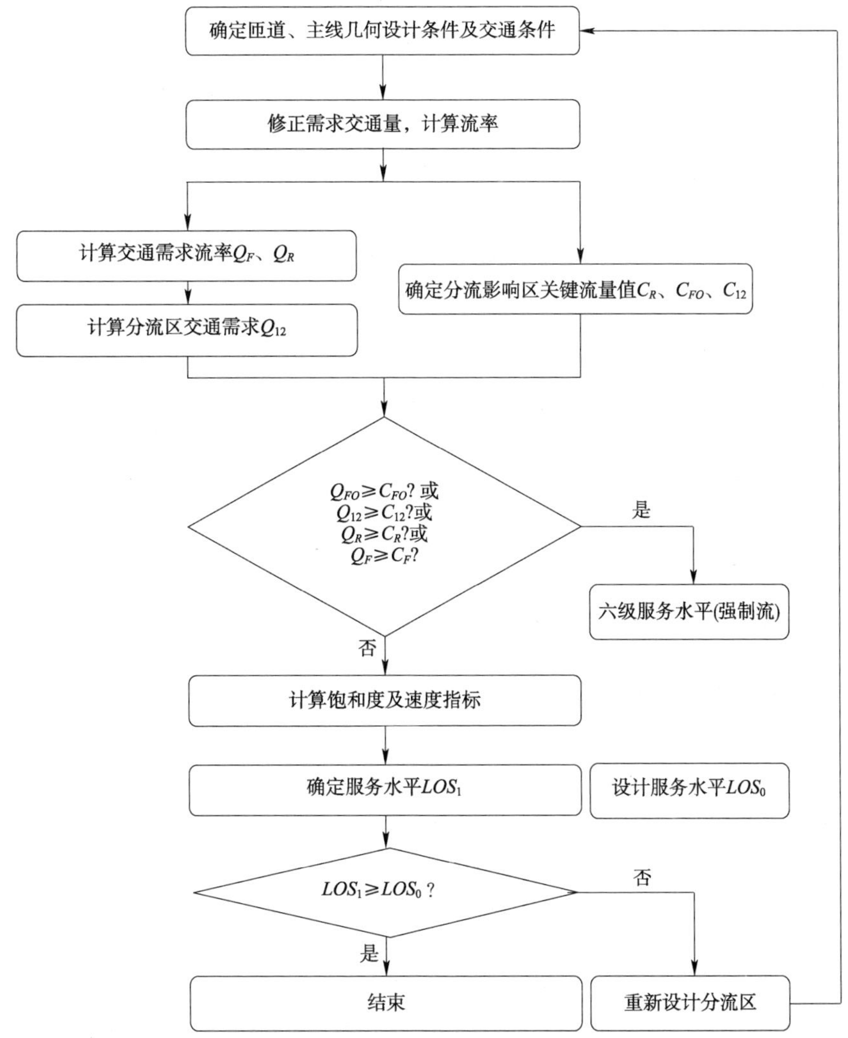

图5-6 规划设计阶段分流区通行能力分析流程图

通过分析可以判断分流区是否处于稳定的运行状态，在稳定运行的前提下，计算车流饱和度，确定服务水平等级和分流影响区的区间速度。具体分析步骤如下。

（1）据设计条件确定主线自由流速度v_{FF}，上下游相邻匝道的类型（进口匝道或出口匝道）、距离（L_{up}或L_{down}）和交通量（Q_U或Q_D），以及分析匝道的自由流（设计）速度v_{FR}和交通流率Q_R，以及地形条件。在规划和设计分析中，交通量资料多采用AADT进行计算，而其他的道路几何条件多采用假设数值。

（2）计算各组成流率的15min的高峰小时流率，包括主线交通流率Q_F、匝道流率Q_R

以及上下游匝道流率 Q_U 和 Q_D。需要注意的是，在规划和设计分析中，由于交通量资料采用 AADT，在计算高峰小时流率之前，必须按式（3-7）计算设计小时交通量 DDHV。

（3）根据主线车道数和分析匝道与上下游匝道的关系，按照式（5-4）计算进入出口匝道影响区的交通流率 Q_{12}。其中，应该首先按照式（5-8）和式（5-9）计算当量匝道间距 L_{EQ}；通过比较上下游相邻匝道间距 L_{up} 和 L_{down}，确定计算进入出口匝道影响区的交通量占该方向交通量的比例 P_{FD} 的计算公式，选择正确计算公式或得到比例值；最后，按式（5-4）计算进入进口匝道影响区的交通流率 Q_{12}。

（4）按照式（5-1）计算进入高速公路主线下游的交通流率 Q_{FO}。

（5）确定出口匝道的交通流率 Q_R，进入上下游高速公路的交通流率 Q_F、Q_{FO} 以及进入分流影响区交通流率 Q_{12}，分别与表 5-1 和表 5-2 中这些关键点所能容纳的最大流率 C_R、C_{FO} 和 C_{12} 进行比较，确定交通流是否处于稳定状态。当 $Q_R \geqslant C_R$、$Q_{FO} \geqslant C_{FO}$ 或者 $Q_{12} \geqslant C_{12}$，都认为交通流处于不稳定状态，服务水平为六级强制流。

（6）当交通流处于稳定状态时，分别按式（5-10）计算分流区的车流饱和度。

（7）计算分流影响区的区间速度 v。首先按式（5-11）计算分流影响区区间速度 v_R；然后根据分流区外侧车道中的交通流率，从式（5-13）和式（5-14）中选择恰当的公式，计算分流非影响区车道的区间速度 v_O；最后按式（5-16）计算分流影响区的区间速度 v。

（8）据分流区计算得到的饱和度，以及分流区车流平均速度和自由流速度的差值，按表 5-4 确定服务水平等级。如果不满足设计服务水平，需重新设计分流区，重复（1）~（7）步。

二、合流区通行能力分析步骤

1. 合流区运营状况分析

1）分析数据要求

（1）高速公路主线基本数据，包括主线自由流速度、高峰小时交通量、15min 高峰小时系数、方向分布系数、交通组成和驾驶人总体特征等；

（2）分析匝道基本数据，包括车道数、加/减速车道长度、匝道设计速度、高峰小时交通量、15min 高峰小时系数、方向分布系数、交通组成和驾驶员总体特征等；

（3）上游匝道基本数据，包括匝道类型、距分析匝道距离、高峰小时交通量、15min 高峰小时系数、方向分布系数、交通组成和驾驶人总体特征等；

（4）下游匝道基本数据，包括匝道类型、距分析匝道距离、高峰小时交通量、15min 高峰小时系数、方向分布系数、交通组成和驾驶人总体特征等。

2）分析步骤

图 5-7 给出了合流区运营状况分析的流程图。

通过分析可以确定匝道与匝道——主线连接处的交通运行状态，确定服务水平等级和合流区的区间速度，具体分析步骤如下。

（1）据已知条件确定主线自由流速度 v_{FF}、上下游相邻匝道的类型（进口匝道或出口匝道）、距离（L_{up} 或 L_{down}）和交通量（Q_U 或 Q_D），并分析匝道的自由流速度 v_{FR}、交通量 Q_R 以及地形条件。

（2）计算各组成流率 15min 的高峰小时流率，包括主线交通流率 Q_F、匝道流率 Q_R 以及上下游匝道流率 Q_U 和 Q_D。

（3）根据主线车道数和分析匝道与上下游匝道的关系，按照式（5-17）计算进入合流影响区的交通流率 Q_{12}。其中，应该首先按照式（5-22）和式（5-23）计算当量匝道间距 L_{EQ}；通过比较上下游相邻匝道间距 L_{up} 和 L_{down}，确定计算进入进口匝道影响区的交通量占该方向交通量的比例 P_{FM} 的计算公式，选择式（5-18）~式（5-21）中恰当的公式进行计算；最后，按式（5-17）计算进入进口匝道影响区的交通流率 Q_{12}。

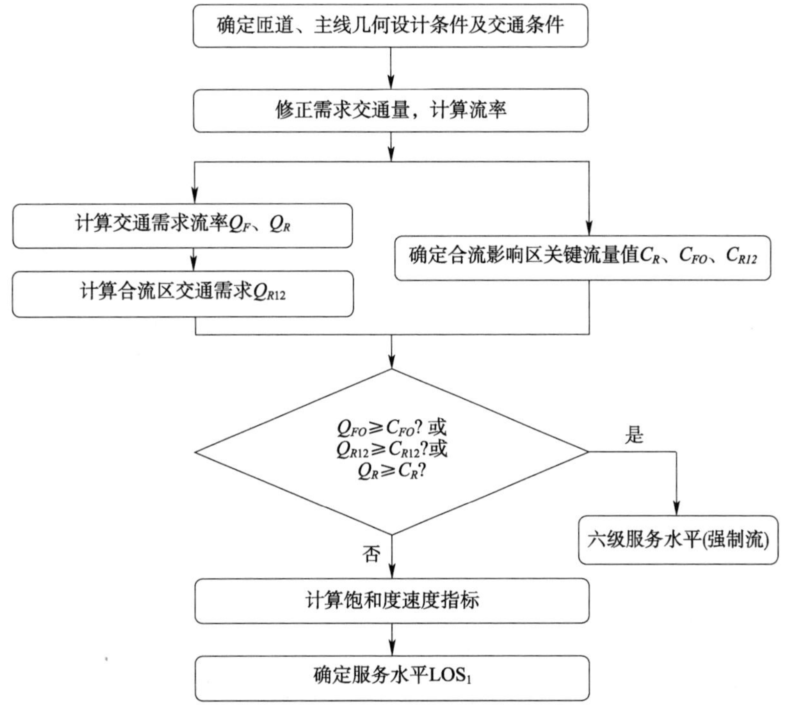

图 5-7 运营管理阶段合流区通行能力分析流程图

（4）按照式（5-2）计算进入高速公路主线下游的交通流率 Q_{FO}，按照式（5-3）计算进入合流影响区的最大流率 Q_{R12}。

（5）比较匝道交通流率 Q_R、进入下游高速公路的交通流率 Q_{FO} 和进入合流影响区交通流率 Q_{R12} 与表 5-1 中匝道通行能力 C_R 以及与表 5-3 中这两个关键点所能容纳的最大服务交通量 C_{FO} 和 C_{R12} 的大小，确定交通流是否处于稳定状态。当 $Q_R\geqslant C_R$、$Q_{FO}\geqslant C_{FO}$ 或者 $Q_{R12}\geqslant C_{R12}$，都可以判断交通流处于不稳定状态，服务水平为六级强制流。

（6）当交通流处于稳定状态时，按式（5-24）计算合流区车流饱和度。

（7）计算合流区的区间速度 v。首先按式（5-25）计算合流影响区内区间速度 v_R；然后根据合流区外侧车道中的交通流率，从式（5-27）~式（5-29）中选择恰当的公式，计算合流非影响区车道的区间速度 v_O，最后按式（5-30）计算合流区的区间速度 v。

（8）对照表 5-4 确定合流区服务水平。

2. 合流区规划和设计分析

1）分析数据要求

（1）高速公路主线基本数据，包括主线自由流速度、预测交通量或预测 AADT、设计小时系数、方向分布系数、预测交通组成和驾驶人总体特征等；

（2）分析匝道基本数据，包括设计车道数、设计加/减速车道长度、匝道设计速度、预测交通流量或 AADT、设计小时系数、方向分布系数、交通组成和驾驶人总体特征等；

（3）上游匝道基本数据，包括匝道设计类型、距分析匝道距离、预测交通流量或 AADT、设计小时系数、方向分布系数、交通组成和驾驶人总体特征等；

（4）下游匝道基本数据，包括匝道设计类型、距分析匝道距离、预测交通流量或 AADT、设计小时系数、方向分布系数、交通组成和驾驶员总体特征等。

2）分析步骤

图 5-8 给出了合流区运营状况分析的流程图。

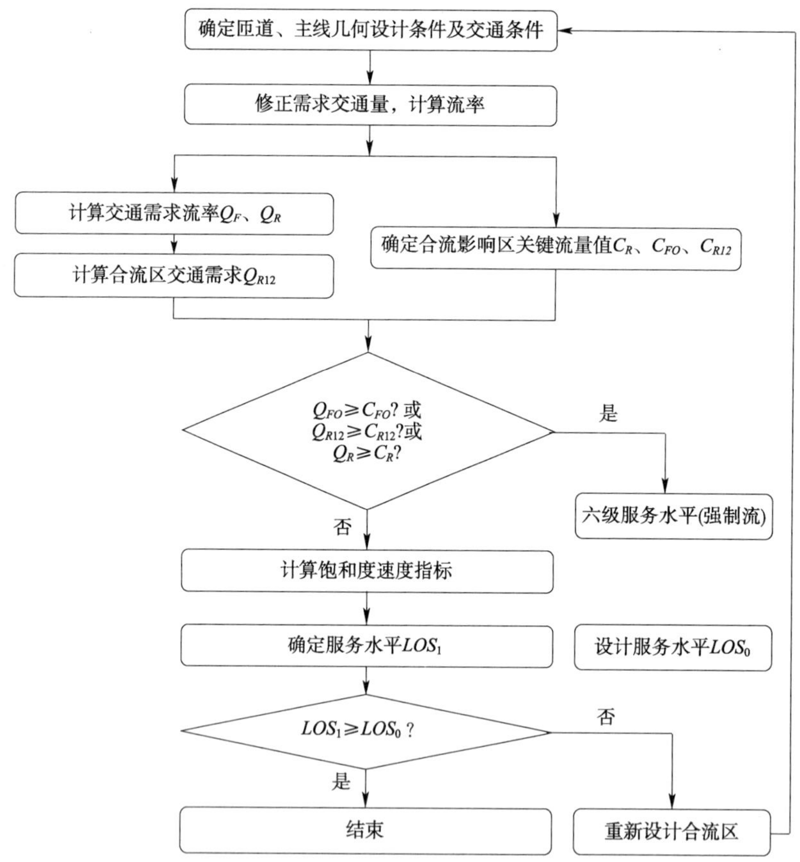

图 5-8 规划设计阶段合流区通行能力分析流程图

通过分析可以确定匝道与匝道——主线连接处的交通运行状态，确定服务水平等级和合流区的区间速度，具体分析步骤如下。

（1）据已知条件确定主线自由流速度 v_{FF}，上下游相邻匝道的类型（进口匝道或出口匝道）、距离（L_{up}或 L_{down}）和交通量（Q_U或 Q_D），以及分析匝道的自由流速度 v_{FR}和交通量 Q_R，以及地形条件。在规划和设计分析中，交通量资料多采用 AADT 进行计算，而其他的道路几何条件多采用假设数值。

（2）计算各组成流率 15min 的高峰小时流率，包括主线交通流率 Q_F、匝道流率 Q_R 以及上下游匝道流率 Q_U 和 Q_D。

（3）根据主线车道数和分析匝道与上下游匝道的关系，按照式（5-17）计算进入合流影响区的交通流率 Q_{12}。其中，应该首先按照式（5-22）和式（5-23）计算当量匝道间距 L_{EQ}；通过比较上下游相邻匝道间距 L_{up} 和 L_{down}，确定计算进入进口匝道影响区的交通量占该方向交通量的比例 P_{FM} 的计算公式，选择式（5-18）～式（5-21）中恰当的公式进行计算；最后，按式（5-17）计算进入进口匝道影响区的交通流率 Q_{12}。

（4）按照式（5-2）计算进入高速公路主线下游的交通流率 Q_{FO}，按照式（5-3）计算进入合流影响区的最大流率 Q_{R12}。

（5）比较匝道交通流率 Q_R、进入下游高速公路的交通流率 Q_{FO} 和进入合流影响区交通流率 Q_{R12} 与表 5-1 中匝道通行能力 C_R 以及与表 5-3 中这两个关键点所能容纳的最大服务交通量 C_{FO} 和 C_{R12} 的大小，确定交通流是否处于稳定状态。当 $Q_R \geqslant C_R$、$Q_{FO} \geqslant C_{FO}$ 或者 $Q_{R12} \geqslant C_{R12}$，都可以判断交通流处于不稳定状态，服务水平为六级强制流。

（6）当交通流处于稳定状态时，按式（5-24）计算合流区车流饱和度。

（7）计算合流区的区间速度 v。首先按式（5-25）计算合流影响区内区间速度 v_R；然后根据合流区外侧车道中的交通流率，从式（5-27）～式（5-29）中选择恰当的公式，计算合流非影响区车道的区间速度 v_O，最后按式（5-30）计算合流区的区间速度 v。

（8）对照表 5-4 确定合流区服务水平，若满足设计需求，停止计算；若低于设计要求，重新设计，重新计算。

三、其他特殊情况分析

1. 有辅助车道的分流区通行能力分析

（1）典型的高速公路双车道出口匝道如图 5-9 所示。

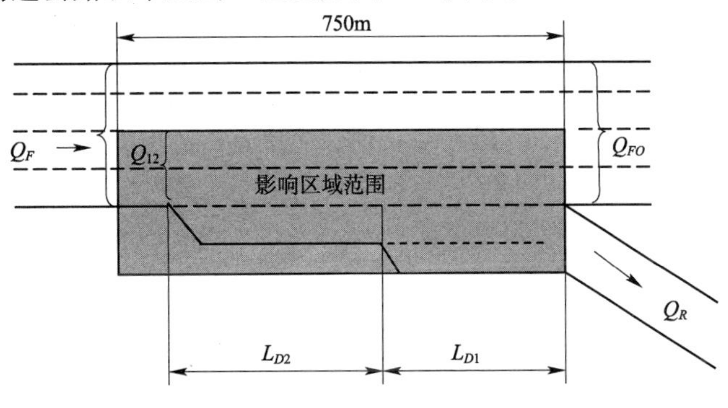

图 5-9　典型的双车道出口匝道

（2）当按式（5-4）计算进入双车道分流道影响区的流率 Q_{12} 时，P_{FD} 应按下列规则确定：

当高速公路为单向 2 车道时，$P_{FD}=1.000$；

当高速公路为单向 3 车道时，$P_{FD}=0.450$；

当高速公路为单向 4 车道时，$P_{FD}=0.260$。

2. 有辅助车道的合流区通行能力分析

（1）典型的高速公路双车道入口匝道合流区如图 5-10 所示。

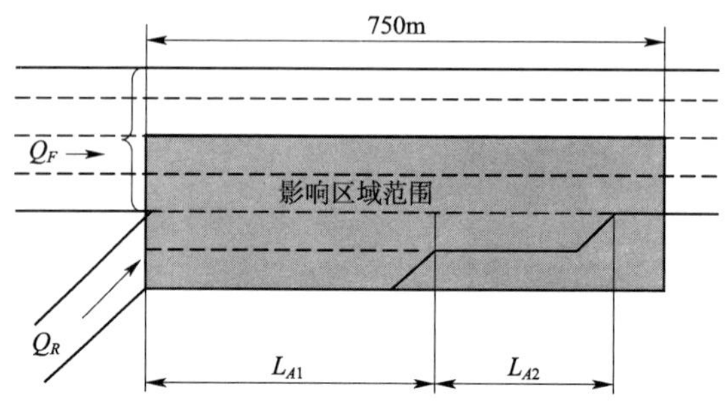

图 5-10　典型的双车道入口匝道

（2）当按式（5-17）计算进入双车道合流影响区的流率 Q_{12} 时，P_{FM} 应按下列规定确定：

当高速公路为单向 2 车道时，$P_{FM}=1.000$；

当高速公路为单向 3 车道时，$P_{FM}=0.555$；

当高速公路为单向 4 车道时，$P_{FM}=0.209$。

第四节　算　　例

一、合流影响区的运行状态分析

已知　匝道情况为平原地区某 4 车道高速公路中单车道孤立驶入匝道（图 5-11）。高速公路路段单方向 2 车道，车道宽 3.75m，自由流车速 $v_{FF}=100$km/h，高速公路路段流量为 2200veh/h，中型车比例为 10%，大型车比例为 3%，拖挂车比例为 2%，PHF = 0.90；孤立匝道 1 车道，匝道流量 300veh/h，匝道中型车比例为 5%，大型车比例为 3%，拖挂车比例为 2%，匝道的自由流车速 $v_{FR}=70$km/h，加速车道长 225m。

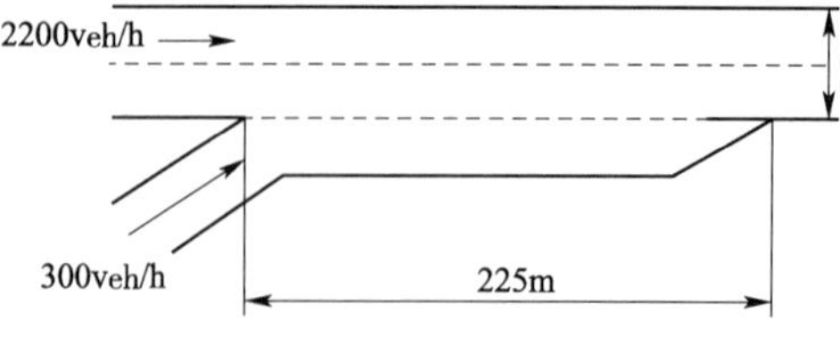

图 5-11　合流影响区运行分析计算示意图

问题　求合流影响区高峰小时的服务水平等级。

分析

1）计算各处高峰小时流率

利用式（4-2）计算主线和匝道上 15min 的高峰小时流率 Q_F 和 Q_R。

（1）主线中的交通组成为中型车比例为 10%，大型车比例为 3%，拖挂车比例为 2%，PHF = 0.90，流量为 2200veh/h，自由流车速 $v_{FF}=100$km/h，查表（3-5）得到主线车辆折算系数 E_i 值分别为 2.5，3，4。

（2）匝道中的交通组成为中型车比例为 5%，大型车比例为 3%，拖挂车比例为 2%，PHF = 0.90，流量为 300veh/h，匝道的自由流车速 $v_{FR}=70$km/h，查表（3-5）得到匝道车

辆折算系数 E_i 值分别为4.5，5.5，6.5（直线内插法得到）。

（3）由式 $f_{HV}=\frac{1}{1+\sum p_i(E_i-1)}$ 计算得出交通组成修正系数 f_{HV} 值。

主线：

$$f_{HV}=\frac{1}{1+\sum p_i(E_i-1)}$$

$$=\frac{1}{1+0.10\times(4.0-1)+0.03\times(5.5-1)+0.02\times(8.0-1)}$$

$$=0.635$$

进口匝道：

$$f_{HV}=\frac{1}{1+0.05\times(4.5-1)+0.03\times(5.5-1)+0.02\times(6.5-1)}$$

$$=0.704$$

（4）假设驾驶人员均为专业驾驶人，取 $f_p=1.00$。

（5）利用式（4-2）计算高峰小时流率。

经计算得，

主线：

$$Q_F=\frac{2200}{0.90\times0.635\times1.000}=3850(\mathrm{pcu/h})$$

匝道：

$$Q_R=\frac{300}{0.90\times0.704\times1.000}=473(\mathrm{pcu/h})$$

2）计算匝道影响区的交通流量 Q_{12}

（1）对于高速公路为双向4车道，每方向为2车道，取 $P_{FM}=1.00$。

（2）根据式（5-17）计算进入进口匝道影响区的交通流量 Q_{12}，有：

$$Q_{12}=Q_F\times P_{FM}=3850\times1.00=3850(\mathrm{pcu/h})$$

3）判断交通流运行状况

（1）查表（5-1）可得进口匝道通行能力 $C_R=1800\mathrm{pcu/h}$，查表（5-3）可得下游高速公路的最大通行能力 $C_{FO}=4200\mathrm{pcu/h}$，合流影响区的最大通行能力 $C_{R12}=3600\mathrm{pcu/h}$。

（2）计算匝道交通量 Q_R、进入下游高速公路的交通量 Q_{FO} 和进入合流影响区交通量 Q_{R12}。

$$Q_R=473\ (\mathrm{pcu/h})$$

$$Q_{FO}=Q_F+Q_R=3850+473=4323(\mathrm{pcu/h})$$

$$Q_{R12}=3850+473=4323(\mathrm{pcu/h})$$

（3）由上述计算结果可知 $Q_R<C_R$，$Q_{FO}>C_{FO}$，$Q_{R12}>C_{R12}$，可以判断该处交通流处于六级服务水平。

4）判断服务水平

根据上述计算结果，该高速公路在此路段处于拥堵状态，要解决这种情况，应在此处增加一条车道。

二、驶入匝道接驶出匝道的分流影响区运行状态分析

已知 匝道情况为8车道高速公路相距400m的一条驶入匝道和一条驶出匝道，加、减速车道长度均为80m（图5-12）。主线车流量为4000veh/h，其中中型车占4.7%，大型车占3%，拖挂车占2%，自由流速度为 $v_{FF}=100$km/h，PHF=0.90；驶出匝道车流中有5%为中型车，3%的大型车，2%的拖挂车；驶出匝道 v_{FR} 为40km/h；驶出匝道车流量为450veh/h。

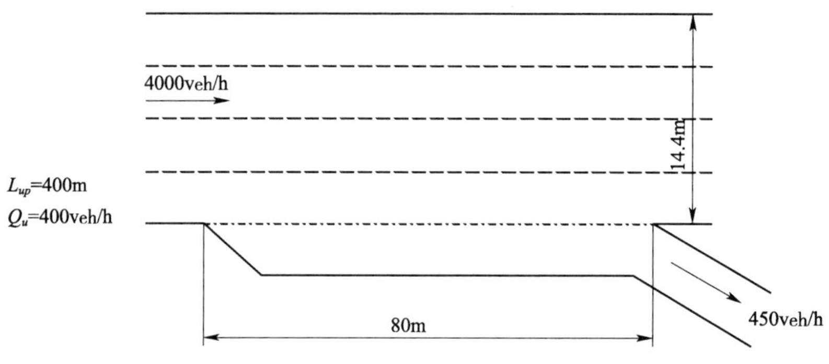

图5-12　分流影响区运行分析计算示意图

问题 高峰小时驶出匝道分流影响区的服务水平为几级？

分析

1）计算各处高峰小时流率

利用式（4-2）计算主线和匝道上15min的高峰小时流率 Q_F 和 Q_R。

（1）主线中的交通组成为中型车比例为4.7%，大型车比例为3%，拖挂车比例为2%，PHF=0.90，流量为4000veh/h，自由流车速 $v_{FF}=100$km/h，查表（3-5）得到主线车辆折算系数 E_i 值分别为5，7，10。

（2）匝道中的交通组成为中型车比例为5%，大型车比例为3%，拖挂车比例为2%，PHF=0.90，流量为450veh/h，匝道的自由流车速 $v_{FR}=40$km/h，查表（3-5）得到匝道车辆折算系数 E_i 值分别为6，7，8（直线外延）。

（3）由式 $f_{HV}=\dfrac{1}{1+\sum p_i(E_i-1)}$ 计算得出交通组成修正系数 f_{HV} 值。

主线：

$$f_{HV}=\frac{1}{1+\sum p_i(E_i-1)}$$

$$=\frac{1}{1+0.047\times(5.0-1)+0.03\times(7.0-1)+0.02\times(10.0-1)}$$

$$=0.646$$

出口匝道：

$$f_{HV}=\frac{1}{1+0.05\times(6.0-1)+0.03\times(7.0-1)+0.02\times(8.0-1)}=0.637$$

（4）假设驾驶人员均为专业驾驶人，取 $f_p = 1.00$。

（5）利用式（4-2）计算高峰小时流率。

经计算得

主线：

$$Q_F = \frac{4000}{0.90 \times 0.646 \times 1.000} = 6880(\text{pcu/h})$$

匝道：

$$Q_R = \frac{450}{0.90 \times 0.637 \times 1.000} = 698(\text{pcu/h})$$

2）计算进入出口匝道影响区的交通流量 Q_{12}

（1）由于高速公路为双向 8 车道，单向 4 车道，取 $P_{FD} = 0.436$。

（2）利用式（5-4）计算进入出口匝道影响区的交通流量 Q_{12}。

$$Q_{12} = Q_R + (Q_F - Q_R)P_{FD}$$

$$Q_{12} = 698 + (6880 - 698) \times 0.436 = 3393(\text{pcu/h})$$

3）判断交通流运行状态

（1）查表（5-1）可得出口匝道通行能力 $C_R = 1200\text{pcu/h}$，查表（5-2）可得上游高速公路的最大通行能力 $C_F = 8400\text{pcu/h}$，下游高速公路的最大通行能力 $C_{FO} = 8400\text{pcu/h}$，分流影响区的最大通行能力 $C_{12} = 3400\text{pcu/h}$。

（2）计算出口匝道交通量 Q_R、进入上、下游高速公路的交通量 Q_F、Q_{FO}和进入分流影响区的交通量 Q_{12}。

$$Q_R = 698(\text{pcu/h})$$

$$Q_F = 6880(\text{pcu/h})$$

$$Q_{FO} = 6880 - 698 = 6182(\text{pcu/h})$$

$$Q_{12} = 3393(\text{pcu/h})$$

（3）由上述计算结果可知 $Q_R < C_R$，$Q_F < C_F$，$Q_{FO} < C_{FO}$，$Q_{12} < C_{12}$，可以判断该处交通流处于稳定状态。

4）计算分流影响区的负荷度，判断服务水平

（1）利用式（5-10）计算分流影响区的负荷度 v/C，有：

$$v/C = \frac{Q_F}{C_{12} + N_O \times C_0} = \frac{6880}{3400 + 2 \times 2200} = 0.88$$

（2）查表（5-4）可知四级服务水平下限的分界负荷度 0.90，则该分流区运营处于四级服务水平。

5）计算分流影响区所有车辆的区间速度 v

（1）已知 $v_{FF} = 100\text{km/h}$，$v_{FR} = 40\text{km/h}$，利用式（5-11）计算分流影响区内的区间速度 v_R有：

$$D_V = 0.883 + 0.00009 \times 698 - 0.008 \times 40 = 0.626$$

$$v_R = v_{FF} - (v_{FF} - 67)D_V$$

$$v_R = 100 - (100 - 67) \times 0.626 = 79.3(\text{km/h})$$

（2）利用式（5-14）计算分流影响区外侧车道区间速度 v_O。

计算分流影响区外侧车道的交通需求量 Q_{OA}，有：

$$Q_{OA}=(Q_F-Q_{12})/N_O=(6880-3393)/2=1743.5(\text{pcu/h})$$

由于 $Q_{OA}=1743.5\text{pcu/h}>1000\text{pcu/h}$，选用式（5-27）计算分流影响区外侧车道区间速度 v_O，有：

$$v_O=1.06v_{FF}-0.0062(Q_{OA}-1000)$$

$$v_O=1.06\times100-0.0062\times(1743.5-1000)=101.4(\text{km/h})$$

（3）利用式（5-28）计算分流影响区所有车辆的区间速度 v。

$$v=\frac{3393+1743.5\times2}{\frac{3393}{79.3}+\frac{1743.5\times2}{101.4}}=89.1(\text{km/h})$$，与自由流运行速度差值为10.9km/h。

6）判断服务水平

驶出匝道分流影响区域服务水平为四级一等服务水平，在当前状态下分流影响区运行较为良好，但存在不稳定因素。

三、进口匝道接出口匝道的合流影响区运行状态分析

已知　匝道情况为8车道高速公路相距400m的一条驶入匝道和一条驶出匝道（图5-13）。加、减速车道长度均为80m；平原地形；车道宽度3.75m，PHF为0.90；高速公路流量为5000veh/h，速度为100km/h；单向4车道路段；高速公路车流中有8%为中型车，2%为大型车，1%为拖挂车；驶入匝道车流中有3%为中型车，3%为大型车，2%为拖挂车；驶入匝道流量为400veh/h；驾驶人员均为职业驾驶人。

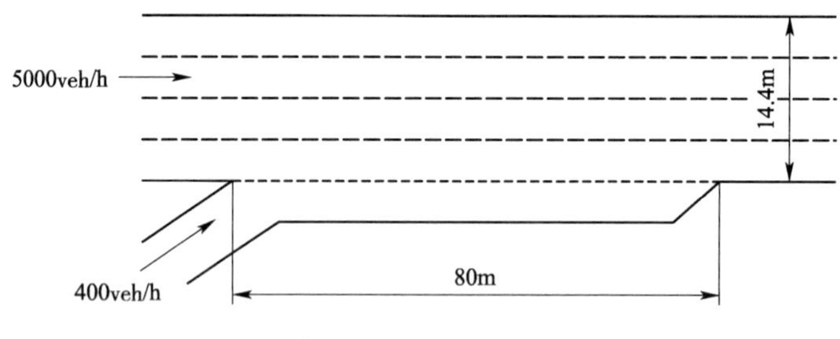

图5-13　合流影响区运行分析计算示意图

问题　高峰小时驶入匝道合流影响区的服务水平为几级？

分析

1）计算各处高峰小时流率

利用式（4-2）计算主线和匝道上15min的高峰小时流率 Q_F 和 Q_R。

（1）主线中的交通组成为中型车比例为8%，大型车比例为2%，拖挂车比例为1%，PHF=0.90，流量为5000veh/h，自由流车速 $v_{FF}=100\text{km/h}$，查表（3-5）得到主线车辆折算系数 E_i 值分别为5，7，10。

（2）匝道中的交通组成为中型车比例为3%，大型车比例为3%，拖挂车比例为2%，PHF=0.90，流量为400veh/h，匝道的自由流车速 $v_{FR}=50\text{km/h}$，查表（3-5）得到匝道车

辆折算系数 E_i 值分别为5.5，6.5，7.5（直线外延法得到）。

（3）根据式 $f_{HV}=\frac{1}{1+\sum p_i(E_i-1)}$ 计算得出交通组成修正系数 f_{HV} 值。

主线：

$$f_{HV}=\frac{1}{1+\sum p_i(E_i-1)}=\frac{1}{1+0.08\times(5.0-1)+0.02\times(7.0-1)+0.01\times(10.0-1)}$$

$$=0.654$$

进口匝道：

$$f_{HV}=\frac{1}{1+0.03\times(5.5-1)+0.03\times(6.5-1)+0.02\times(7.5-1)}=0.699$$

（4）假设驾驶人员均为专业驾驶人，取 $f_p=1.00$。

（5）利用式（4-2）计算高峰小时流率。

经计算得

主线：

$$Q_F=\frac{5000}{0.90\times0.654\times1.000}=8500(\text{pcu/h})$$

匝道：

$$Q_R=\frac{400}{0.90\times0.699\times1.000}=636(\text{pcu/h})$$

2）计算匝道影响区的交通流量 Q_{12}

（1）由于高速公路为双向8车道，每方向为4车道，根据式（5-21）计算 P_{FM} 值。

$$P_{FM}=0.2178-0.000125Q_R+0.05887L_A/v_{FR}$$

$$=0.2178-0.000125\times636+0.05887\times80/50$$

$$=0.233$$

（2）根据式（5-17）计算进入进口匝道影响区的交通流量 Q_{12}，有：

$$Q_{12}=Q_F\times P_{FM}=8500\times0.233=1977(\text{pcu/h})$$

3）判断交通流运行状况

（1）查表（5-1）可得进口匝道通行能力 $C_R=1400\text{pcu/h}$，查表（5-3）可得下游高速公路的最大通行能力 $C_{FO}=8400\text{pcu/h}$，合流影响区的最大通行能力 $C_{R12}=3600\text{pcu/h}$。

（2）计算匝道交通量 Q_R、进入下游高速公路的交通量 Q_{FO} 和进入合流影响区交通量 Q_{R12}。

$$Q_R=636\ (\text{pcu/h})$$

$$Q_{FO}=Q_F+Q_R=8500+636=9136(\text{pcu/h})$$

$$Q_{R12}=1977+636=2612(\text{pcu/h})$$

（3）由上述计算结果可知 $Q_R<C_R$，$Q_{FO}>C_{FO}$，$Q_{R12}<C_{R12}$，可以判断该处交通流处于拥堵状态。

4）判断服务水平

由于该处交通流处于拥堵状态，所以服务水平为六级服务水平，需要采取增加车道等措施进行改善。

第六章　高速公路施工区

第一节　引　　言

高速公路施工区通行能力分析的范围应为施工作业控制区的开放车道，涵盖警告区、上游过渡区、纵向缓冲区、工作区、下游过渡区、终止区和横向缓冲区。施工区各组成部分的具体指标应符合《公路养护安全作业规程》（JTG H30-2015）的规定（图 6-1）。

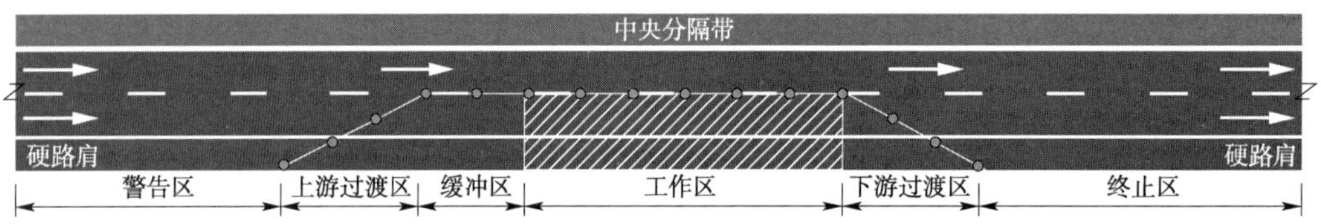

图 6-1　高速公路部分车道封闭施工区布置图

当上游与下游相邻施工区的工作区间距不超过 1km，且中间路段无限速变化和进出口匝道时，应合并为一个施工区进行通行能力与服务水平的分析与评价。施工区的特定上坡路段应单独分析，车辆折算系数可按高速公路基本路段特定上坡路段规定选取。

高速公路通行能力施工区分析方法适用于高速公路大中修与改扩建。由于施工区路段存在一幅单向通行和一幅双向通行两种情况，如改扩建期间利用中央分隔带开口过渡到对向一幅通行的施工区，两个方向施工区形式不同，因此应分方向进行通行能力分析，以评价通行能力可能产生“瓶颈”的地段，并提出改进对策，保证施工交通组织方案的有效性，使全线服务水平保持均衡。因此高速公路施工区在开放交通的条件下，应分方向进行通行能力和服务水平的分析与评价。

高速公路施工区应按基本路段、互通式立体交叉段及收费站分别进行通行能力与服务水平分析与评价。由于分析方法目前仅适用于位于基本路段的施工区通行能力与服务水平的分析与评价。位于互通立交合流区的施工段，入口匝道交通流的汇入将对施工区通行能力产生明显影响，主要有两个原因，首先，匝道交通一般是强行驶入，以致匝道交通直接降低了主线可以疏导的交通流量。其次，由于入口匝道的存在，在合流区域产生的紊流可能造成合流区通行能力的轻微减少。匝道应尽可能地布置在整个车道关闭的起点上游 450m 之外，以使整个施工区的通行能力最大。否则，应根据匝道流量对施工区通行能力进行折减。由于没有数据支持，还不能确定入口匝道对通行能力的影响，但根据国外研究成果，大流量情况下，主线车辆和匝道车辆将交替通行，此时的最大折减将达到一条车道通行能力的一半。

一、名词术语

1. 高速公路施工区

高速公路上为进行养护或改扩建施工作业而封闭部分或单幅车道的区段，称为高速公路施工区。该区段妨碍车道正常使用，影响了通过施工区开放车道的交通流运行特征。

2. 施工区形式

高速公路施工因施工类型（养护或改扩建）、路面形式、加宽位置、构造物形式、施工方式等的不同而采取不同的施工步骤，形成了各式各样的施工区形式。对国内典型的高速公路改扩建与养护工程交通组织进行了调查分析，总结出基本路段与互通式立体交叉段施工区，根据车道数、施工区布局和车道封闭形式不同，可划分为以下 10 种形式。对于没有考虑到的施工区形式和影响因素，其通行能力分析流程应符合本章规定，基准通行能力和影响因素修正系数取值可参照本章或根据实测值选取。

（1）单向 2 车道高速公路，封闭硬路肩或中央分隔带施工，2 条车道通行；

（2）单向 2 车道高速公路，封闭内侧 1 条车道，外侧 1 条车道和硬路肩通行；

（3）单向 2 车道高速公路，封闭 1 条车道和硬路肩，另 1 条车道通行；

（4）单向 3 车道高速公路，封闭 1 条车道，其余 2 条车道通行；

（5）单向 3 车道高速公路，封闭 2 条车道，其余 1 条车道与硬路肩通行；

（6）单向 4 车道高速公路，封闭内侧 1 条车道，外侧 3 条车道通行；

（7）单向 4 车道高速公路，封闭内侧 2 条车道，外侧 2 条车道和硬路肩通行；

（8）单向 4 车道高速公路，封闭内侧 3 条车道，外侧 1 条车道和硬路肩通行；

（9）单向交通流经中央分隔带开口驶入对向 1 条车道通行；

（10）单向交通流经中央分隔带开口驶入对向 2 条车道通行。

二、理想条件下的高速公路施工区交通流特性

高速公路施工区的基准条件包括道路条件、交通条件和其他条件等。道路基准条件是指单向开放车道数为 2 车道及以上，车道宽度为 3.75m，右侧侧向净空不小于 1.5m，左侧侧向净空不小于 0.75m，纵坡小于 2%，线形良好。交通基准条件是指交通组成是 100% 的小客车；车流运行平稳；驾驶人都是职业驾驶人且对道路比较熟悉。其他基准条件包括白天；天气良好；速度限制值为 80km/h；工作区无施工作业；无交通事故等突发情况。这些基准条件代表了较高的运行水平。通过对高速公路施工作业区上游基本路段、第一块警告标志处、窄路标志处、上游过渡区起点和工作区内共五处的地点车速观测发现，施工作业区对车速的影响非常明显，并且呈现出一定的规律性。单向三车道关闭外侧两个车道施工区，车辆自由流速度累积频率分布的变化情况和统计数据如图 6-2、图 6-3 所示。

车辆通过施工作业区的整个过程具有如下特点。

（1）以正常车速行驶的车辆在看到施工作业区第一个警告标志后，就有了减速行驶的驾驶意识。但是，驾驶人并不急于立刻减速或减速的幅度较小。因此，在车辆经过警告区

第一块警告标志时，减速程度并不大。

（2）随着车辆距离作业区越来越近，以及警告标志、限速标志的频繁出现，车辆的减速幅度越来越大。当车辆到达上游过渡区起点时，由于前方道路施工作业，车辆必须在此完成换车道过程，车辆寻求换车道间隙的过程对开放车道的交通流速度影响较大。

（3）当车辆换车道并驶入过渡区时，由原来两个车道车流汇合而成的车流并没有形成紊流，车辆之间的车头间距以及车速仍处于不断变动的状态，车辆总体速度仍处于下降的态势。因此，在过渡区的末端，车流的速度在整个施工作业区内达到了最小值。

（4）车辆由过渡区进入施工作业区之后，逐步由不稳定流状态转变为稳定流，但仍受到周围道路、交通条件的限制，车辆行驶速度趋于匀速跟驰行驶。

（5）最后，当车辆驶出工作区后，道路交通条件开始恢复正常状态，车流的速度逐渐提升，直至达到正常行驶速度。

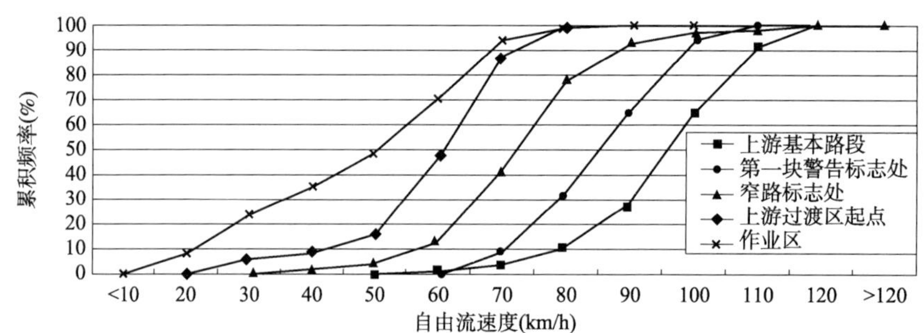

图 6-2　施工作业区自由流速度分布变化情况

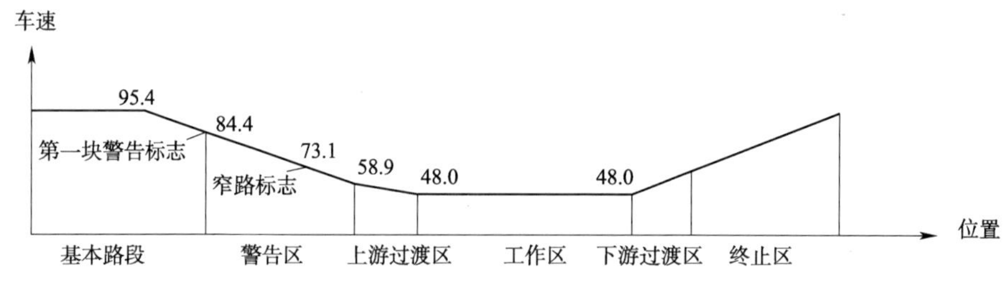

图 6-3　施工作业区平均速度随路线变化图

三、通行能力影响因素

施工区通行能力的影响因素多种多样，目前可以定量化的主要影响因素包括车道宽度、侧向净空、中央分隔带开口长度、交通组成、速度限制、施工作业强度（有无施工）、光照条件（白天与夜间）等。这些条件的变化都将对高速公路施工区的通行能力产生影响。在实际分析过程中这些因素是直接对通行能力进行修正。

1. 车道宽度

单向仅有 1 条车道通行的施工区，受侧向净空小和施工影响，车头时距增大，跟车距离增加，驾驶行为更加谨慎，导致通行能力与单向 2 车道及以上通行施工区相比明显下降。

2. 侧向净空

施工期间，为了施工需要，不得不压缩行车道和侧向净空宽度拓宽施工空间，尤其是在桥梁路段。参数反映了因施工导致的车道变窄和侧向净空压缩对通行能力产生的影响。

3. 中央分隔带开口长度

交通流由中央分隔带开口处驶入对向车道，形成一幅高速公路双向通行的施工区形式。此类施工区具有以下运行特性：

（1）增加中央分隔带开口长度对提高车辆自由流速度和通行能力具有明显效果；

（2）相同开口长度的情况下，自由流速度和通行能力不受过渡前车道数影响，而只受过渡后的车道数控制。

因此仅列出了不同开口长度对应的通行能力值，以分析中央分隔带开口处通行能力是否是施工区路段通行能力的控制因素。

4. 交通组成

仅考虑了通行能力状态时的折算系数。由于施工区交通流受各种因素影响较大，且货运车辆间差距较小，为便于使用，细则将中型及以上货车归为一类，按照统一的折算系数确定其对施工区通行能力的影响。施工区通行能力状态下，车型间的速度差很小，小客车性能优势无法发挥。因此货车对通行能力的影响主要考虑车长的因素。

货车对施工区通行能力的影响应考虑货车比例、施工区开放车道数、中央分隔带开口长度和可利用的对向车道数等因素。分析表明，当货车比例、施工区开放车道数或可利用的对向车道数增加时，折算系数基本呈下降趋势；当中央分隔带开口长度增加时，折算系数呈先上升后下降趋势。文中给出了不同中央分隔带开口长度范围对应的折算系数取值，对于其他开口长度应通过插值的方法计算。

5. 速度限制

当驾驶人对限速遵守程度较低时，应根据当地实测值确定通行能力修正系数。一般施工区仅设置了限速标志表明速度限制，在驾驶人对限速遵守程度较低的情况下，在施工区行驶的车辆更多的根据实际的路侧施工情况、交通流状态、与前车的距离等选择合理的速度行驶。此时这一影响因素的修正系数取值应以当地观测结果为准。

6. 施工作业强度

当路侧施工区进行旧路面铣刨、路面混凝土摊铺等作业时，由于施工作业区施工机械、施工人员较多且活动频繁，同时施工作业面与行车道边缘线采取简单的隔离墩作为分隔设施，施工机械与人员容易与过往的车辆发生直接碰撞与剐蹭，驾驶人行车经过时为了保障安全不得不提高警惕，采取更低的速度通过施工作业区。因此作业区施工时，车流速度要比没有施工条件下的车流速度低很多，且更加离散，可见施工作业对通行能力的影响很大。这里参考美国对长期施工区密度系数与运行速度的关系模型框架，结合国内实际施工区运行特征参数进行标定验证，提出了施工作业强度与通行能力的关系模型。

7. 光照条件

在光照条件较差的夜间通过施工区时，驾驶人会采取比白天光照条件好时更低的车速，并且会加大与前车的行驶空间，采取更加安全的车头间距。在夜间，当施工作业时，由于隔离设施设置比较简单，无法阻挡施工机械或人员进入行车道范围。在光线昏暗的夜间，施工区的通行能力会大大降低，即光照条件对施工作业区的通行能力影响很大。

以上是影响因素对通行能力造成的一般影响，各地区在缺乏当地的通行能力分析研究时，可采用本手册的推荐值考虑各因素的影响。但是，由于我国幅员辽阔，各地区经济发展水平不一致，各因素的影响可能因地而异，所以，在通行能力分析过程中最好对本手册的推荐值进行验证，然后再应用。对于其他未涉及的影响因素，如路面平整度与破损程度、施工区长度等，可以当地的实测数据为基础来进行分析，或利用交通仿真工具确定其对通行能力的影响。

第二节　通行能力分析方法

一、通行能力分析方法流程

高速公路施工区通行能力分析方法的流程如图 6-4 所示。

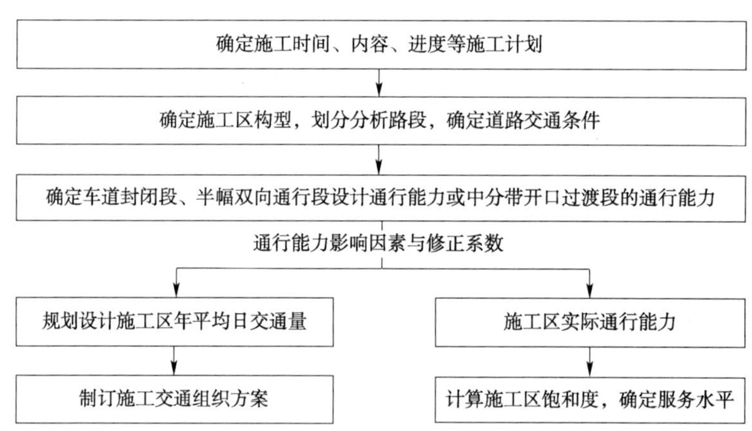

图 6-4　高速公路施工区通行能力分析方法流程

从图 6-4 中可以看到，高速公路施工区通行能力分析首先需明确施工时间、内容、进度等施工计划，确定施工区构型，划分分析路段，确定施工区道路交通条件等影响施工区通行能力的因素。然后根据规划、设计或运营期施工区通行能力分析的目的和需求，进行施工区规划、设计和运行状况分析。

二、计算参数与公式

1. 施工区服务水平分级

考虑到高速公路施工区大多数驾驶人的愿望是顺利通过，不发生堵塞，而高速度的期望并不强烈。同时速度受施工等因素影响较大，若以速度作为分级指标，服务水平的计算结果可能与实际体会不对应。同时流量是施工区交通组织的主要控制指标，因此饱和度作为高速公路施工区服务水平的主要分级指标比较合适。而采用速度作为次要评价指标，描述其他干扰因素对小客车速度的影响。高速公路施工区服务水平分级见表6-1。

高速公路施工区服务水平分级　　表6-1

服务水平等级		分级指标	
		主要指标	次要指标
		v/C 值	小客车实际行驶速度与自由流速度差（km/h）
一	1	$v/C \leqslant 0.35$	≤10
	2		(10，20]
	3		>20
二	1	$0.35 < v/C \leqslant 0.55$	≤10
	2		(10，20]
	3		>20
三	1	$0.55 < v/C \leqslant 0.75$	≤20
	2		(20，30]
	3		>30
四	1	$0.75 < v/C \leqslant 0.90$	≤20
	2		(20，30]
	3		>30
五	1	$0.90 < v/C \leqslant 1.00$	≤30
	2		(30，40]
	3		>40
六		$v/C > 1.00$	

高速公路施工区进行规划设计时，维持通车路段的服务水平可较无施工区时设计服务水平降低一级，但不应低于四级服务水平。高速公路养护、改扩建施工期间应避免出现收取的费用与提供给用路者的服务比不施工时差距太大的情况，即应保证开放车道必要的服务水平。《公路工程技术标准》（JTG B01—2015）中对高速公路设计服务水平以及改扩建时机都做了相应的规定，本细则同时考虑高速公路养护施工的情况，为避免过度分流对区域路网的影响，规定了维持通车路段的服务水平可降低一级，但不应低于四级服务水平，而不是直接规定为可降低到四级服务水平。

由于标准中规定互通式立体交叉的分合流区段、匝道以及交织区段，可采用四级服务水平设计。因此这里为避免互通式立体交叉施工路段服务水平下降过大，规定施工路段服务水平不应低于四级。

2. 基准条件下的通行能力

高速公路单向有2车道或以上通行的施工区，基准通行能力为1800pcu/(h·ln)。不同施工区形式，其通行能力的控制点也不同。对于改扩建施工，单向1~2车道通行，通行能力瓶颈点是无车道变化路段的中间点，而不是排队消散段，因为施工区路段较长，会形成新的稳定流。而对于单向 3～4 车道通行的施工区，其类似临时养护施工，瓶颈点应为过渡段下游排队消散点。为保持一致，规定了高速公路单方向有 2 车道或以上通行的施工区，基准通行能力为 1800pcu/(h・ln)。

施工区一条车道设计通行能力应按表 6-2 确定。

施工区一条车道的设计通行能力　　表 6-2

设计服务水平	三	四
设计通行能力［pcu/(h・ln)］	1350	1620

利用中央分隔带开口过渡到对向一幅通行施工区属通行能力的瓶颈路段，将其作为基本构型讨论其服务水平没有意义，因此仅列出了不同开口长度对应的通行能力值，以分析中央分隔带开口处通行能力是否是施工区路段通行能力的控制因素。利用中央分隔带开口过渡到对向一幅通行时，不同开口长度施工区的通行能力应按表 6-3 取值。

中央分隔带开口处施工区通行能力　　表 6-3

开口长度（m）		30	50	75	100	150	200
通行能力（pcu/h）	过渡到对向 1 条车道通行	1100	1200	1370	1530	1660	1700
	过渡到对向 2 条车道通行	1220	1400	1890	2210	2650	2880

3. 实际道路条件对自由流速度的修正

1）车道数对基准通行能力的修正

当单向开放车道数为 1 时，通行能力的修正系数取 0.83。

2）车道宽度对基准通行能力的修正(表 6-4)

车道宽度修正系数　　表 6-4

车道宽度（m）	3.75	3.5	3.25	3.0	2.75
修正系数 f_{lw}	1.00	0.97	0.93	0.89	0.85

3）侧向净空对基准通行能力的修正（表 6-5）

侧向净空修正系数　　表 6-5

侧向净空指标		修正系数 f_{lc}
左侧侧向净空（m）	≥0.75	1.00
	0	0.94
右侧侧向净空（m）	≥1.5	1.00
	0	0.96

4）交通组成对基准通行能力的修正

交通组成修正系数 f_{HV} 按公式（6-1）计算，车辆折算系数按表 6-6 选取。

$$f_{HV}=\frac{1}{1+\sum P_i(E_i-1)} \tag{6-1}$$

式中：P_i——车型 i 的交通量占总交通量的百分比；

E_i——车型 i 的车辆折算系数，包括中型车、大型车和汽车列车。

施工区车辆折算系数　　表6-6

施工区形式	中型车、大型车、汽车列车折算系数 E_i
单向两车道封闭内侧一车道，外侧一车道与硬路肩通行 单向两车道封闭一车道和硬路肩，另一车道通行 单向三车道封闭一条车道，其余两条车道通行 单向四车道封闭内侧一车道，外侧三车道通行 一幅双向通行施工区，利用对向一幅内侧一条车道通行 中央分隔带开口长度为30m，过渡到对向一条车道通行 中央分隔带开口长度［30m，50m］，过渡到对向两条车道通行	1.5
单向三车道封闭两条车道，其余一条车道与硬路肩通行 单向四车道封闭内侧三车道，外侧一车道与硬路肩通行 单向四车道封闭内侧两车道，外侧两车道与硬路肩通行 中央分隔带开口长度［50m，75m］，过渡到对向一条车道通行 中央分隔带开口长度≥75m，过渡到对向两条车道通行	2.0
单向两车道封闭硬路肩或中央分隔带施工，两车道通行 中央分隔带开口长度≥100m，过渡到对向一条车道通行	2.5

5）限制速度对基准通行能力的修正（表6-7）

限制速度修正系数　　表6-7

限制速度（km/h）	80	60	40
修正系数 f_{sc}	1.00	0.90	0.80

6）施工作业强度对基准通行能力的修正

$$f_{wi} = 1.0 - 0.015 \times \ln\left(\frac{w + m}{c}\right) \tag{6-2}$$

式中：w——工作区工作人员数量；

m——工作区机械数量；

c——工作区与开放车道间距（m），最小值取0.5m。

7）光照条件对基准通行能力的修正

夜间通行时，通行能力的修正系数 f_{ls} 可取0.96。

第三节　通行能力分析步骤

上节中讨论的通行能力分析方法常用于解决下列各类问题。

1. 运行状况分析

运营阶段施工区的通行能力分析是根据交通量和施工区形式确定服务水平。对于养护和大中修施工，往往不分流、不限行，需要根据通行能力分析确定施工形式，如封外侧车道还是中间车道，是一条还是两条，什么时候封闭对交通流的影响最小等。但施工区规划分析与基本路段不同的是，基本路段车道之间通行能力是没有区别的，简单除法就能算出需要的车道数。而施工区车道受侧向净空影响，车道间通行能力是不同的。形式不确定，靠近施工区车道的通行能力就无法计算，无法平均计算车道数。因此养护大中修还需提前确定几种施工区形式，然后按照运营阶段方法计算服务水平，确定哪种形式更合理。

2. 规划和设计分析

规划设计阶段施工区的通行能力分析是根据设计服务水平和施工区形式确定最大服务交通量。高速公路改扩建施工区形式主要是由施工内容与进度决定的，并不取决于需要通行的交通量，即保证施工是放在第一位的。高速公路应首先保证施工的进度，满足施工的要求，其次考虑开放车道情况下的施工区形式可通行的最大服务交通量，并判断交通组织方案设计的合理性。因此改扩建施工区规划设计阶段通行能力分析的最终目的是给出设计服务水平对应的最大服务交通量，再根据这一指标判断限行车型与分流流量是否合理。由于分流的车型和流量方案在制订时，不单单考虑施工区形式，还要考虑区域分流路网的条件等因素，如分流路网等级较低，桥梁承载能力较小时，分流车型有可能是小客车。因此判断过程往往需要经过反复试算，才能最终确定施工区交通组成与分流流量。因此规划设计阶段并不考虑交通组成的影响，仅给出小客车最大服务交通量。

必须指出的是：这些分析方法只是用作指导性分析，并不能代替可行方案的论据和决策。通过通行能力分析，只是向作决策的工程师和规划人员提供了一些参考数据，并不等于决策本身。要进行最后的决策，除了这些基本的、重要的数据以外，还有其他一些分析，如经济效益和环境影响评价等。

一、运行状况分析

1. 数据要求

进行高速公路施工区运行状况分析所需资料如下：

（1）高峰小时交通量，或者其他规定时间内的小时交通量；

（2）交通特性，包括交通组成中各车型所占的百分比、限制速度等；

（3）道路特性，包括开放车道数，车道宽度，侧向净空，限制速度、纵坡坡度等；

（4）施工情况，包括施工区构型、施工作业情况、光照条件等。

2. 划分分析路段

在运行状况分析之前，应把施工区划分成具有统一特性的路段，即各路段的上述各项数据是常数；如果某一项数据发生变化，则需要划分为另外一段进行分析。通常划分为车道封闭段、半幅双向通行段、中央分隔带开口过渡段，因为这些路段的交通运行特性会发生变化。

3. 运行状况分析步骤

运行状况分析的步骤如图 6-5 所示。

运行状况分析步骤说明如下。

1）明确已知条件

已知条件包括施工构型、施工作业情况、车道宽度、开放车道数、侧向净空、纵坡坡度、观测交通量、交通组成、限制速度、光照条件等。

2）一幅单向通行施工区运行状况分析

（1）一幅单向通行施工区实际通行能力按式（6-3）计算。

$$C_{rs} = C_{bs} \times f_n \times f_{lw} \times f_{lc} \times f_{HV} \times f_{sc} \times f_{wi} \times f_{ls} \tag{6-3}$$

式中：C_{rs}——施工区实际通行能力［veh/(h·ln)］；

C_{bs}——施工区基准通行能力［pcu/(h·ln)］；

f_n——车道数修正系数，当单向开放车道数为1时，通行能力的修正系数取0.83；

f_{lw}——车道宽度修正系数，按表6-4选取；

f_{lc}——侧向净空修正系数，按表6-5选取；

f_{HV}——交通组成修正系数，中型及以上货车折算系数按表6-6选取；

f_{sc}——限制速度修正系数，按表6-7选取；

f_{wi}——施工作业强度修正系数，按式（6-2）计算；

f_{ls}——光照条件修正系数，夜间通行时，通行能力的修正系数可取0.96。

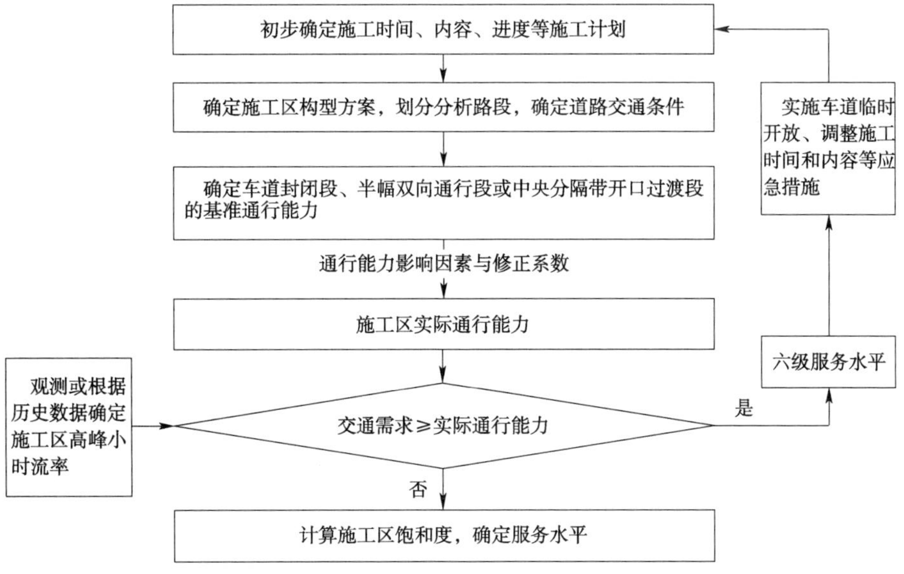

图6-5　高速公路施工区运行状况分析步骤

（2）应根据高速公路基本路段规定的方法，将实测的施工区交通量转换为高峰小时流率Q_p，确定交通需求。

（3）施工区饱和度应按式（6-4）计算。

$$v/C = Q_p \Big/ \sum_{j=1}^{N} C_{rsj} \tag{6-4}$$

式中：C_{rsj}——第j车道的实际通行能力［pcu/(h·ln)］。

（4）应根据分析路段的实测速度数据计算小客车实际行驶速度和自由流速度，并计算两者差值。对照表6-1确定一幅单向通行施工区服务水平等级。

3）一幅双向通行施工区运行状况分析

（1）一幅双向通行施工区实际通行能力应按式（6-3）计算。

（2）中央分隔带开口处施工区的实际通行能力应按式（6-5）计算。

$$C_{rm} = C_m \times f_{\mathrm{HV}} \times f_{ls} \tag{6-5}$$

式中符号意义同前。

(3) 根据高速公路基本路段规定的方法，将实测的施工区交通量转换为高峰小时流率 Q_p。

当 $Q_p > C_{rm}$ 时，中央分隔带开口处产生通行能力瓶颈，应调整中央分隔带开口长度消除瓶颈，否则应将 C_{rm} 视为交通需求。当 $Q_p \leqslant C_{rm}$ 时，应将 Q_p 视为交通需求。

(4) 施工区饱和度应按式（6-6）计算。

$$v/C = Q_p\text{（或 } C_{rm}\text{）} \bigg/ \sum_{j=1}^{N} C_{rsj} \tag{6-6}$$

(5) 应根据分析路段的实测速度数据计算小客车实际行驶速度和自由流速度，并计算两者差值。对照表 6-1 确定一幅双向通行施工区服务水平等级。

(6) 一幅双向通行施工区中，未经中央分隔带开口驶入对向车道通行的交通流方向按一幅单向通行施工区考虑。

二、设计和规划分析

1. 数据要求

进行高速公路施工区设计和规划分析首先应明确初始的施工区交通组织方案，包括施工区构型、路网分流车型等。然后收集以下资料：

(1) 预计通过的高峰小时交通量，或者其他规定时间内的小时交通量；

(2) 交通特性，考虑路网分流后的交通组成，即汽车列车以及大、中、小型车所占的百分比、限制速度等；

(3) 道路特性，包括开放车道数、车道宽度、侧向净空、限制速度、纵坡坡度等；

(4) 施工情况，包括施工区构型、各阶段施工作业情况、光照条件等。

2. 划分分析路段

与运行状况分析一样，分析之前应把高速公路划分成具有统一特性的路段。考虑到车道封闭段、半幅双向通行段、中央分隔带开口过渡段交通运行特性会发生变化，通常作为通行能力分析的分段点。

3. 设计和规划分析步骤

设计和规划分析的步骤如图 6-6 所示。

1) 明确已知条件

包括施工构型、路网分流车型、各阶段施工作业情况、车道宽度、开放车道数、侧向净空、纵坡坡度、预计的高峰交通量、考虑路网分流后的交通组成、限制速度、光照条件等。

2) 一幅单向通行施工区设计和规划分析

(1) 施工区一条车道最大服务交通量：

$$\mathrm{MSF}_i = C_{di} \times f_n \times f_{lw} \times f_{lc} \times f_{sc} \times f_{wi} \times f_{ls} \tag{6-7}$$

式中：MSF_i ——i 级服务水平对应的施工区一条车道最大服务交通量［pcu/(h · ln)］；

C_{di} ——i 级服务水平对应的施工区设计通行能力［pcu/(h · ln)］，按表 6-2 选取；

其他参数同上。

（2）施工区所有开放车道的最大服务交通量应按式（6-8）计算：

$$MSF = \sum_{j=1}^{N} MSF_{ij} \tag{6-8}$$

式中：N——施工区开放车道数，包含作为行车道使用的硬路肩；

MSF_{ij}——第 j 车道 i 级服务水平对应的最大服务交通量［pcu/(h · ln)］。

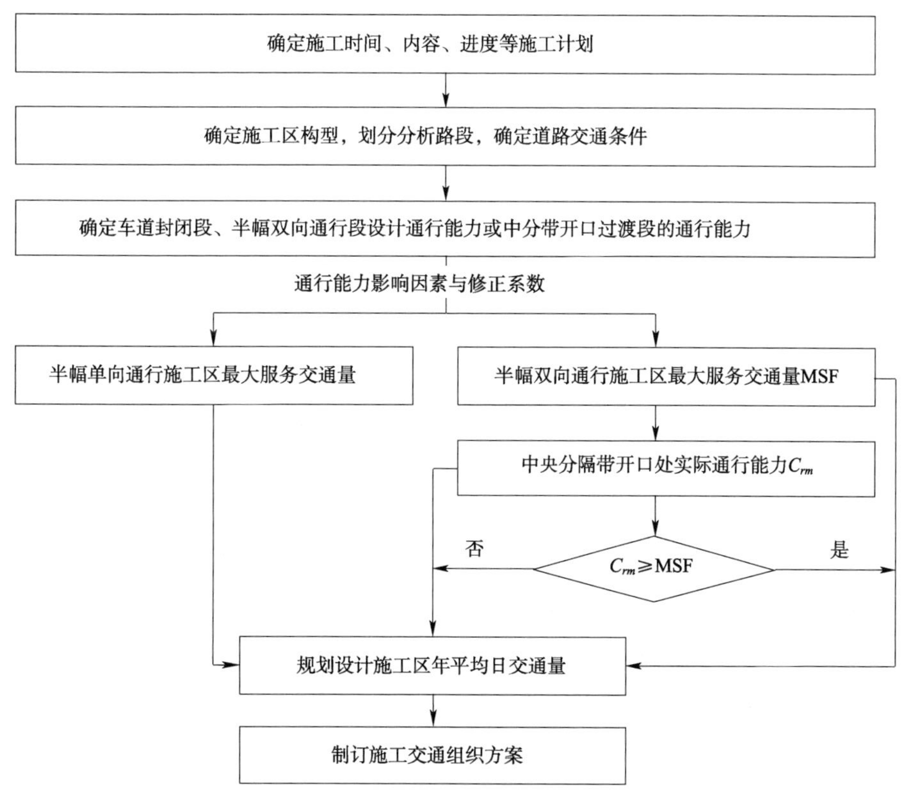

图6-6　高速公路施工区规划设计分析步骤

由于施工区不同位置的车道侧向净空等条件不同，受施工的影响也不同，因此具有不同的通行能力，故应首先计算各个车道通行能力，求和计算施工区断面通行能力，作为服务交通量。

（3）施工区设计服务水平对应的年平均日交通量应按式（6-9）计算：

$$AADT = MSF/K \tag{6-9}$$

式中：K——设计小时交通量系数，可根据施工区所允许通过的车型，按照上一年历史数据计算，或按表3-7中规定取值。

3）一幅双向通行施工区设计和规划分析

（1）施工区一条车道最大服务交通量按式（6-7）计算。

（2）施工区所有开放车道的最大服务交通量按式（6-8）计算。

（3）中央分隔带开口处施工区的实际通行能力按式（6-10）计算：

$$C_{rm} = C_m \times f_{ls} \tag{6-10}$$

式中：C_{rm} ——中央分隔带开口处施工区的实际通行能力（pcu/h）；

C_m ——施工区中央分隔带开口处仅考虑开口长度的通行能力（pcu/h），按表6-3选取；

其他参数意义同上。

（4）当 MSF≤ C_{rm} 时，应将 MSF 代入式（6-9）计算设计服务水平对应的年平均日交通量。当 MSF > C_{rm} 时，中央分隔带开口处产生通行能力瓶颈，应调整中央分隔带开口长度消除瓶颈。

（5）一幅双向通行施工区中，未经中央分隔带开口驶入对向车道通行的交通流方向按一幅单向通行施工区考虑。

4）根据施工交通组织方案确定施工区实际年平均日交通量

当该值小于设计服务水平对应的年平均日交通量时，原交通组织方案可行，当该值大于设计服务水平对应的年平均日交通量时，原交通组织方案不可行，应调整交通组织方案中的限行车型与分流交通量，直至低于设计服务水平对应的年平均日交通量。

第四节　算　　例

一、算例1——一幅双向通行施工区运行状况分析

已知　现以实测 G4 京港澳高速公路广东韶关段养护大修，双向 4 车道，一幅封闭，一幅双向通行施工区为例，按照运行状况分析步骤进行评价。实地勘察资料如下：

（1）韶关—广州方向观测到的高峰小时交通量为374veh/h；

（2）交通组成为小型车比例26%，中型车比例10%，大型车比例19%，汽车列车比例45%；驾驶人员多为职业驾驶人，比较熟悉分析路段；

（3）道路条件为丘陵地区的双向 4 车道高速公路，行车道宽度为 2×3.75m，柔性路面，左侧净空 1.0m，右侧净空 0.75m，限制速度为 80km/h，纵坡坡度 <2%。

（4）施工情况为无施工作业，白天。

问题　根据以上条件确定该路段的饱和度、服务水平等级。

分析　按照图 6-5 描述的运行状况分析步骤进行求解。

1）一幅单向通行施工区实际通行能力

$$C_{rs} = C_{bs} \times f_n \times f_{lw} \times f_{lc} \times f_{HV} \times f_{sc} \times f_{wi} \times f_{ls} = 1069[\text{veh}/(\text{h} \cdot \text{ln})]$$

式中：C_{bs} ——施工区基准通行能力 1800 ［pcu/(h · ln)］；

f_n ——车道数修正系数，单向开放车道数为 1，取 0.83；

f_{lw} ——车道宽度修正系数 1.0；

f_{lc} ——侧向净空修正系数，左侧 1.0，右侧 0.98；

f_{HV} ——交通组成修正系数 0.73，中型及以上货车折算系数 1.5；

f_{sc} ——限制速度修正系数 1.0；

f_{wi} ——施工作业强度修正系数1.0；

f_{ls} ——光照条件修正系数1.0。

2）确定交通需求

根据高速公路基本路段规定的方法，将实测的施工区交通量转换为高峰小时流率 Q_p，确定交通需求。

$$Q_p = Q/\mathrm{PHF}_{15} = 405\ (\mathrm{veh/h})$$

式中：Q ——单方向观测小时交通量，374veh/h；

PHF_{15} ——15min 高峰小时系数0.924，见表3-6。

3）施工区饱和度

$$v/C = Q_p \Big/ \sum_{j=1}^{N} C_{rsj} = 405/1069 = 0.38$$

4）确定服务水平等级

实测小客车实际行驶速度85km/h，自由流速度90km/h（图6-7），计算两者差值5km/h。对照表6-1确定一幅单向通行施工区服务水平等级为二（1）级，与实际感受吻合。

图6-7　G4京港澳高速公路广东韶关段养护大修施工区运行状况

二、算例2——硬路肩封闭施工区的运行状况分析

已知　现以实测G15沈海高速公路广东佛开段改扩建工程，双向4车道硬路肩封闭施工区为例，按照运行状况分析步骤进行评价。实地勘察资料如下：

（1）佛山方向观测到的高峰小时交通量为559veh/h；

（2）交通组成为小型车比例76%，中型车比例10%，大型车比例4%，汽车列车比例10%；驾驶人员多为职业驾驶人，比较熟悉分析路段；

（3）道路条件为平原地区的双向4车道高速公路，行车道宽度为2×3.75m，柔性路面，左侧净空0.75m，右侧净空0.75m，限制速度为80km/h，纵坡坡度<2%。

（4）施工情况为无施工作业，白天。

问题　根据以上条件确定该路段的饱和度、服务水平等级。

分析　按照图6-5描述的运行状况分析步骤进行求解。

1）一幅单向通行施工区实际通行能力

$$C_{rs} = C_{bs} \times f_n \times f_{lw} \times f_{lc} \times f_{HV} \times f_{sc} \times f_{wi} \times f_{ls} = 1306\ [\text{veh/(h} \cdot \text{ln)}]$$

式中：C_{bs} ——施工区基准通行能力 1800 [pcu/(h · ln)]；

f_n ——车道数修正系数 1.0；

f_{lw} ——车道宽度修正系数 1.0；

f_{lc} ——侧向净空修正系数，左侧 1.0，右侧 0.98；

f_{HV} ——交通组成修正系数 0.74，中型及以上货车折算系数 2.5；

f_{sc} ——限制速度修正系数 1.0；

f_{wi} ——施工作业强度修正系数 1.0；

f_{ls} ——光照条件修正系数 1.0。

2）确定交通需求

根据高速公路基本路段规定的方法，将实测的施工区交通量转换为高峰小时流率 Q_p，确定交通需求。

$$Q_p = Q/\text{PHF}_{15} = 605\ (\text{veh/h})$$

式中：Q ——单方向观测小时交通量，559veh/h；

PHF_{15} ——15min 高峰小时系数 0.924，见表 3-6。

3）施工区饱和度

$$v/C = Q_p \Big/ \sum_{j=1}^{N} C_{rsj} = 605/1306 = 0.46$$

4）确定服务水平等级

实测小客车实际行驶速度 88km/h，自由流速度 102km/h（图 6-8），计算两者差值 14km/h。对照表 6-1 确定施工区服务水平等级为二（2）级，与实际感受吻合。

图 6-8 G15 沈海高速公路广东佛开段改扩建工程施工区运行状况

三、算例 3——外侧车道封闭施工区运行状态分析

已知 现以实测 G2 京沪高速公路京津段大修工程，双向 4 车道外侧车道封闭施工区为例，按照运行状况分析步骤进行评价。实地勘察资料如下：

（1）天津方向观测到的高峰小时交通量为白天 908veh/h，夜间 608veh/h；

（2）交通组成为白天：小型车比例82%，中型车比例5%，大型车比例5%，汽车列车比例8%；驾驶人员多为职业驾驶人，比较熟悉分析路段；夜间：小型车比例71%，中型车比例5%，大型车比例9%，汽车列车比例15%；驾驶人多为职业驾驶人，比较熟悉分析路段。

（3）道路条件为平原地区的双向4车道高速公路，行车道宽度为2×3.75m，柔性路面，左侧净空0.75m，右侧净空0，限制速度为60km/h，纵坡坡度<2%。

（4）施工情况为有施工作业，白天与夜间。

问题　根据以上条件确定该路段的饱和度、服务水平等级。

分析　按照图6-5描述的运行状况分析步骤进行求解。

1）一幅单向通行施工区实际通行能力

$$C_{rs} = C_{bs} \times f_n \times f_{lw} \times f_{lc} \times f_{HV} \times f_{sc} \times f_{wi} \times f_{ls}$$

$$= 1093（白天）/992（夜间）[veh/(h \cdot ln)]$$

式中：C_{bs}——施工区基准通行能力1800［pcu/(h·ln)］；

f_n——车道数修正系数0.83；

f_{lw}——车道宽度修正系数1.0；

f_{lc}——侧向净空修正系数，左侧1.0，右侧0.96；

f_{HV}——交通组成修正系数白天0.92，夜间0.87，中型及以上货车折算系数1.5；

f_{sc}——限制速度修正系数0.9；

f_{wi}——施工作业强度修正系数0.92；

f_{ls}——光照条件修正系数白天1.0，夜间0.96。

2）确定交通需求

根据高速公路基本路段规定的方法，将实测的施工区交通量转换为高峰小时流率Q_p，确定交通需求。

$$Q_p = Q/PHF_{15} = 983（白天）/658（夜间）（veh/h）$$

式中：Q——单方向观测小时交通量，白天908veh/h，夜间608veh/h；

PHF_{15}——15min高峰小时系数0.924，见表3-6。

3）施工区饱和度

$$v/C = Q_p \Big/ \sum_{j=1}^{N} C_{rsj}$$

$$= 983/1093 = 0.9（白天）$$

$$= 658/992 = 0.66（夜间）$$

4）确定服务水平等级

实测小客车实际行驶速度白天45km/h，夜间55km/h，自由流速度80km/h（图6-9），计算两者差值白天35km/h，夜间25km/h。对照表6-1，确定施工区服务水平等级为白天四（3）级，夜间四（2）级，与实际感受吻合。需结合路网分流、调整施工时间等措施提高施工区服务水平。

图 6-9　G2 京沪高速公路京津段大修工程施工区运行状况

四、算例 4——内侧车道封闭施工区设计和规划分析

已知　以某中部地区高速公路中央分隔带护栏大修工程，双向 4 车道内侧车道封闭施工区为例，按照设计和规划分析步骤进行评价。资料如下：

（1）AADT 为 24000veh/h；

（2）交通组成为小型车比例 75%，其他中型及以上货车比例 25%；驾驶人多为职业驾驶人，比较熟悉分析路段。

（3）道路条件为平原地区的双向 4 车道高速公路，行车道宽度为 2×3.75m，硬路肩宽度为 3.0m，柔性路面，外侧车道左侧净空 0m，硬路肩右侧净空 0m，限制速度为 60km/h，纵坡坡度 <2%。

（4）施工情况为内侧车道封闭，外侧车道和硬路肩通行，有施工作业，白天。

问题　根据以上条件确定该交通组织方案是否合理。

分析　按照图 6-6 描述的设计和规划分析步骤进行求解。

1）施工区外侧车道最大服务交通量

$$MSF_i = C_{di} \times f_n \times f_{lw} \times f_{lc} \times f_{sc} \times f_{wi} \times f_{ls} = 1316 \ [\mathrm{pcu/(h \cdot ln)}]$$

式中：C_{di} ——i 级服务水平对应的施工区设计通行能力 1620［pcu/(h·ln)］；

f_n ——车道数修正系数 1.0；

f_{lw} ——车道宽度修正系数 1.0；

f_{lc} ——侧向净空修正系数，左侧 0.94，右侧 1.0；

f_{sc} ——限制速度修正系数 0.9；

f_{wi} ——施工作业强度修正系数 0.96；

f_{ls} ——光照条件修正系数白天 1.0。

2）施工区硬路肩最大服务交通量

$$MSF_i = C_{di} \times f_n \times f_{lw} \times f_{lc} \times f_{sc} \times f_{wi} \times f_{ls} = 1196\ [\mathrm{pcu/(h \cdot ln)}]$$

式中：C_{di} ——i 级服务水平对应的施工区设计通行能力 1620［pcu/(h·ln)］；

f_n ——车道数修正系数 1.0；

f_{lw} ——车道宽度修正系数 0.89；

f_{lc} ——侧向净空修正系数，左侧 1.0，右侧 0.96；

f_{sc} ——限制速度修正系数 0.9；

f_{wi} ——施工作业强度修正系数 0.96；

f_{ls} ——光照条件修正系数白天 1.0。

3）施工区所有开放车道的最大服务交通量

$$MSF = \sum_{j=1}^{N} MSF_{ij} = 1316 + 1196 = 2512\ (\mathrm{pcu/h})$$

式中：N——施工区开放车道数，包含作为行车道使用的硬路肩；

MSF_{ij}——第 j 车道 i 级服务水平对应的最大服务交通量［pcu/(h·ln)］。

4）施工区设计服务水平对应的年平均日交通量

$$AADT = MSF/K = 2512/12.5\% = 20096\ (\mathrm{pcu/d})$$

式中：K——设计小时交通量系数，按表 3-7 中规定取值 12.5%。

5）根据施工交通组织方案确定施工区实际年平均日交通量

中型及以上货车折算系数 1.5，交通组成修正系数 0.89；

实际 AADT = 24000/0.89 = 26967pcu/d，该值大于设计服务水平对应的年平均日交通量，施工区服务水平低于四级，原交通组织方案不可行，应调整交通组织方案中的限行车型与分流交通量，直至低于设计服务水平对应的年平均日交通量。

第七章　一 级 公 路

第一节　引　　言

一级公路为供汽车分方向、分车道行驶，可根据需要控制出入的多车道公路。根据交通流特性和交通管理方式不同，一级公路可由路段、互通式立体交叉、平面交叉、收费站等设施组成。这些设施由于几何构造和通行规则的差异，影响着交通运行和驾驶行为，并由此影响着对通行能力和服务水平的分析。为此，需要对一级公路各组成部分分别进行通行能力和服务水平的分析和评价。

一级公路通行能力分析方法，针对的是具有连续流特征的一级公路一般路段，即指在互通立交、平面交叉和收费站影响区之外，具有连续流特征的路段。一级公路的交织区、分流区、合流区、收费站、施工区、无信号交叉口、信号交叉口等设施的通行能力分析可参照本书相关章节的内容。

通行能力分析的某一路段，其道路特性和交通条件应保持一致。如果道路、交通条件发生了显著变化，则路段的运行条件及其通行能力也会随之发生变化，应该对该路段划分为新的路段进行通行能力分析。另外，通行能力分析路段应该具有一致的设计速度，如果由于地形条件所限，计算速度发生了变化，则应该将不同设计速度的路段作为独立的路段进行通行能力分析。

一级公路两个方向的交通运行互不影响，当两个方向交通流所经过的道路线形（主要是指纵断面线形）、路侧环境不相同时，两个方向车行道的通行能力和服务水平的分析计算应分别进行。

从实际观测的结果来看，未全部控制出入的一级公路在运行质量和具体的通行能力、服务水平数值上都与高速公路存在差别，原因是未全部控制出入的一级公路，其交通流较高速公路中的交通流更容易受到横向、纵向的干扰。

对于没有设置中央分隔带、仅施划标线的多车道公路，内侧车道对向行驶的车辆会存在一定的干扰，影响交通运行，但单方向的运行特性与一级公路相似，其通行能力分析可采用一级公路的方法。

一、理想条件下的一级公路交通流特性

一级公路一般路段的基准条件包括公路条件和交通条件等。公路的基准条件是指双向6车道高速公路，车道宽度为3.75m，右侧硬路肩宽度不小于2.5m，左侧路缘带宽度为0.75m，纵坡小于2%，具有良好的线形，中央分隔带设置物体隔离，出入口密度小于

0.5 个/km，路侧干扰等级为 1 级，路面平整；交通基准条件是指交通组成是 100% 的小客车，驾驶人都是职业驾驶人且对道路比较熟悉；其他基准条件还包括：天气良好，无交通管制，无交通事故等突发情况。这些基准条件代表了较高的运行水平。

在基准条件下，根据典型交通流特性，推荐了一级公路一般路段各自由流速度下的交通流特征曲线，如图 7-1 所示。

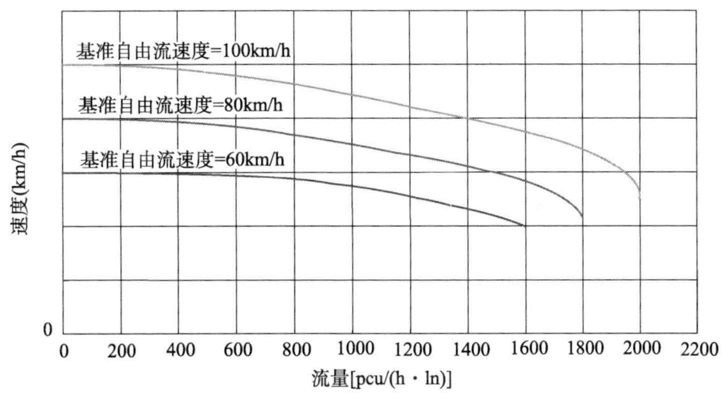

图 7-1　基准条件下自由流速度—流量关系

二、通行能力影响因素

实际的一级公路，公路、交通条件往往与基准条件有所差别，其中对通行能力的主要影响因素包括：自由流速度、车道宽度及侧向净空、车道数量、交通组成、路侧干扰和驾驶人总体特征等，这些条件的变化都将对一级公路一般路段的通行能力产生影响。在实际分析过程中，有些因素是直接对交通量（或通行能力）进行修正，有些因素是通过对自由流速度的修正来实现对通行能力的影响。

1. 车道数量影响

单向有 3 条或以上车道的一级公路可以为车辆提供更多的超车机会，而不容易导致压车现象发生，从而能够保证在较低至中等交通量条件下，全部小客车车速的平均值可以接近设计速度。当单向车道数量从基准条件下的 3 车道变为 2 车道之后，平均每车道的通行能力相对于基准条件则有所下降。

2. 车道宽度及侧向宽度影响

当车道宽度不足 3.75m 时，车辆行驶时的横向间距比在理想条件下小。为此，驾驶人将拉大与同向车辆间的行驶间距，或者降低行驶速度，以保证安全，因此，该路段的通行能力有所下降。当左侧路缘带宽度和右侧路肩宽度受限时，也会导致类似的情况发生。

3. 自由流速度影响

自由流速度对通行能力的影响，可以从速度—流量图直观看出，基准自由流速度越低，其通行能力越小。设计速度与自由流速度有一定的关系，一般情况下设计速度越高，通行能力越大。

4. 交通组成影响

由于中型车、大型车和汽车列车在外形尺寸和车辆行驶性能上与小客车存在显著差别，即（1）中型车、大型车和汽车列车比小客车占用更多的道路行驶空间；（2）中型车、大型车和汽车列车的加速、减速和保持速度的能力低于小客车。因此，中型车、大型车和汽车列车会在交通流中占用更大的动态空间。在长距离的持续上坡路段，由于载重汽车、铰接列车的动力特性比小客车差，在上坡过程中速度降低，导致交通流中出现更大空隙。

5. 出入口影响

一级公路的出入口没有实行全部控制，存在路侧出入口与其他等级公路相交多为平面交叉，或偶尔设有信号控制，一级公路的交通流在运行过程中将受到出入口的横向干扰，降低运行速度，影响通行能力。

6. 路侧干扰影响

一级公路是根据需要控制进入车辆，导致非控制一级公路行人、自行车、摩托车、拖拉机等在路侧出现，在主线交通与辅路（硬路肩）没有采取物理分隔的条件下，这些交通方式对主线交通流的运行质量造成了影响。

7. 中央分隔带类型影响

采用双黄线作为中央分隔带的多车道公路，由于没有物理分隔，存在对向交通干扰，对向车辆将会使当前车道的车辆偏离车道中线甚至实施换车道，对通行能力产生影响。

8. 驾驶人总体特征影响

基准条件之一是驾驶人都是职业驾驶人且对道路比较熟悉，当驾驶人由职业和业余驾驶人组成，或者驾驶人的技术熟练程度、遵守交通法规的程度、高速公路驾驶经验、对所在高速公路的熟悉程度以及驾驶人健康状况与理想条件存在差别时，都将使交通流的速度降低，导致速度—流量关系曲线和通行能力发生变化。

以上是通行能力影响因素对通行能力造成的一般影响，各地区在缺乏当地的通行能力研究时，可采用本手册的推荐值考虑各影响因素的影响。但是，由于我国幅员辽阔，各地区经济发展水平不一致，所以各影响因素的影响可能因地而异，所以，在通行能力分析过程中最好对本手册的推荐值进行验证，然后再应用。

第二节　通行能力分析方法

一、通行能力分析方法流程

一级公路一般路段通行能力分析方法的流程如图 7-2 所示。如何应用这些步骤进行具体的交通规划、设计和运行状况分析，将在本章第三节中详细讨论。

从图 7-2 可以看到，一级公路一般路段通行能力分析是从基准条件下的自由流速度开始的，然后根据规划、设计或运营高速公路的实际条件，对自由流速度进行修正，得到实际条件下的自由流速度，从而得到实际条件下的通行能力值。同时，以观测交通流率为基础，通过交通流率修正，得到实际条件下的高峰小时流率。结合实际条件下的通行能力值和实际条件最大的高峰小时流率，进行高速公路基本路段的规划、设计和运行状况分析。

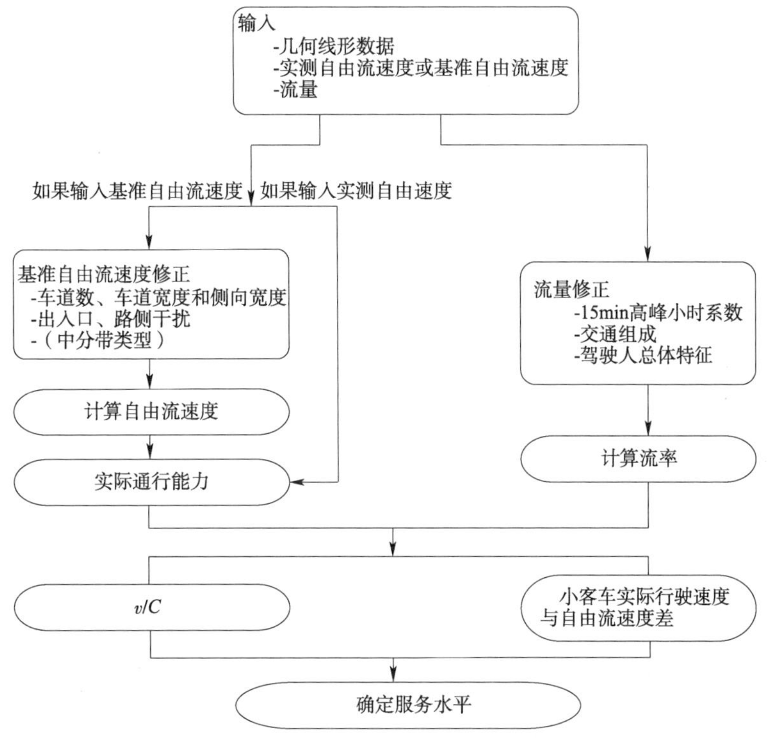

图 7-2　一级公路一般路段通行能力分析方法流程

二、计算参数与公式

1. 基本路段服务水平分级

与高速公路基本路段服务水平分级相似，一级公路一般路段采用 v/C 值来衡量拥挤程度，作为评价服务水平的主要指标，同时采用小客车实际行驶速度与自由流速度之差作为次要评价指标，从另一个角度来评估服务水平，服务水平评价用两个指标组合表达。

表 7-1 给出了 v/C 值划分标准，根据拥挤程度将服务水平分成一级～六级，从小客车实际行驶速度的角度又将各级服务水平分成 1～3 三等。

一级公路一般路段服务水平分级　　表 7-1

服务水平等级		分级指标	
		主要指标	次要指标
		v/C 值	小客车实际行驶速度与基准自由流速度差（km/h）
一	1	$v/C \leqslant 0.3$	≤10
	2		(10，20]
	3		>20
二	1	$0.3 < v/C \leqslant 0.5$	≤10
	2		(10，20]
	3		>20

续上表

服务水平等级		分级指标	
		主要指标	次要指标
		v/C 值	小客车实际行驶速度与基准自由流速度差（km/h）
三	1	$0.5<v/C\leqslant 0.7$	≤20
	2		(20，30]
	3		>30
四	1	$0.7<v/C\leqslant 0.9$	≤20
	2		(20，30]
	3		>30
五	1	$0.9<v/C\leqslant 1.0$	≤30
	2		(30，40]
	3		>40
六		$v/C>1.00$	

设计服务水平的选用应依据公路功能，结合地形条件、交通组成等综合确定。公路规划、设计既要保证公路服务与车辆运行质量，还有兼顾公路建设成本与效率。原则上具集散功能的一级公路采用四级服务水平进行规划设计，具干线功能的一级公路可采用三级服务水平进行规划设计。

2. 基准条件下的通行能力

一级公路一般路段的基准通行能力应根据自由流速度确定，具体取值见表 7-2。

不同基准自由流速度对应的基准通行能力值 表 7-2

基准自由流速度（km/h）	100	90	80
基准通行能力［pcu/(h · ln)］	2000	1900	1800

3. 实际道路条件对自由流速度的修正

按照式（7-1）计算实际道路条件对自由流速度的修正。

$$v_{FF}=v_{BFF}+\Delta v_N+\Delta v_{LW}+\Delta v_{LCR}+\Delta v_{LCL}+\Delta v_M+\Delta v_A+\Delta v_F \tag{7-1}$$

式中：v_{FF}——一级公路一般路段实际自由流速度（km/h）；

v_{BFF}——一般路段的基准自由流速度（km/h）；

Δv_N——车道数对基准自由流速度的修正值（km/h），按表 7-3 选取；

Δv_{LW}——车道宽度对基准自由流速度的修正值（km/h），可根据当地实测数据确定，或按表 7-4 选取；

Δv_{LCR}——右侧硬路肩宽度对基准自由流速度修正值（km/h），可根据当地实测数据确定，或按表 7-5 选取；

Δv_{LCL}——左侧路缘带宽度对基准自由流速度修正值（km/h），可根据当地实测数据确定，或按表 7-6 选取；

Δv_M——中央分隔带类型对基准自由流速度修正值（km/h），可根据当地实测数据确定，或按表 7-7 选取；

Δv_A ——出入口密度对基准自由流速度修正值（km/h），可根据当地实测数据确定，或按表 7-8 选取；

Δv_F ——路侧干扰对基准自由流速度修正值（km/h），可根据当地观测资料确定，或按表 7-9 选取。

1）车道数量对基准自由流速度的修正（表 7-3）

车道数量对基准自由流速度的修正　　表 7-3

车道数（单向）	基准自由流速度修正值 Δv_N（km/h）
≥3	0
2	-4.0

2）车道宽度对基准自由流速度的修正（表 7-4）

车道宽度对基准自由流速度的修正　　表 7-4

车道宽度（m）	基准自由流速度修正值 Δv_{LW}（km/h）
3.75	0
3.50	-3.0
3.25	-5.0

3）右侧硬路肩对基准自由流速度的修正（表 7-5）

右侧硬路肩对基准自由流速度的修正　　表 7-5

右侧硬路肩宽度（m）	基准自由流速度修正值 Δv_{LCR}（km/h）有/无侧分隔带	
	有	无
≥2.5	0	-1.0
2.0	0	-3.0
1.5	-1.0	-5.0
1.0	-3.0	-8.0
≤0.75	-5.0	-10.0

4）左侧路缘带和中央分隔带类型对基准自由流速度的修正（表 7-6）

左侧路缘带宽度对基准自由流速度的修正　　表 7-6

左侧路缘带宽度（m）	基准自由流速度修正值 Δv_{LCL}（km/h）
0.75	0
0.50	-1.0
0.25	-3.0

对于未设置物体隔离中央分隔带、仅施划标线的多车道公路，对向交通会产生相互影响，因此不进行左侧路缘带修正，而采用中分带类型对基准自由流速度进行修正按表 7-7 确定。

中央分隔带类型对基准自由流速度的修正 表 7-7

中央分隔带类型	基准自由流速度修正值 Δv_M（km/h）
有物体隔离	0
无物体隔离	-8.0

5）路侧出入口密度对基准自由流速度的修正

未全部控制出入的一级公路，存在路侧出入口，一级公路的交通流在运行过程中将受到出入口本身及其进出交通的干扰，降低运行速度，影响通行能力。路侧出入口密度对基准自由流速度的修正按表 7-8 确定。

路侧出入口密度对基准自由流速度修正 表 7-8

出入口密度（个/km）	基准自由流速度修正值 Δv_A（km/h）		
	100	90	80
[0.5，1.0)	-1.0	-1.0	-1.0
[1.0，2.5)	-2.0	-2.0	-2.0
[2.5，5.0)	-5.5	-5.0	-4.0
≥5.0	-10.0	-9.0	-7.5

6）路侧干扰对基准自由流速度的修正

未全部控制出入的一级公路，在主线交通与辅路（或硬路肩）没有采取物体隔离的条件下，行人、自行车、摩托车等路侧交通将降低主线交通的运行质量，采用路侧干扰等级对基准自由流速度进行修正，按表 7-9 确定。

路侧干扰对基准自由流速度的修正 表 7-9

路侧干扰等级	基准自由流速度修正值 Δv_F（km/h）		
	100	90	80
1	0	0	0
2	-2.0	-2.0	-1.5
3	-4.0	-3.5	-3.0
4	-8.0	-7.5	-6.5

路侧干扰等级可根据路侧干扰数计算得出。路侧干扰值 FRIC 表示的是每小时内观测断面内 200m 范围内发生的路侧干扰数。按照式（7-2）计算。

$$FRIC = a \times EEV + b \times PSV + c \times PED + d \times SMV + e \times TRA + f \times MOT \tag{7-2}$$

式中：FRIC——路侧干扰值；

EEV——分析路段中每 200m 范围内的支路进出主路的车辆数；

PSV——分析路段中每 200m 范围内的路侧停靠的机动车数量；

PED——分析路段中每 200m 范围内的路侧与横穿公路行人数；

SMV——每小时通过观测点的人力车、兽力车与自行车等非机动车数量（veh/h）；

TRA——每小时通过观测点的大、小拖拉机等慢车数量（veh/h）；

MOT——每小时通过观测点的摩托车数量（veh/h）；

a、b、c、d、e、f——各影响因素对路侧干扰等级的权重，其值见表7-10。

路侧干扰权重取值 表7-10

权重符号	a	b	c	d	e	f
建议值	0.17	0.16	0.13	0.15	0.19	0.20

公式中的每一项干扰都指的是在观测时段内实际出现的频数转换成小时数量，将各路侧干扰值代入式（7-2）中，便可得出该路段的路侧干扰值FRIC。路侧干扰等级根据计算得出的路侧干扰值按表7-11确定。为简化计算和使用上的方便，同时也满足数据不够详尽时的分析需要，表7-11还给出了路侧干扰等级定性分级的典型状况描述。

一级公路路侧干扰等级分级表 表7-11

路侧干扰等级	路侧干扰值FRIC	典型状况描述
1	(0，10]	两侧为农田或山体峡谷等道路、交通状况基本符合基准条件
2	(10，20]	有稀落的农舍，偶有行人、非机动车、机动车出入
3	(20，45]	有少量行人、非机动车、机动车出入，有加油站、小店铺等
4	>45	路侧街道化严重，存在居民区，商业中心等，出入行人和车辆较多

目前，非控制出入公路上人力车、兽力车、自行车与摩托车的数量日益减少，因此，在一级公路通行能力分析中，将人力车、兽力车、自行车等非机动车和摩托车作为路侧干扰因素来考虑。另外，拖拉机运输也有被汽车代替的趋势。当拖拉机观测数量每小时流率小于10辆时，也将这部分慢速车辆作为一项路侧干扰因素。

4. 服务交通量

按照式（7-3）计算实际公路、交通条件对最大服务交通量的修正。

$$SF_i = MSF_i \times f_{HV} \times f_p \times N \tag{7-3}$$

式中：SF_i——实际公路、交通条件下，i级服务水平对应的单方向N条车道的服务交通量（veh/h）；

MSF_i——基准条件下，i级服务水平对应的单车道最大服务交通量[pcu/(h·ln)]（五级服务水平对应的服务交通量就是基准通行能力）；

f_{HV}——交通组成修正系数，见式（3-3）；

f_p——驾驶人总体特性修正系数；

N——一级公路单向车道数。

1）交通组成修正系数

交通组成对通行能力的修正通过交通流中非标准车型的比例和车辆折算系数计算，修正系数用f_{HV}表示，取值按式（3-3）计算，车辆折算系数取值按照表3-5规定。表3-5所列的车辆折算系数只适用于平原区坡度小于2%的路段，对于特定纵坡路段的通行能力分析可参照高速公路特定纵坡路段的方法。

当未设置慢车道侧分隔的一级公路，交通流中占有一定比例的拖拉机时，其行驶性能上与小客车存在显著差别，会在交通流中占用更大的动态空间，将折算系数定为4.0。

2）驾驶人总体特征修正系数

驾驶人总体特征对通行能力的影响，用修正系数f_p表示。驾驶人总体特征影响修正系数的使用应该非常谨慎，可以通过调查工作日和休息日的交通流率和速度来确定该修正系数取值；或通过专家对道路、交通状况的综合分析，提出合理的修正系数，如通常情况下驾驶人总体特征影响修正系数可取1，当分析有旅游功能的一级公路时，f_p可取0.90。

第三节　通行能力分析步骤

一、运行状况分析

1. 数据要求

进行一级公路一般路段运行状况分析所需资料如下：

（1）高峰小时交通量，或者其他规定时间内的小时交通量；

（2）交通特性，包括交通组成即汽车列车以及大、中、小型车以及拖拉机所占的百分比，15min高峰小时系数以及驾驶人总体特征。

（3）道路特性，包括车道数，车道宽度，侧向宽度，中分带类型，出入口密度，路侧干扰，设计速度和纵坡坡度等。

2. 划分分析路段

在运行状况分析之前，应把一级公路划分成具有统一特性的路段，即各路段的上述各项数据是常数；如果某一项数据发生变化，则需要划分为另外一段进行分析。通常将平面交叉作为分段点，因为该点的交通量会发生变化。

3. 运行状况分析步骤

运行状况分析是在式（7-1）和式（7-3）的基础上进行的，详细的分析步骤如图7-3所示。

运行状况分析步骤说明如下。

（1）明确已知条件：包括车道数、车道宽度、侧向净空（中分带类型）、自由流速度、纵坡坡度、观测交通量、交通组成、15min高峰小时系数以及驾驶人总体特征等；

（2）计算实际通行能力C_r：

①根据分析路段的实测速度数据计算小客车实际自由流速度，或者根据基准条件下的设计速度，按照式（7-1），查表7-3～表7-9，计算实际条件下的自由流速度v_{FF}。

②根据实际条件下的自由流速度v_{FF}，查表7-2，通过内插计算实际自由流速度对应的实际通行能力C_r。

（3）计算实际条件下每车道的最大服务交通量：

①实测的单方向小时交通量Q通过15min高峰小时系数PHF_{15}（表3-6）折算成为15min高峰小时交通流率SF，参照公式（3-4）。

②根据式（3-5）计算实际公路、交通条件下的最大服务交通量MSF_d。

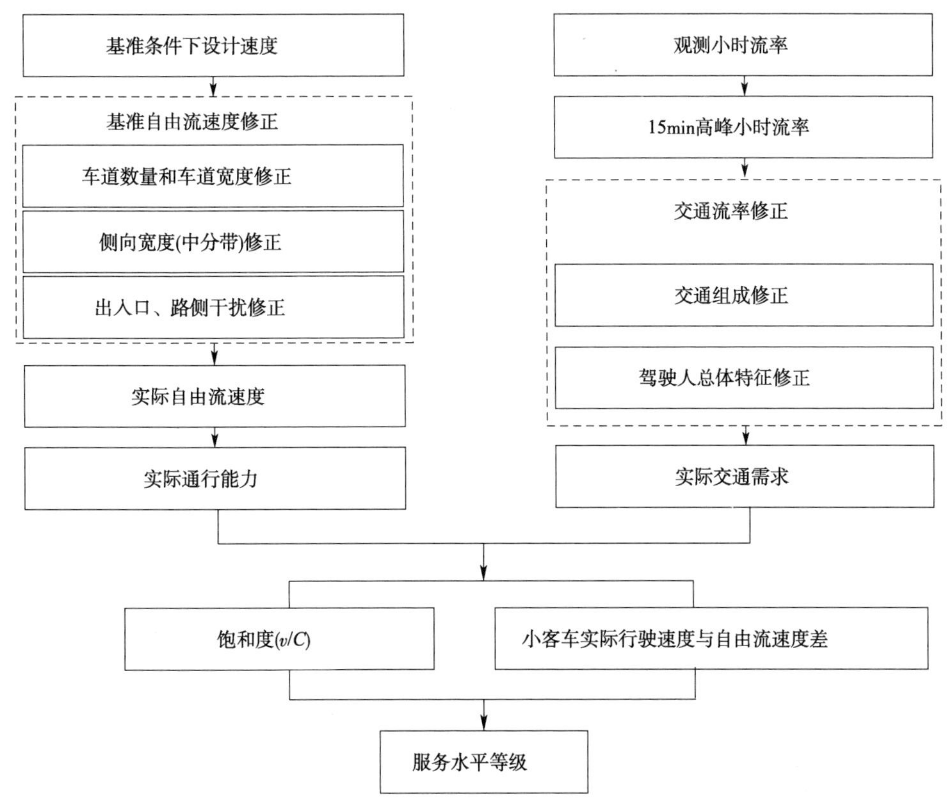

图 7-3　一级公路一般路段运行状况分析步骤

（4）运行状况分析：

①计算饱和度，根据计算得到的单车道实际最大服务交通量 MSF_d 和实际条件下的通行能力 C_r，按照式（3-6）计算饱和度 v/C。

②计算速度差，根据分析路段的实测速度数据计算小客车实际行驶速度和自由流速度，并计算两者差值。

③确定服务水平等级，根据计算得到的饱和度，以及小客车实际行驶速度和自由流速度的差值，对应表 7-1 确定分析路段的服务水平等级。

二、设计和规划分析

1. 数据需求

设计分析需要的资料主要涉及预测的定向设计小时交通量及其交通流特性描述方面的数据。同时，还需要事先假设设计速度、车道宽度和侧向净空等规划和设计数据。如果需要对设计方案进行详细的运行状况分析，则还需要假设道路平、纵线形的有关资料。通常进行设计分析所需的数据如下：

（1）在考虑分析路段地形条件的基础上，假设车道宽度、侧向宽度和设计速度等设计的几何线形数据；

（2）预测设计年限的年平均日交通量 AADT；

（3）假设交通流特性，如交通流组成：汽车列车以及大、中、小型车以及拖拉机组成比例，15min 高峰小时系数以及驾驶人总体特征。

相比之下，规划分析的数据要求相对较粗，通常需要如下数据：

（1）预测设计年限的年平均日交通量 AADT；

（2）预测汽车列车以及大、中型车以及拖拉机在交通中所占百分比；

（3）规划路段的地形分类。

2. 划分分析路段

与运行状况分析一样，分析之前应把一级公路划分成具有统一特性的路段。

3. 设计和规划分析步骤

设计分析也是在式(7-1)和式(7-3)的基础上进行的，详细的分析步骤如图 7-4 所示。

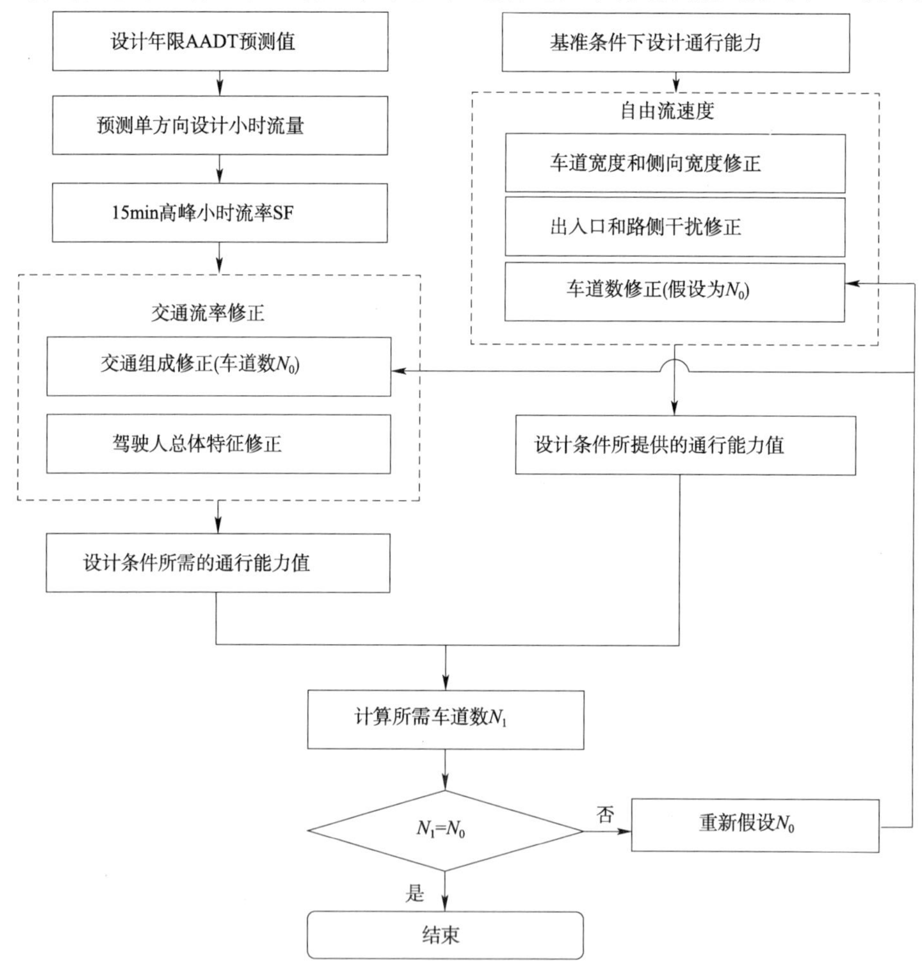

图 7-4　一级公路一般路段设计分析步骤

由于设计分析要求更细致，因此以下按设计分析步骤进行说明，而对规划分析中不一样的地方进行相应的补充说明。

（1）明确已知条件：设计年限的年平均日交通量 AADT、规划路段地形条件，假设车道宽度、侧向宽度、中分带类型、设计速度、纵坡坡度以及交通组成、15min 高峰小时系数以及驾驶人总体特征等。

（2）计算规划、设计条件所需的最大服务交通量：

①将设计年限的年平均日交通量按照式（3-7）换算成为单方向设计小时交通量。

②将预测的单方向设计小时交通量 DDHV 通过 15min 高峰小时系数 PHF_{15} 折算成为 15min 高峰小时交通量 SF（式 3-8）。

③根据式（3-9）计算设计道路和假设交通条件所需的最大服务交通量 MSF_d。

规划分析时，由于规划资料内容有限，所以，只能根据通常的交通组成资料进行交通组成影响的修正，而认为车道宽度和驾驶人特征均为理想条件。

（3）计算规划、设计条件单车道通行能力：

①一级公路一般路段设计速度与基准自由流速度关系可根据表 7-12 确定。

一级公路一般路段设计速度与基准自由流速度对应关系　　表 7-12

设计速度（km/h）	100	80	60
基准自由流速度（km/h）	100	90	80

②一级公路一般路段在不同服务水平、不同自由流速度对应的单车道的设计通行能力取值见表 7-13。

一级公路一般路段基准条件下每条车道设计通行能力　　表 7-13

自由流速度（km/h）		100	90	80
设计通行能力［pcu/(h·ln)］	三级	1400	1250	1100
	四级	1800	1600	1450

③根据设计速度查表 7-12 确定基准自由流速度，再按照式（7-1），查表 7-3 ~ 表 7-9，计算实际条件下的自由流速度 v_{FF}。

④根据实际条件下的自由流速度 v_{FF}，查表 7-13，通过内插计算实际自由流速度对应的设计通行能力 C_d。

（4）根据计算得到设计路段所需的最大服务交通量 MSF_d 和设计条件下单车道所能提供的最大服务交通量 C_d，按照式（3-10）计算设计路段所需车道数。

（5）最后计算出的车道数通常不是整数，最简单的处理办法是向上取整；也可以综合考虑经济因素和其他方面的问题，重新选择设计通行能力，再次计算后再取整，但无论如何取整，都应通过运营阶段通行能力分析方法审查其运行情况，以便做出最后的决策。如果取整后得到的 $N_1 = N_0$，则表示分析结束；如果 $N_1 \neq N_0$，则应重新假设 N_0 来确定交通组成的影响 f_{HV} 和实际自由流速度 v_{FF}，进而重新得出 N_1，直至 $N_1 = N_0$ 为止。另外，由于道路几何特征及交通条件的变化，可能使相邻两段一级公路路段上所需的车道数不一致，甚至在同一路段上两个方向（尤其是在特定纵坡路段）的计算车道数值也不相等，关于这一点，应该从一级公路系统的一致性、连续性需求方面进行考虑，综合其他因素做出最终决策。

（6）在规划分析中，由于规划分析结果是根据一般规划资料得到的，而这些资料将随着一级公路从规划阶段进入设计阶段而有所变化。因此，规划分析的结果不能直接作为设计结果使用；而且，设计分析也不应拘于规划分析的结果。

第四节 算 例

一、算例1——一般路段的运行状况分析

已知 现以实测的我国中部平原地区的4车道一级公路路段为例，按照交通运行状况分析步骤进行评价。实地勘察资料如下：

（1）单方向观测到的高峰小时交通量为750veh/h；

（2）交通组成：小型车比例70%，中型车比例10%，大型车比例8%，汽车列车比例12%，拖拉机小于10veh/h；驾驶人多为职业驾驶人，比较熟悉分析路段；

（3）道路条件：平原地区的双向4车道一级公路，行车道宽度为2×3.5m，右侧硬路肩宽度2.5m、无侧分隔带，中央分隔带未设置物体隔离、仅施画双黄线，设计速度为80km/h，纵坡坡度<2%，沥青混凝土路面，路侧出入口密度为2.0个/km，路侧干扰等级3级。

问题 分析该路段的高峰小时服务水平、运行速度和交通流密度。

分析 按照图7-3描述的运行状况分析步骤进行求解。

1）计算实际通行能力

（1）已知单方向的车道数为2，查表7-3，得 $\Delta v_N=-4.0$km/h；由行车道宽度为2×3.5m，查表7-4，得 $\Delta v_{LW}=-3.0$km/h；右侧硬路肩宽度2.5m，无侧分隔带，查表7-5，得 $\Delta v_{LCR}=-1.0$km/h；中央分隔带未设置物体隔离、仅施画双黄线，查表7-7，得 $\Delta v_M=-8.0$km/h；路侧出入口密度为2.0个/km，查表7-8，得 $\Delta v_A=-2.0$km/h；路侧干扰等级3级，查表7-9，得 $\Delta v_F=-3.5$km/h，则实际自由流速度 $v_{FF}=v_{BFF}+\Delta v_N+\Delta v_{LW}+\Delta v_{LCR}+\Delta v_{LCL}+\Delta v_M+\Delta v_A+\Delta v_F=90-4.0-3.0-1.0-8.0-2.0-3.5=68.5$（km/h）。

（2）根据实际自由流速度68.5km/h，查表7-2，则实际自由流速度对应的实际通行能力为：

$$C_r=1685\text{pcu/(h·ln)}$$

2）计算实际条件下每车道最大服务交通量

（1）由已知条件，实际的高峰小时交通量SF=750veh/h。

（2）根据式（3-5）计算实际道路、交通条件下的最大交通量 MSF_d。由于纵坡坡度<2%，且单车道高峰小时交通量小于800veh/(h·ln)，查表3-5，取中型车的车辆折算系数为2.0，大型车的车辆折算系数为3.0，汽车列车的车辆折算系数为5.0；由于驾驶人多为职业驾驶人，且熟悉分析路段，则 f_p 取1.00；

由交通组成中，中型车比例10%，大型车比例8%，汽车列车比例12%，则：

$$f_{HV}=\frac{1}{1+\sum p_i(E_i-1)}=\frac{1}{1+[0.1\times(2.0-1)+0.08\times(3.0-1)+0.12\times(5.0-1)]}=0.575$$

而

$$\text{MSF}_d=\frac{\text{SF}}{f_{HV}\times f_p\times N}=\frac{750}{0.575\times1.0\times2}=652\ [\text{pcu/(h·ln)}]$$

3）运行状况分析

（1）由于单车道实际最大交通量 MSF_d 为 652pcu/(h · ln)，实际条件下的通行能力 C_r 为 1695pcu/(h · ln)，则饱和度：

$$v/C = MSF_d/C_r = 652/1685 = 0.387$$

（2）分析路段小客车实际行驶速度为 70km/h，小客车自由流速度为 90km/h，两者差值为 20km/h。

4）确定服务水平等级

根据计算得到的饱和度，以及小客车实际行驶速度和自由流速度的差值，对应表 7-1 确定分析路段的服务水平等级为二（2）级，高峰时段未超过设计服务水平。

二、算例 2——一般路段的规划分析

已知　现欲在华东地区城市间新建一条一级道公路，规划资料如下：

（1）规划预测 2035 年平均日交通量为 15000veh/d，交通组成为小型车占 65%，中型车占 10%，大型车占 15%，汽车列车 10%，无拖拉机。

（2）规划路段的地形为平原微丘，设计速度为 100km/h，平均出入口密度 0.5 个/km，路侧干扰等级 1 级，无侧分隔带。

问题　按照具干线功能的一级公路设计服务水平，应该将该路规划成为几车道的一级公路?

分析

1）计算规划、设计条件所需的最大服务交通量

（1）将设计年限的年平均日交通量 AADT 按照式（3-7）换算成为单方向设计小时交通量 DDHV。由于规划路段地处华东地区的城市之间，查表 3-7 取设计小时交通量系数 K 为 12.5；假设两个方向交通量无明显差异，取方向不均匀系数 D 为 0.5；则：

$$DDHV = AADT \times K \times D = 15000 \times 0.125 \times 0.5 = 938 \ (veh/h)$$

（2）将预测的单方向设计小时交通量 DDHV 通过 15min 高峰小时系数 PHF_{15} 折算成为 15min 高峰小时交通量 SF。查表 3-6，得到华东地区的 15min 高峰小时系数 PHF_{15} 为 0.924，则：

$$SF = DDHV/PHF_{15} = 938/0.924 = 1015 \ (veh/h)$$

（3）假设纵坡坡度小于 2%，由于设计小时交通量为 1015veh/h，假设单向 2 车道，则单车道的流量在 800veh/h 以下，查表 3-5，取中型车的车辆折算系数为 1.5，大型车的车辆折算系数为 2.5，汽车列车的车辆折算系数为 4.0；由于驾驶人多为职业驾驶人，且熟悉分析路段，则 f_p 取 1.00；

由交通组成，小客车 65%，中型车 10%，大型车 15%，汽车列车 10%，则：

$$f_{HV} = \frac{1}{1 + \sum p_i(E_i - 1)}$$

$$= \frac{1}{1 + [0.10 \times (1.5 - 1) + 0.15 \times (2.5 - 1) + 0.1 \times (4.0 - 1)]} = 0.635$$

（4）根据式（3-9）计算设计道路和假设交通条件所需的最大服务交通量 MSF_d。

$$MSF_d = \frac{SF}{f_{HV} \times f_p} = \frac{1015}{0.635 \times 1.0} = 1598 \text{ (pcu)}$$

2）计算规划、设计条件所提供的最大服务交通量

（1）假设平原微丘区一级公路的设计速度为100km/h，进行双向4车道设计，车道宽度和侧向宽度按照基准条件设计，由式（7-1），查表7-3～表7-9，计算实际自由流速度，即：

$$v_{FF} = v_{BFF} + \Delta v_N + \Delta v_{LW} + \Delta v_{LCR} + \Delta v_{LCL} + \Delta v_M + \Delta v_A + \Delta v_F$$
$$= 100 - 4.0 + (-1.0) + 0 - 1.0 + 0 = 94 \text{ (km/h)}$$

（2）根据实际自由流速度，查表7-13，干线功能的一级公路通常取三级服务水平对应的最大服务交通量MSF为设计通行能力，得到设计条件所提供的最大服务交通量为：

$$C_d = 1310 \text{ [pcu/(h·ln)]}$$

3）计算车道数

根据计算得到设计路段所需的最大服务交通量 MSF_d 和设计条件下单车道所能提供的通行能力 C_d，按照式（3-10）计算设计路段所需车道数。

$$N = MSF_d / MSF = 1598/1310 = 1.22$$

4）确定车道数

由于车道数不能是小数，通过向上取整方法，所需的最少设计车道数为单向2车道，即双向4车道。

第八章　二级公路、三级公路

第一节　引　　言

二级公路、三级公路是我国公路网中最普遍的一种公路形式，是供车辆分向、分车道行驶，行车道数量为 2 的公路。由于我国地形条件复杂，因地形、地物不同而使二级公路、三级公路的基本横断面形式存在较大差异。

由于混合交通以及公路几何构造、双车道驾驶行为等因素都影响交通运行条件以及运行方式，并由此影响通行能力和服务水平。设置平面交叉的二级公路、三级公路，交叉口处因转向交通流运行不同于路段，因此二级公路、三级公路通行能力分析，针对的是具有连续流特征的路段，而平面交叉处的通行能力分析则无信号交叉口、环形交叉口、信号交叉口的方法。对于设置慢车道、仅施画标线的多车道二级公路，不同方向行驶的车辆会存在一定的干扰，影响交通运行，但单方向的运行特性与一级公路相似，其通行能力可采用一级公路的方法。

二级公路、三级公路一般路段上，汽车超车时，必须进入对向车道行驶若干距离后，回到本向车道，才能完成超车过程。因此，二级公路、三级公路的两个方向中任何一个方向的交通流运行都受到对向交通的制约，故一般路段不能仅对单个方向进行通行能力、服务水平进行分析、评价。

由于二级公路、三级公路特定纵坡上坡路段中，中型车、大型车和汽车列车的车辆换算系数较大，导致当量交通量增大；二级公路、三级公路设置有禁止超车区，特定纵坡上坡路段大型车、汽车列车比例较高时，因其爬坡能力较其他车型差，在该路段行驶极易造成后车被动跟驰，因此该路段成为基本路段上运行质量较差甚至最差的部分。其次，不同于一般路段，该路段上坡方向的交通流中跟驰车辆超车需求更强烈，其受对向交通流影响也更显著；特别是当特定上坡路段的设计小时交通量超过其同向车道的设计通行能力时，还需要设置爬坡车道。因此，需要对特定纵坡上坡路段单独分方向进行通行能力和服务水平的分析与评价。

一、名词术语

1. 延误率

车辆在行驶过程中因不能超越前方慢车而必须跟驰的车辆数占全部车辆数的比例，通常将其定义为车头时距小于或等于 5s 的车辆数所占全部车辆数的百分比。

2. 行驶速度

反映车辆在二级公路、三级公路行驶的机动性，将该值定义为路段长度除以车辆经过该路段所花的平均行驶时间。“行驶时间”只包括车辆在行驶中所花费的时间，不包括停车延误时间，单位是 km/h。

二、理想条件下的二级公路、三级公路交通流特性

二级公路、三级公路是我国公路网中最普遍的一种公路形式。由于在二级公路、三级公路上行驶车辆的超车行为必须在对向车道上完成，因此，车辆只有在对向车道有足够的超车视距时才能有变换车道和超车的可能，否则，只能继续保持被动跟驰行驶的状态。另外，由于我国机动车性能差别显著，超车需求经常出现，且随着交通量的增加而增加。所以，二级公路、三级公路上的交通流一个方向上的正常车流会受另一个方向上的车流影响，这与其他非间断交通流是不同的，表现出独有的交通流特性。

因为我国道路交通状况复杂，即使是同一等级的公路，也因地形、地物的不同而千差万别，所以必须为各类公路确定一个基准条件，以作为通行能力分析比较的基础。结合《公路工程技术标准》的规定，确定二级公路、三级公路路段的公路基准条件是指双向两车道；车道宽 3.75m；硬路肩宽 1.5m；平原地形，纵坡小于 3%，线形良好；路侧干扰等级为 1 级。交通基准条件是指交通组成是 100% 的小客车；禁止超车路段比例小于 30%；交通流方向分布比例为 50/50；驾驶人都是职业驾驶人且对道路比较熟悉。其他基准条件还包括天气状况良好；无交通管制；无交通事故等突发情况等。

由于二级公路、三级公路中超车行为必须在对向车道上完成，且公路中运行的机动车性能差别显著，因此，从实际观测数据可以发现：速度是反映交通流变化较敏感的一个参数，随着流量的增加，交通流速度明显减小，其速度——流量曲线呈现下凹趋势，这一点明显区别于其他类型公路的速度——流量曲线。

三、通行能力影响因素

二级公路、三级公路的通行能力与其他类型公路的通行能力一样，受到多种因素的影响，包括路面宽度、交通组成、路侧干扰、地形条件。其中，由于二级公路、三级公路没有实施横、纵向干扰的隔离，且单方向交通流的行车道仅 1 条，因此，横向干扰因素成为二级公路、三级公路通行能力的重要影响因素。

1. 车道宽度、硬路肩宽度和侧向净空宽度的影响

根据全国各典型地区观测的车道宽度、硬路肩宽度和侧向净空宽度对速度的影响。对于设计速度在 60km/h 以下的二级公路、三级公路，大多没有硬路肩，只有土路肩；车道宽度和硬路肩对车辆自由流速度的影响是综合的，二者共同对车辆速度起作用。侧向净空宽度指的是路面边缘外侧至路侧障碍物之间的距离。路侧障碍物指的是可能对行驶车辆造成危险的凸起物或深沟，如山体、树木、峡谷等。土路肩不能行车，因此将土路肩归并到侧向净空内。另外，非常平缓的边沟（坡度小于 1:6）可以保证失控车辆能够重新返回主路，对车辆不会造成威胁，所以也包含在侧向净空范围内。

2. 交通组成的影响

在二级公路、三级公路上，交通组成与多车道公路一样复杂，本手册中分为小客车、中型车、大型车、汽车列车、拖拉机和摩托车进行交通组成的分析。由于不同道路、交通条件下，不同车型对通行能力的影响有所不同，因此，在实际应用中，一般路段的车辆折算系数是按照基准自由流速度、交通流量水平分别给出的，特定纵坡路段则是根据纵坡坡度、坡长及上坡方向交通流率给定的。

3. 路侧干扰的影响

影响一般公路通行能力的因素很多，尤其是混合交通条件下，影响因素远比国外的交通情况复杂。在二级公路、三级公路上，路侧干扰是影响自由流速度的一个重要因素。侧干扰包括路侧行人、横穿公路的路人、非机动车、支路出入的车辆等。这里没有提到“街道化程度”，主要考虑到街道化程度对交通流的影响最终是通过行人、非机动车、路侧停车等方式来体现，如果再单独列出街道化程度一项，路可能会造成冲突因素的重复计列，另外，在相同或近似的街道化程度的区段内，不同的时间区间会出现较大差别的冲突强度，这也会给通行能力分析者带来混淆，所以这里不再考虑街道化程度的影响。在没有控制进入的一般公路上，路侧干扰主要取决于公路通过街道或村镇长度、街道或村镇的繁忙程度、各种支路进入主路的交通和行人与骑车人的多少以及路侧停车数量等。

4. 地形条件的影响

通过实际观测，可以得到将路面宽度、路侧干扰调整到标准二级路上的自由流速度，由此得到自由流速度与实际地形条件等级之间的对应关系，如图 8-1 所示。地形条件主要影响交通流的自由流速度，其不同等级的影响大约为 5km/h，即平原区的自由流速度分别比丘陵和山岭区高 5km/h 和 10km/h。

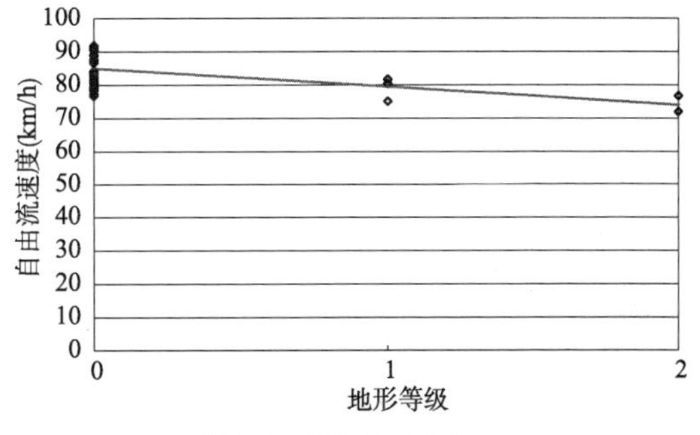

图 8-1　地形条件影响

注：图中地形等级 0 表示平原区，地形等级 1 表示山岭区，地形等级 2 表示重丘区。

第二节　通行能力分析方法

一、通行能力分析方法流程

二级公路、三级公路通行能力分析方法是从其基准通行能力出发的。根据实际或规划、设计道路、交通条件与基准条件的差别，计算实际通行能力及其相应的服务水平。二级公路、三级公路通行能力分析的流程如图 8-2 所示，该方法的主要输出结果为服务水平。如何应用这些步骤进行具体的交通规划、设计和运行状况分析，将在本章第三节中详细讨论。

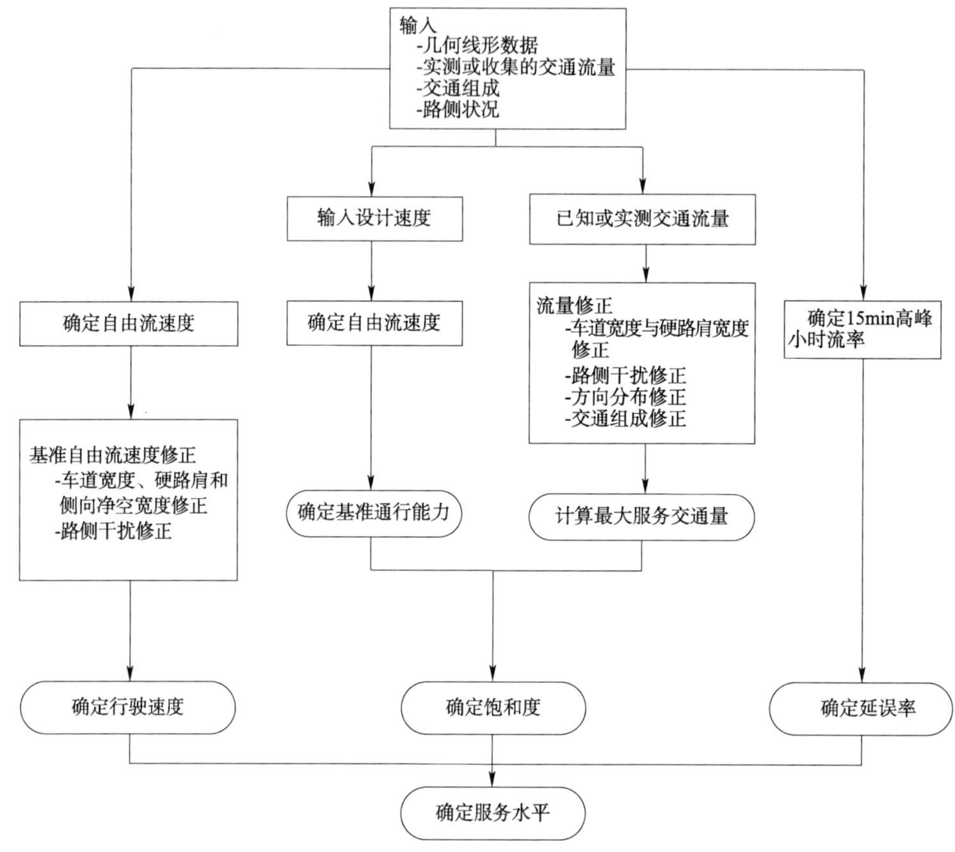

图 8-2　二级公路、三级公路通行能力分析流程图

二、计算参数与公式

1. 二级公路、三级公路路段服务水平分级

由于二级公路和三级公路在担负的功能上有所区别，因此，在建立评价其服务水平评价指标体系时也就有所不同。二级公路是城市间的主要连接道路，或者是连接高速公路的主要道路，其使用者追求一定的机动性，因此，其服务水平评价指标是饱和度、行驶速度和延误率。三级公路主要连接小城镇，或作为农村道路，主要解决的是通达性的问题，因此，其使用者并不强调快速，服务水平指标就不采用行驶速度，而仅采用饱和度和延误率。具体的取值见表 8-1。

在兼顾节省建设经费和高效运营原则的基础上，二级公路、三级公路在设计过程中通常采用三级服务水平作为设计服务水平。

2. 基准条件下的通行能力

二级公路、三级公路路段的基准通行能力应根据基准自由流速度确定，具体取值见表 8-2。

二级公路、三级公路服务水平分级

表 8-1

服务水平	延误率(%)	基准自由流速度(km/h)										
		90				70				≤50		
		行驶速度(km/h)	v/C			行驶速度(km/h)	v/C			v/C		
			禁止超车路段比例(%)				禁止超车路段比例(%)			禁止超车路段比例(%)		
			<30	[30,70)	≥70		<30	[30,70)	≥70	<30	[30,70)	≥70
一	≤35	≥85	0. 15	0. 13	0. 12	≥65	0. 15	0. 13	0. 11	0. 14	0. 12	0. 10
二	(35,50]	(85,75]	0. 27	0. 24	0. 22	(65,60]	0. 26	0. 22	0. 20	0. 25	0. 19	0. 15
三	(50,65]	(75,65]	0. 40	0. 34	0. 31	(60,55]	0. 38	0. 32	0. 28	0. 37	0. 25	0. 20
四	(65,80]	(65,55]	0. 64	0. 60	0. 57	(55,50]	0. 58	0. 48	0. 43	0. 54	0. 42	0. 35
五	(80,90]	(55,50]	接近 1. 00	接近 1. 00	接近 1. 00	(50,45]	接近 1. 00	接近 1. 00	接近 1. 00	接近 1. 00	接近 1. 00	接近 1. 00
六	>90	<50	≥1. 00	≥1. 00	≥1. 00	<45	≥1. 00	≥1. 00	≥1. 00	≥1. 00	≥1. 00	≥1. 00

不同基准自由流速度对应的基准通行能力值　　表 8-2

基准自由流速度（km/h）	90	70	≤50
基准通行能力（pcu/h）	2800	2500	2400

设计速度与基准自由流速度关系应按表 8-3 确定。

设计速度与基准自由流速度对应关系　　表 8-3

设计速度（km/h）	80	60	≤40
基准自由流速度（km/h）	90	70	≤50

3. 二级公路、三级公路的通行能力的修正

按照式（8-1）计算实际条件下的通行能力值。

$$C_r = C_0 \times f_W \times f_D \times f_F \tag{8-1}$$

式中：C_r ——实际条件下的通行能力值（pcu/h）；

C_0 ——不同基准自由流速度的基准通行能力值（pcu/h），按表 8-2 确定；

f_W ——车道宽度和硬路肩宽度对通行能力的修正系数，按表 8-4 确定；

f_D ——方向分布对通行能力的修正系数，按表 8-5 确定；

f_F ——路侧干扰对通行能力的修正系数，按表 8-6 确定。

车道宽度与硬路肩宽度修正系数　　表 8-4

硬路肩宽度（m）	0.25	0.75	0.75	1.5
车道宽度（m）	3.5		3.75	
修正系数 f_W	0.75	0.85	0.89	1.00

方向分布修正系数　　表 8-5

方向分布比	50/50	60/40	70/30	80/20	90/10
修正系数 f_D	1.00	0.92	0.85	0.82	0.73

路侧干扰修正系数　　表 8-6

路侧干扰等级	1	2	3	4
修正系数 f_F	1.00	0.94	0.89	0.79

路侧干扰等级可根据路侧干扰数计算得出。路侧干扰值 FRIC 表示的是每小时内观测断面内 200m 范围内发生的路侧干扰数。公式中的每一项干扰都指的是在观测时段内实际出现的频数转换成小时数量，将各路侧干扰值代入式（8-2）中，便可得出该路段的 FRIC。

$$\mathrm{FRIC} = a \times \mathrm{EEV} + b \times \mathrm{PSV} + c \times \mathrm{PED} + d \times \mathrm{SMV} + e \times \mathrm{TRA} + f \times \mathrm{MOT} \tag{8-2}$$

式中：　FRIC——路侧干扰值；

EEV——分析路段中每 200m 范围内的支路进出主路的车辆数；

PSV——分析路段中每 200m 范围内的路侧停靠的机动车数量；

PED——分析路段中每 200m 范围内的路侧与横穿公路行人数；

SMV——每小时通过观测点的人力车、兽力车与自行车等非机动车数量（veh/h）；

TRA——每小时通过观测点的大、小拖拉机等慢车数量（veh/h）；

MOT——每小时通过观测点的摩托车数量（veh/h）；

a、b、c、d、e、f——各影响因素对路侧干扰等级的权重，其值如表 8-7 所示。

路侧干扰权重取值　　表 8-7

权重符号	a	b	c	d	e	f
建议值	0.17	0.16	0.13	0.15	0.19	0.20

路侧干扰等级根据计算得出的路侧干扰值按表 8-8 确定。为简化计算和使用上的方便，同时也满足数据不够详尽时的分析需要，表 8-8 还给出了路侧干扰等级定性分级的典型状况描述。

二级公路、三级公路路侧干扰等级分级表　　表 8-8

路侧干扰等级	路侧干扰值 FRIC	典型状况描述
1	(0，50]	两侧为农田或山体峡谷等道路、交通状况基本符合基准条件
2	(50，100]	有稀落的农舍，偶有行人、非机动车、机动车出入
3	(100，150]	有少量行人、非机动车、机动车出入，有加油站、小店铺等
4	>150	路侧街道化严重，存在居民区、商业中心等，出入行人和车辆较多

目前，非控制出入公路上人力车、兽力车、自行车与摩托车的数量逐渐减少，因此，在二级公路、三级公路通行能力分析中，将人力车、兽力车、自行车等非机动车和摩托车作为路侧干扰因素来考虑。另外，拖拉机运输也有被汽车代替的趋势。当拖拉机观测数量每小时流率小于 10 辆时，也将这部分慢速车辆作为一项路侧干扰因素。

4. 交通组成修正系数

$$f_{HV} = \frac{1}{1 + \sum P_i(E_i - 1)} \tag{8-3}$$

式中：P_i——车型 i 的交通量占总交通量的百分比；

E_i——车型 i 的车辆折算系数，按表 8-9 取值，二级公路、三级公路中车型 i 包括中型车、大型车、汽车列车、拖拉机和摩托车。

二级公路、三级公路通行能力分析车辆折算系数　　表 8-9

车型	交通量 (veh/h)	基准自由流速度（km/h）		
		90	70	≤50
中型车	≤400	2	2	2.5
	(400，900]	2	2.5	3
	(900，1400]	2	2.5	3
	>1400	2	2	2.5

续上表

车　型	交　通　量 (veh/h)	基准自由流速度（km/h）		
		90	70	≤50
大型车	≤400	2.5	2.5	3
	(400，900]	2.5	3	4
	(900，1400]	3	3.5	4
	>1400	2.5	3.5	3.5
汽车列车	≤400	2.5	2.5	3
	(400，900]	3	3.5	5
	(900，1400]	4	5	6
	>1400	3.5	4.5	5.5
拖拉机	4			
摩托车	0.5			

实际上，车辆折算系数的影响因素非常多，如交通量的大小、纵坡坡度和坡长、自由流速度、车辆性能等。表8-9所列的车辆折算系数只适用于坡度小于3%的路段，对于特定纵坡路段的通行能力分析则应该采用特殊的方法，详见本章第三节特定纵坡路段分析内容。

第三节　通行能力分析步骤

二级公路、三级公路的通行能力分析同样分为运行状况分析和规划、设计分析两个层次。

一、运行状况分析

运营阶段通行能力分析应根据交通量确定服务水平。

1. 数据要求

进行二级公路、三级公路运行状况分析所需资料如下：

（1）高峰小时交通量，或者观测小时交通量及高峰小时系数；

（2）交通特性，包括交通组成即大、中型车、汽车列车、拖拉机及摩托车所占的百分比，路侧干扰，街道化程度，交通量方向分布情况等；

（3）道路特性，包括分析路段长度，车道宽度、路肩宽度及其他几何线形数据等。

2. 划分分析路段

运行状况分析是针对具有统一特性的二级公路、三级公路进行的，即上述各项数据基本类似；如果某一项数据发生明显变化，则需要划分为另外一段进行分析。需要注意的是，在纵坡坡度大于或等于3%的路段上，两个方向中的交通流状况存在明显的差别。但是，由于二级公路、三级公路双向的交通流又存在显著的相互影响，因此，仍然将两个方向的交通流结合起来分析，而不是分方向来进行处理的。

3. 运行状况分析步骤

二级公路、三级公路的运行状况分析步骤如图 8-3 所示。

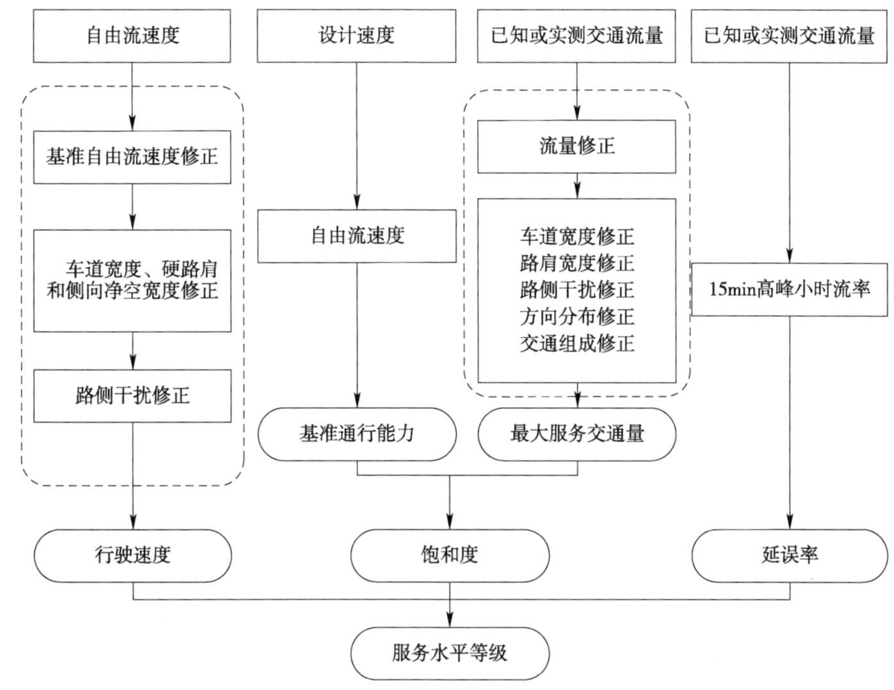

图 8-3　二级公路、三级公路运行状况分析步骤

运行状况分析步骤说明如下。

（1）明确已知条件：按照二级公路、三级公路运行状况分析的数据要求，明确分析路段长度、车道宽、硬路肩宽度和侧向净空宽度、高峰小时交通量或者是观测交通量、交通组成、路侧干扰情况、街道化程度等；

（2）确定基准通行能力：

①确定二级公路、三级公路的设计速度，并查表 8-3 确定基准自由流速度；

②根据基准自由流速度，查表 8-2，插值得到基准通行能力 C_0 。

（3）计算 15min 高峰小时流率：

实测的双方向小时交通量 q 通过 15min 高峰小时系数 PHF_{15} 折算成为 15min 高峰小时交通流率 Q_p 。

$$Q_p = q/(PHF_{15} \times f_{HV} \times f_p) \tag{8-4}$$

式中：Q_p ——15min 高峰小时流率（pcu/h），按式（8-4）确定；

PHF_{15}——15min 高峰小时系数，具体取值见表 3-6。

q ——双方向实测小时交通量（veh/h）；

f_{HV} ——交通组成修正系数；

f_p ——驾驶人总体特征修正系数。

（4）运行状态分析：

①计算饱和度，根据式（8-5）计算二级公路、三级公路的运营期饱和度 v/C。

$$v/C = Q_p/C_r \tag{8-5}$$

式中：C_r——实际条件下的通行能力值（pcu/h）；

Q_p——15min 高峰小时流率（pcu/h）。

②计算行驶速度，可根据实测资料确定，或按式（8-6）计算确定。

$$v_r = v_{FF} - 0.0128Q_p \tag{8-6}$$

$$v_{FF} = v_{BFF} + \Delta v_W + \Delta v_F \tag{8-7}$$

式中：v_r——行驶速度（km/h）；

v_{FF}——实际条件下的自由流速度（km/h），按照式（8-7）确定；

v_{BFF}——基准自由流速度（km/h），应按表 8-3 确定；

Δv_W——车道宽度、硬路肩宽度和侧向净空宽度对基准自由流速度的修正值（km/h），可根据实测资料确定，或按表 8-10 确定；

Δv_F——路侧干扰对基准自由流速度的修正值（km/h），可根据实测资料确定，或按表 8-11 确定。

车道宽度、硬路肩宽度和侧向净空宽度对基准自由流速度的修正值 表 8-10

车道宽度与硬路肩宽度之和（m）	侧向净空宽度（m）			
	≤0.5	(0.5，1.0]	(1.0，1.5]	>1.5
7.5	-18	-15	-12	-10
8.5	-15	-12	-9	-7
9	-11	-8	-5	-3
≥10.5	-8	-5	-2	0

路侧干扰对基准自由流速度的修正值 表 8-11

路侧干扰等级	硬路肩宽度 >0.75m	硬路肩宽度≤0.75m
1	0	0
2	-5	-7
3	-9	-12
4	-14	-17

③计算延误率，根据式（8-8）计算延误率 p_f。

$$p_f = 100 \times (1 - e^{-0.000901Q_p}) \tag{8-8}$$

式中：p_f——延误率（%）；

其他符号意义同前。

④确定服务水平等级，根据计算得到的饱和度 v/C、行驶速度 v_r 和延误率 p_f，对应表 8-1 确定二级公路、三级公路的服务水平等级。

二、设计和规划分析

规划设计阶段通行能力分析应根据设计服务水平和交通需求确定合理的建设规模，包括车道数、车道宽度、硬路肩宽度、爬坡车道设置等。

1. 数据要求

设计分析需要的资料包括预测的双方向设计小时交通量及其交通流特性描述方面的数据，以及规划和设计的设计速度和路面宽度等规划和设计数据。如果需要对设计方案进行详细的运行状况分析，则还需要假设道路平、纵线形的有关资料。通常进行设计分析所需的数据如下。

进行二级公路、三级公路设计和规划阶段分析所需资料：

（1）预测设计年限的年平均日交通量 AADT；

（2）在考虑分析路段地形条件的基础上，假设的道路特性，包括分析路段长度，设计速度、车道宽度、硬路肩宽度、侧向净空宽度；

（3）假设的交通特性，包括交通组成即大、中型车、汽车列车、拖拉机及摩托车所占的百分比，路侧干扰，街道化程度，交通量方向分布情况等。

2. 设计和规划分析步骤

详细步骤如图 8-4 所示。

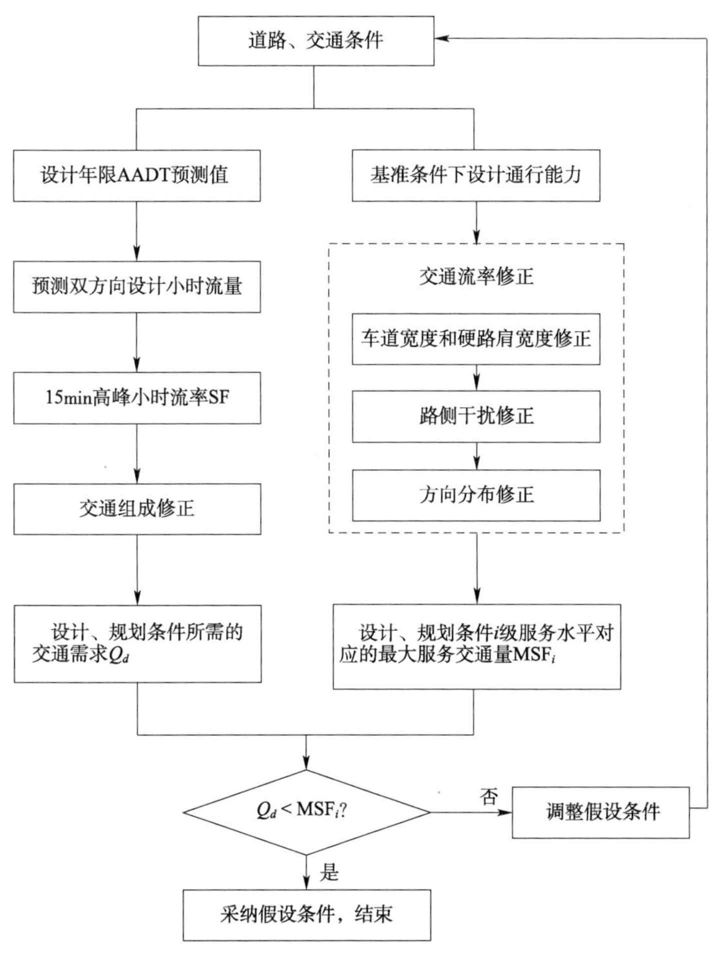

图 8-4　二级公路、三级公路规划、设计分析步骤

对于规划、设计步骤图说明如下。

（1）明确已知条件：设计年限的年平均日交通量 AADT、规划路段地形条件，假设车道宽度和硬路肩宽度、侧向净空宽度、交通组成、路侧干扰、方向分布等；

（2）计算规划、设计条件交通需求 Q_d：

①双方向设计小时交通量应按式（8-9）计算。

$$\mathrm{DHV} = \mathrm{AADT} \times K \tag{8-9}$$

式中：DHV——双向设计小时交通量（veh/h）；

AADT——预测年度的年平均日交通量（veh/d）；

K——设计小时交通量系数（%），宜按表 3-7 确定取值。

②交通需求 Q_d 应按式（8-10）计算。

$$Q_d = \frac{\mathrm{DHV}}{\mathrm{PHF}_{15} \times f_{HV} \times f_p} \tag{8-10}$$

式中：PHF_{15}——15min 高峰小时系数，取值可根据实测资料确定，或采用表 3-6 中的数值；

f_{HV}——交通组成修正系数，计算方法参照式（8-3）；

f_p——驾驶人总体特征修正系数，请参见第三章相关内容。

③i 级服务水平对应的最大服务交通量应按式（8-11）计算。

$$\mathrm{MSF}_i = C_{di} \times f_W \times f_D \times f_F \tag{8-11}$$

式中：C_{di}——i 级服务水平对应的设计通行能力（pcu/h），按表 8-12 确定；

f_W——车道宽度和硬路肩宽度对通行能力的修正系数，按表 8-4 确定；

f_D——方向分布对通行能力的修正系数，按表 8-5 确定；

f_F——路侧干扰对通行能力的修正系数，按表 8-6 确定。

二级公路、三级公路基准条件下的设计通行能力 表 8-12

自由流速度（km/h）		90	70	≤50
设计通行能力（pcu/h）	三级	1100	800	500
	四级	1800	1200	850

注：自由流速度 90km/h、70km/h 和≤50km/h 对应的设计通行能力分别为禁止超车路段比例为 <30%、[30%，70%）和≥70% 条件下的取值。

④比较规划、设计条件交通需求 Q_d 和规划、设计条件 i 级服务水平对应的最大服务交通量 MSF_i，当 $Q_d < \mathrm{MSF}_i$ 时，说明假设条件能够保证规划、设计公路在要求的服务水平下运行；否则，应该修改部分假设的道路条件，对二级公路、三级公路而言主要是路面宽度，重新计算新条件下的最大服务交通量 MSF_i，直到 MSF_i 大于规划、设计条件所需的交通需求 Q_d。如果通过路面宽度调整仍不能满足要求，则应该考虑选择其他高等级技术级别的公路设施。

三、特定纵坡路段分析

所谓特定纵坡路段是指单一的坡度-坡长，或者几个上（或下）坡段组合的等效坡度—坡长值符合表 8-13 和表 8-14 中任何一项坡度—坡长值的路段。由于特定纵坡上坡路段中，大型车的车辆换算系数较大，导致当量交通量增大，使该路段成为基本路段上运行质量较差甚至最差的部分。另外，当特定上坡路段的设计小时交通量超过其同向车道的设计通行能力时，还需要设置爬坡车道。因此，需要对特定纵坡上坡路段进行特别分析。通行能力和服务水平的分析与评价可参照规划设计阶段和运营阶段的分析程序进行。

除此之外，由于纵坡路段在上坡路段和下坡路段的交通特性存在明显的不同。因此，要对特定纵坡的上坡路段和下坡路段分别进行通行能力和服务水平分析。

特定上坡路段中型车车辆折算系数 E_{HV}　　表 8-13

坡度（%）	坡长（m）	上坡方向流率（veh/h）		
		[0，500]	(500，1000]	>1000
[3，4]	(0，500]	2	2	1.5
	(500，1000]	3.5	3	2
	(1000，1500]	4	4	3
	(1500，2000]	5	5	4
	(2000，2500]	5.5	5.5	4.5
	(2500，3000]	7	6.5	5.5
	(3000，4000]	8	6.5	6.5
	(4000，5000]	9	8.5	7.5
	>5000	10	9.5	8.5
(4，5]	(0，500]	3	2.5	2.5
	(500，1000]	4	4	2.5
	(1000，1500]	5.5	4.5	3.5
	(1500，2000]	6.0	5.5	4.5
	(2000，2500]	6.5	6	5.2
	(2500，3000]	7	6	6
	(3000，4000]	9	7	7
	(4000，5000]	10	8	8
	>5000	11	11	9
(5，6]	(0，500]	4	4	3
	(500，1000]	5	5	5
	(1000，1500]	6	6	6
	(1500，2000]	7	7	7
	(2000，2500]	8.5	8	8
	(2500，3000]	9	9	9
	(3000，4000]	11	11	10
	(4000，5000]	12.5	12	11
	>5000	14	14	13.6

续上表

坡度（%）	坡长（m）	上坡方向流率（veh/h）		
		(0，500]	(500，1000]	>1000
(6，7]	(0，500]	7	6.5	6
	(500，1000]	8	8	8
	(1000，1500]	9	9	8.5
	(1500，2000]	10	10	9.5
	(2000，2500]	10.9	10.8	10.7
	(2500，3000]	13	12.5	12
	(3000，4000]	14	14	13.5
	(4000，5000]	15.5	15.5	15
	>5000	17	17	16.5
(7，8]	(0，500]	5.5	5	5
	(500，1000]	7	7	6.5
	(1000，1500]	8.5	8	8
	(1500，2000]	10	9.5	9
	(2000，2500]	11	11	10.5
	(2500，3000]	12.6	12.5	12
	>3000	15	14.5	14

特定上坡路段大型车和汽车列车的车辆折算系数 E_{HV} 表 8-14

坡度（%）	坡长（m）	上坡方向流率（veh/h）		
		(0，500]	(500，1000]	>1000
[3，4]	(0，500]	4.5	4	4
	(500，1000]	5.5	5	4.5
	(1000，1500]	6.5	6	6
	(1500，2000]	7.5	7.5	7
	(2000，2500]	9	8	8
	(2500，3000]	10	9	8
	(3000，4000]	11	10.5	9.5
	(4000，5000]	11.5	11	10
	>5000	13	13	12
(4，5]	(0，500]	5	4.5	4
	(500，1000]	6.5	6	5
	(1000，1500]	8	7	6.5

续上表

坡度（%）	坡长（m）	上坡方向流率（veh/h）		
		(0，500]	(500，1000]	>1000
(4，5]	(1500，2000]	9	8	6.5
	(2000，2500]	9.5	8.5	7.5
	(2500，3000]	10.5	9.5	8.5
	(3000，4000]	11	11	10
	(4000，5000]	12	11.5	10.5
	>5000	14	13.5	12
(5，6]	(0，500]	7	6.5	5
	(500，1000]	7	7	6
	(1000，1500]	8.5	8	8
	(1500，2000]	9	9	9
	(2000，2500]	11	10.5	10.5
	(2500，3000]	12	12	11.5
	(3000，4000]	14	13.5	13.5
	(4000，5000]	15.5	15	15
	>5000	16	16	15.5
(6，7]	(0，500]	9	9	8.5
	(500，1000]	10	10	10
	(1000，1500]	11	11	10.5
	(1500，2000]	13	13	12.5
	(2000，2500]	14	13.5	13
	(2500，3000]	15.5	15	15
	(3000，4000]	16.5	16	16
	(4000，5000]	17.5	17	17
	>5000	18.5	18.5	18
(7，8]	(0，500]	7	6.5	6
	(500，1000]	9	9	9
	(1000，1500]	11	11	10.5
	(1500，2000]	12	12	12
	(2000，2500]	13.5	13	13
	(2500，3000]	16	16	15.5
	>3000	17.5	17	17

1. 特定纵坡段上坡方向行驶速度

特定纵坡路段上坡方向行驶速度可根据实测数据确定，或按式（8-12）确定。

$$v_{1r} = v_{1FF} - 0.0128(Q_{1p}/f_{G-v} + Q_{2p}) \tag{8-12}$$

式中：v_{1r}——上坡方向行驶速度（km/h）；

v_{1FF}——自由流速度（km/h），按式（8-7）确定；

Q_{1p}——上坡方向高峰小时流率（pcu/h）；

Q_{2p}——下坡方向高峰小时流率（pcu/h）；

f_{G-v}——纵坡对行驶速度的修正系数，按表8-15确定。

纵坡对行驶速度的修正　　表8-15

坡度（%）	坡长（m）	上坡方向流率（pcu/h）		
		(0，300]	(300，600]	>600
[3，4]	(0，1000]	0.69	1.00	1.00
	(1000，2000]	0.62	0.87	0.95
	(2000，3000]	0.62	0.71	0.90
	>3000	0.62	0.67	0.89
(4，5]	(0，1000]	0.65	0.88	0.98
	(1000，2000]	0.61	0.75	0.93
	(2000，3000]	0.59	0.71	0.89
	>3000	0.59	0.69	0.87
(5，6]	(0，1000]	0.67	0.91	1.00
	(1000，2000]	0.63	0.75	0.94
	(2000，3000]	0.59	0.71	0.92
	>3000	0.59	0.63	0.87
(6，7]	(0，1000]	0.64	0.91	1.00
	(1000，2000]	0.59	0.78	0.95
	(2000，3000]	0.58	0.73	0.92
	>3000	0.55	0.69	0.90
(7，8]	(0，1000]	0.62	0.88	1.00
	(1000，2000]	0.52	0.78	0.95
	>2000	0.50	0.76	0.93

2. 特定纵坡段延误率

特定纵坡路段的延误率 p_{G-f} 应按式（8-13）确定。

$$p_{G-f} = 100 \times (1 - ae^{bQ_{1p}/f_{G-P}}) \tag{8-13}$$

式中：p_{G-f}——上坡方向延误率（%）；

a、b——参数，可按表8-16确定；

f_{G-P}——纵坡对延误率的修正系数，按表 8-17 确定。

延误率公式的参数取值　　表 8-16

下坡方向流率 Q_{2p}（pcu/h）	a	b
(0，500]	0.8336	-0.0018
(500，1000]	0.7625	-0.0021
(1000，1500]	0.7322	-0.0022
>1500	0.7119	-0.0023

纵坡对延误率的修正系数　　表 8-17

坡度（%）	坡长（m）	上坡方向流率（pcu/h）		
		(0，300]	(300，600]	>600
[3，4]	(0，1000]	1.00	0.88	0.90
	(1000，2000]	1.00	0.94	0.93
	(2000，3000]	1.00	0.95	0.95
	>3000	1.00	0.97	0.97
(4，5]	(0，1000]	1.00	0.92	0.92
	(1000，2000]	1.00	0.96	0.95
	(2000，3000]	1.00	0.97	0.97
	>3000	1.00	0.98	0.98
(5，6]	(0，1000]	1.00	0.94	0.94
	(1000，1500]	1.00	0.97	0.96
	(2000，3000]	1.00	1.00	0.98
	>3000	1.00	1.00	1.00
(6，7]	(0，1000]	1.00	1.00	0.96
	(1000，2000]	1.00	1.00	0.99
	(2000，3000]	1.00	1.00	0.99
	>3000	1.00	1.00	1.00
(7，8]	(0，1000]	1.00	1.00	1.00
	(1000，2000]	1.00	1.00	1.00
	>2000	1.00	1.00	1.00

第四节　算　　例

一、算例 1——运行状况分析

已知　现以北京某二级公路为例，按照交通运行状况分析步骤进行评价。实地勘察资料如下：

（1）实测小时交通量为788veh/h；

（2）交通组成为中型车占26.8%，大型车占5.9%，汽车列车占1%，其余为小型车；

（3）道路条件为设计速度60km/h，车道宽度为3.75m，硬路肩为1.5m。方向分布70/30，车辆组成路侧干扰2级，禁止超车路段比例为30～70，纵坡坡度<3%。

问题 根据以上条件确定该路服务水平。

分析 按照图8-3描述的运行状况分析步骤进行求解。

1）确定基准通行能力

（1）确设计速度为60km/h，查表8-3，确定基准自由流速度 $v_{BFF}=70\text{km/h}$；

（2）根据基准自由流速度，查表8-2，插值得到基准通行能力 $C_0=2500\text{pcu/h}$。

2）计算15min高峰小时流率

（1）根据设计速度40km/h，实测交通量为788veh/h，查表8-9，取中型车的折算系数为2.5，大型车的折算系数为3，汽车列车的折算系数为3.5，则：

$$
\begin{aligned}
f_{HV} &= \frac{1}{1+\sum p_i(E_i-1)} \\
&= \frac{1}{1+0.268\times(2.5-1)+0.059\times(3-1)+0.01\times(3.5-1)} \\
&= 0.65
\end{aligned}
$$

（2）查表3-6，15min高峰小时系数 $\text{PHF}_{15}=0.924$；

（3）根据已知条件，驾驶人总体特征修正系数 $f_p=1$；

（4）15min高峰小时流率按式（8-4）计算：

$$Q_p=q/(\text{PHF}_{15}\times f_{HV}\times f_p)=788/(0.924\times0.65\times1)=1312(\text{pcu/h})$$

3）饱和度

（1）根据已知条件，车道宽度为3.75m、硬路肩宽度为1.5m，则 $f_w=1.0$；

（2）方向分布70/30，$f_D=0.85$；

（3）路侧干扰2级，$f_F=0.94$；

（4）根据式（8-1）计算实际条件下的通行能力，则：

$$C_r=C_0\times f_W\times f_D\times f_F=2500\times1.0\times0.85\times0.94=1998(\text{pcu/h})$$

（5）根据式（8-5）计算饱和度，则：

$$v/C=Q_p/C_r=0.65$$

根据计算的饱和度查表8-1，确定该路段的服务水平为五级。

4）行驶速度

（1）根据已知条件，车道宽度为3.75m、硬路肩宽度为1.5m，则 $\Delta v_W=-2\text{km/h}$；

（2）已知路侧干扰为2级，则 $\Delta v_F=-7\text{km/h}$；

（3）实际条件下的自由流速度按式（8-7）计算：

$$v_{FF}=v_{BFF}+\Delta v_W+\Delta v_F=70-2-7=61(\text{km/h})$$

（4）行驶速度按式（8-6）计算确定，已知观测15min高峰小时流率 $Q_p=1312\text{veh/h}$，则行驶速度为：

$$v_r = v_{FF} - 0.0128Q_p = 61 - 0.0128 \times 1312 = 44(\text{km/h})$$

按服务水平分级表采用行驶速度作为评价指标，根据计算得到的行驶速度查表8-1，确定该路段的服务水平等级为五级。

5）延误率 p_f

已知 Q_p =1312pcu/h，延误率按式（8-8），则：

$$p_f = 100 \times (1 - e^{-0.000901Q_p}) = 100 \times (1 - e^{-0.000901 \times 1312}) = 69\%$$

查表8-1，确定该路段的服务水平为四级。

6）确定服务水平等级

综合饱和度、行驶速度和延误率确定的服务水平级别，选取最低服务水平确定本路段服务水平为五级。

二、算例2——运行状况分析

已知　现以实测北京某三级公路，按照交通运行状况分析步骤进行评价。实地勘察资料如下：

（1）实测小时交通量为426veh/h；

（2）交通组成为中型车占35.7%，大型车占6.32%，汽车列车占4.6%，拖拉机0.3%，其余为小型车；

（3）道路条件为设计速度40km/h，车道宽度为3.5m，硬路肩为0.75m。方向分布60/40，路侧干扰1级，禁止超车区<30%，纵坡坡度<2%。

问题　根据以上条件确定该路段的饱和度、服务水平等级，是否满足改扩建的条件。

分析　按照图8-3描述的运行状况分析步骤进行求解。

1）确定基准通行能力

（1）确定设计速度为40km/h，查表8-3，确定基准自由流速度 v_{BFF} =50km/h；

（2）根据基准自由流速度，查表8-2，插值得到基准通行能力 C_0 =2400pcu/h。

2）计算15min高峰小时流率

（1）根据设计速度40km/h，实测小时交通量为426veh/h，查表8-9，取中型车的折算系数为3，大型车的折算系数为4，汽车列车的折算系数为5，则：

$$f_{HV} = \frac{1}{1 + \sum p_i(E_i - 1)}$$

$$= \frac{1}{1 + 0.357 \times (3-1) + 0.0632 \times (4-1) + 0.046 \times (5-1) + 0.04 \times (7-1)}$$

$$= 0.48$$

（2）查表3-6，15min高峰小时系数 PHF_{15} =0.875；

（3）根据已知条件，驾驶人总体特征修正系数 f_p = 1；

（4）15min高峰小时流率按式（8-4）计算，则：

$$Q_p = q/(\text{PHF}_{15} \times f_{HV} \times f_p) = 426/(0.875 \times 0.48 \times 1) = 1014(\text{pcu/h})$$

3）饱和度

（1）根据已知条件，车道宽度为3.5m、硬路肩宽度为0.75m，则 f_w =0.85；

（2）已知交通量方向分布为60/40，则$f_D=0.92$；

（3）路侧干扰为1级，则$f_F=1.00$；

（4）根据式（8-1）计算实际条件下的通行能力，则：

$$C_r = C_0 \times f_W \times f_D \times f_F = 2400 \times 0.85 \times 0.92 \times 1.00 = 1877(\text{pcu/h})$$

（5）根据式（8-5）计算饱和度，则：

$$v/C = Q_p/C_r = 0.54$$

根据计算的饱和度查表8-1，确定该路段的服务水平为四级。

4）延误率p_f

已知$Q_p=1014\text{pcu/h}$，延误率按式（8-8），则：

$$p_f = 100 \times (1 - e^{-0.000901Q_p}) = 100 \times (1 - e^{-0.000901 \times 1014}) = 60\%$$

查表8-1，确定该路段的服务水平为三级。

5）综合饱和度和延误率确定的服务水平级别，选取最低服务水平确定本路段服务水平为五级。

三、算例3——规划设计分析

已知　现以河北某二级公路为例，按照规范设计阶段分析步骤进行评价。规划资料如下：

（1）规划年限的AADT为6480veh/h；

（2）设计速度为80km/h；取一般公路分析中的默认设计小时系数0.09和方向分布系数50/50，将行车道宽度初步定为3.75m，硬路肩宽度0.75m；路段视距不足的比例占路段总长的27%；路侧干扰等级为2级；

（3）交通组成为小型车比例65%，中型车比例30%，大型车比例5%。

问题　分析评价假设条件能否保证规划、设计公路在要求的服务水平下运行。

分析　按照图8-4描述的设计和规划分析步骤进行求解。

1）计算规划、设计条件交通需求Q_d

（1）双方向设计小时交通量。

根据已知条件，规划年限的AADT为6480veh/h，查表3-7，得到设计小时交通量系数$K=12\%$，则双方向设计小时交通量按式（8-9）计算，有：

$$\text{DHV} = \text{AADT} \times K = 6480 \times 12\% = 778(\text{veh/h})$$

（2）交通需求Q_d。

已知设计速度为80km/h，根据双方向设计小时交通量为778veh/h，查表8-9，取中型车的折算系数为2，大型车的折算系数为2.5，汽车列车的折算系数为4，则交通组成修正系数

$$f_{HV} = \frac{1}{1+\sum p_i(E_i-1)} = \frac{1}{1+[65\%(1.0-1)+30\%(2-1)+5\%(3-1)]} = 0.71$$

查表3-6，15min高峰小时系数$\text{PHF}_{15}=0.875$；

根据已知条件，驾驶人总体特征修正系数$f_p = 1$；

15min 高峰小时流率按式（8-10）计算，则：

$$Q_d = \frac{\text{DHV}}{\text{PHF}_{15} \times f_{HV} \times f_p}$$

$$= \frac{778}{0.875 \times 0.71 \times 1} = 1252(\text{pcu/h})$$

2）计算三级服务水平对应的最大服务交通量

（1）已知自由流速度为90km/h，则$Cd_3 = 1100$pcu/h；

（2）已知行车道宽度为3.75m，硬路肩宽度为0.75m；查表8-4，得到车道宽度与硬路肩宽度修正系数$f_W = 0.89$；

（3）已知方向分布系数50/50，查表8-5，确定方向分布修正系数为$f_D = 1.00$；

（4）已知路侧干扰等级为2级，查表8-6，得到路侧干扰修正系数$f_F = 0.94$；

（5）设计年限的年平均日交通量AADT = 6480veh/h；

根据式（8-11）$\text{MSF}_i = C_{di} \times f_W \times f_D \times f_F$计算规划、设计条件下所需要的最大交通量为：

$$\text{MSF}_3 = C_{d3} \times f_W \times f_D \times f_F$$

$$= 1100 \times 0.89 \times 1.00 \times 0.94$$

$$= 920(\text{pcu/h})$$

3）比较规划、设计条件交通需求Q_d和规划、设计条件i级服务水平对应的最大服务交通量MSF_i

比较规划、设计条件交通需求Q_d和规划、设计条件三级服务水平对应的最大服务交通量MSF_3，1252pcu/h > 920pcu/h，即$Q_d > \text{MSF}_3$，说明假设条件能不够保证规划、设计公路在要求的服务水平下运行，因此需要对横断面指标进行调整或扩建道路。

四、算例4——特定纵坡路段规划分析

已知　现以河北某二级公路为例，按照特定纵坡路段交通规划分析步骤进行评价，其相关资料如下：

（1）2017年至2032年预测年的AADT见表8-18；

2017～2032年预测年AADT　　表8-18

年份	2009	2013	2017	2022	2027	2032
AADT（pcu/d）	2177	3320	4426	5843	7166	8874

（2）预测交通组成为中型车占8.61%，大型车占25.48%，汽车列车占7.36%，其余为小型车；

（3）道路条件为设计速度60km/h，车道宽度为3.5m，硬路肩为0.75m。路侧干扰1级；方向分布系数50/50；分析其中的纵坡路段，平均纵坡3.0%；坡长4430m。

预测交通量：

问题　现双向两车道是否满足通行能力要求？条件是否满足所需的车道数？

分析 按照图8-4描述的设计和规划分析步骤进行求解。

1）计算规划、设计条件交通需求 Q_d

（1）双方向设计小时交通量。

根据已知条件，查表3-7，得到设计小时交通量系数 $K=13.5\%$，则双方向设计小时交通量按式（8-9）计算，计算结果见表8-19。

双方向设计小时交通量 表8-19

年份	AADT	K	DHV
2009	2177	0.135	294
2013	3320	0.135	448
2017	4426	0.135	598
2022	5843	0.135	789
2027	7166	0.135	967
2032	8874	0.135	1198

（2）交通需求 Q_d。

已知设计速度为60km/h，根据双方向设计小时交通量，查表8-9，车辆折算系数取值见表8-20。

车辆折算系数 表8-20

年份	中型车	大型车	汽车列车
2017	3	4	4
2022	5	6	6
2027	5	6	6
2032	5	6	6

则交通组成修正系数，按式（8-3）计算，结果见表8-21。

修正系数 表8-21

年份	2017	2022	2027	2032
f_{HV}	0.46	0.46	0.33	0.33

查表3-6，15min高峰小时系数 $PHF_{15}=0.873$。

根据已知条件，驾驶人总体特征修正系数 $f_p=1$。

15min高峰小时流率按式（8-10）计算，则结果见表8-22。

交通需求 表8-22

年份	2017	2022	2027	2032
Q_d	1964	2592	4401	5450

2）计算三级服务水平对应的最大服务交通量

（1）已知自由流速度为70km/h，则 $C_{d3}=800$pcu/h。

（2）已知行车道宽度为3.5m，硬路肩宽度为0.75m；查表8-4，得到车道宽度与硬路肩宽度修正系数 $f_W=0.85$。

（3）已知方向分布系数50/50，查表8-5，确定方向分布修正系数为f_D =1.00。

（4）已知路侧干扰等级为1级，查表8-6，得到路侧干扰修正系数f_F =1.00。

（5）根据式（8-11）计算规划、设计条件下所需要的最大交通量。

$$MSF_3 = C_{d3} \times f_W \times f_D \times f_F = 800 \times 0.85 \times 1.00 \times 1.00 = 680(\text{pcu/h})$$

3）比较规划、设计条件交通需求 Q_d 和规划、设计条件 i 级服务水平对应的最大服务交通量 MSF_i

计算结果见表8-23，表明 $Q_d > MSF_3$，现设计不能够保证规划、设计公路在要求的服务水平；应考虑改善道路设施条件（如增设爬坡车道）。

计 算 结 果 比 较　　表8-23

年　份	MSF_3	Q_d
2017	680	1964
2022	680	2592
2027	680	4401
2032	680	5450

4）按增设爬坡车道进行分析，计算上坡方向

（1）计算单方向设计小时交通量。

$$DHV = AADT \times K$$

设计小时交通量系数 K =13.5%；则双方向设计小时交通量按式（8-9）计算，计算结果见表8-24。

单方向设计小时交通量　　表8-24

年　份	AADT	K	DDHV
2017	4426	0.135	359
2022	5843	0.135	473
2027	7166	0.135	580
2032	8874	0.135	719

（2）交通需求 Q_d。

已知设计速度为60km/h，根据双方向设计小时交通量，查表8-9，车辆折算系数取值见表8-25。

车 辆 折 算 系 数　　表8-25

年　份	中型车	大型车	汽车列车
2017	5	7	7
2022	5	7	7
2027	7	8	8
2032	7	8	8

则交通组成修正系数，按式（8-3）计算，结果见表8-26。

修 正 系 数 表 8-26

年份	2017	2022	2027	2032
f_{HV}	0. 23	0. 23	0. 23	0. 23

查表 3-6，15min 高峰小时系数 $PHF_{15}=0.873$。

根据已知条件，驾驶人总体特征修正系数 $f_p=1$。

15min 高峰小时流率按式（8-10）计算，则结果见表 8-27。

交 通 需 求 表 8-27

年份	2017	2022	2027	2032
Q_d	1571	2871	3521	4360

5）计算三级服务水平对应的最大服务交通量

（1）已知自由流速度为 70km/h，则 $C_{d3}=800\text{pcu/h}$。

（2）已知行车道宽度为 3. 5m，硬路肩宽度为 0. 75m；若考虑增设宽度为 3. 5m 的爬坡车道，查表 8-4，得到车道宽度与硬路肩宽度修正系数 $f_w=1.0$。

（3）不再重复考虑方向修正，方向分布修正系数为 $f_D=1.00$。

（4）已知路侧干扰等级为 1 级，查表 8-6，得到路侧干扰修正系数 $f_F=1.00$。

（5）根据式（8-11）计算规划、设计条件下所需要的最大交通量。

$$
\begin{aligned}
MSF_3 &= C_{d3}\times f_W\times f_D\times f_F\\
&= 800\times 1.00\times 1.00\times 1.00\\
&= 800(\text{pcu/h})
\end{aligned}
$$

6）比较规划、设计条件交通需求 Q_d 和规划、设计条件 i 级服务水平对应的最大服务交通量 MSF_i

计算结果见表 8-28，表明若按三级服务水平设计，MSF_d 除基年外，都大于设计通行能力，增设爬坡车道后也不能满足要求，表明应扩建为 4 车道以上公路。

计 算 结 果 比 较 表 8-28

年　份	MSF_3	Q_d
2017	800	1571
2022	800	2871
2027	800	3521
2032	800	4360

第九章　无信号平面交叉

第一节　引　　言

当两条或两条以上道路在同一平面相交时称为平面交叉。平面交叉口位于公路的相互连接处，此处的车流之间产生冲突、交汇、分流等复杂的车流运行行为，是整个公路网络交通流的瓶颈所在。因此，平面交叉口的通行能力分析在城市或公路的路网规划与评价、交叉口选型、交叉口规划与设计等方面都有着重要意义。一般来说，平面交叉口的通行能力指的就是平面交叉路口可能通过相交车流的最大交通量。

平面交叉口可以被分为三类，分别是不加设交通管制措施的交叉口、中央设岛的环形交叉口和设置交通信号灯的交叉口。其中，第一类无信号平面交叉根据交叉口的形状又可以细分为T形交叉口、Y形交叉口、十字形交叉口和X形交叉口等。

本章主要讨论无信号平面交叉的通行能力分析方法。该分析方法适用于采用主路优先管理方式的十字形和T形平面交叉。

一、名词术语

1. 临界间隙

交叉口允许次要道路某等待穿越车辆通过主要道路所需的最短时间为临界间隙，单位为s。

2. 跟车时距

次要道路排队车辆连续通过交叉口时，相邻两车之间的时间间隔为跟车时距，单位为s。

3. 冲突交通流

交叉口每一流向都面临与其他不同行驶方向交通流的冲突，所有的流向冲突，均称之为冲突交通流。

4. 阻抗系数

阻抗系数表征优先等级高的车流对优先等级低的车流所造成的影响，当优先权大的车流变得较为拥挤时，它将妨碍优先权低的车流，并减少其通行能力。

二、车流运行特性

通过交叉口的车辆，由于受到交叉口几何特征及交通条件的影响而呈现不同的特征，其中最主要的运行特征是速度和延误。不同地区由于经济发展水平不同而导致车型种类的结构比例不同，此类因素对交叉口通行能力也有着非常重要的影响。分析无信号平面交叉口的车流运行特征，需要对几何条件以及优先规则进行进一步说明。

1. 分析范围

无信号平面交叉的分析范围包括构成该平面交叉各条道路的相交部分、出入口道的展宽段和渐变段及其向外延伸 50m 的路段所共同围成的空间。

2. 基准条件

据有关研究分析，无信号平面交叉口所在的地理位置以及自身的几何条件等因素都对过往车辆的交通运行构成一定影响。无信号平面交叉的基准条件是针对无信号平面交叉通行能力分析指标所定义的。本章所给出的参数皆是在基准道路条件下获得的。

无信号平面交叉的基准条件包括道路基准条件、交通基准条件和其他基准条件。

（1）道路基准条件包括交叉口入口车道坡度小于 2%；交叉口视线良好，无遮挡；交叉口路侧干扰等级为 1 级；交叉口范围内无支路和停靠站；路面平整无破损。

（2）交通基准条件是指交通组成是 100% 的小客车。

（3）其他基准条件还包括良好的天气条件；无交通事故等突发情况。

3. 交通流向优先等级

在无信号平面交叉中，当相交道路等级、功能和交通量存在明显不同时，往往将等级高、交通量大的道路视为主路，相交道路视为支路，并在支路引道处设置停车或让行标志，支路车辆只能利用主路间隙通过，这种管理方式称为主路优先。

采用主路优先管理方式的无信号平面交叉，按照交通规则，低级优先权的交通要让行高级优先权的交通，并只能利用交通流间隙通过。无信号平面交叉通行能力方法是在这一通行原则下研究提出的，该分析方法很好地与主路优先通行规则结合，被欧美等国家采用。基于上述方法和通行规则，将无信号平面交叉交通流流向等级划分为 12 级。

无信号平面交叉口的车流运行特性根据交叉口类型不同有较大的区别。本章讨论的十字形和 T 形无信号平面交叉的 12 个交通流向，按照主路优先的通行原则又可划分为 4 级，如图 9-1 所示。各交通流向等级根据下列原则划分。

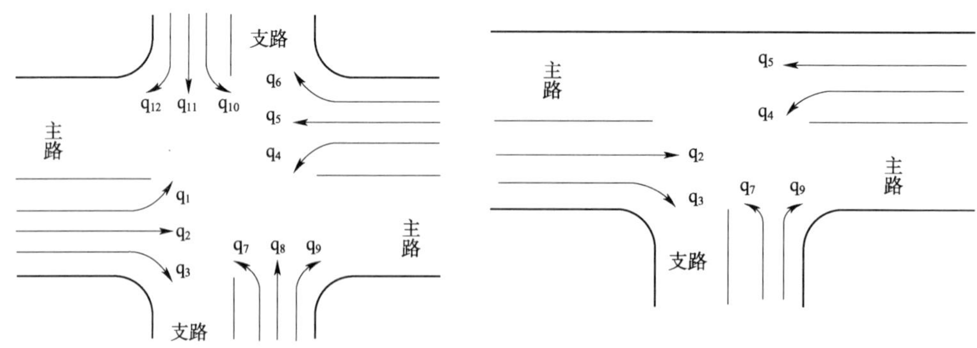

图 9-1 无信号平面交叉交通流向示意图

（1）主路直行和右转交通流优先等级为 1 级；即交通流向 2、3、5、6。

（2）主路左转与支路右转交通流优先等级为 2 级；即交通流向 1、4、9、12。

（3）支路的直行交通流优先等级为 3 级；即交通流向 8、11。

（4）支路左转交通流优先等级为 4 级；即交通流向 7、10。

（5）在四个优先等级中，1 级最高，4 级最低；低等级交通流向必须让行高等级交通流向。

本章提供的分析方法没有考虑整个无信号平面交叉的通行能力，只是针对次级流向或支路的通行能力进行分析。当无信号平面交叉次级流向交通需求超过该流向通行能力时，应考虑对交叉口几何条件进行改进，包括路口拓宽增加车道数、入口渠化、设置专用左转车道或右转车道等，或者考虑设置信号灯。

三、通行能力影响因素

无信号平面交叉通行能力影响因素包括道路条件（如车道数、引道坡度）、交通条件等。交通条件主要应考虑冲突交通量、交通组成、临界间隙、跟车时距、交通阻抗和横向干扰等因素。

交通组成和交通摩擦对各次级流向的通行能力影响在机理上有所不同。交通组成的影响主要包括冲突交通量、临界间隙和跟车时距，对次级流向的通行能力影响修正需要分步进行。交通组成的影响在临界接受间隙计算、跟车时距计算中都应予以考虑，并应用于计算次级流向通行能力和服务水平。交通摩擦的影响则由交通阻抗和横向干扰系数来反映。

（1）当无信号交叉口中引道的车道数较多时，引道中的隔离带宽度可用于主路左转车辆等待主路直行车的可穿插间隙，从而使无信号交叉口的运行模式发生了变化，同时也可以缩短主路左转车辆的可穿插间隙，可增加交叉口的通行能力。

（2）当街道转角拓宽时，车辆可以同时在停车线等待，使不同流向的车辆同时使用同一可利用间隙，从总体上减小了可穿插间隙，增大通行能力。

（3）当引道处于纵坡中，下坡会减小车辆的加速时间，从而减小车辆的跟车时距，增加通行能力；而上坡则会增大车辆的跟车时距，致使通行能力降低。

（4）当交通量增大时，冲突交通量随之增大，车流中出现临界间隙的机会减小，使次级交通需求不能得到满足，产生较大的延误和排队情况。

（5）当交通组成中存在大型车时，由于其动力性能不及小型车，导致支路中车辆的跟车时距变大；同时主路中大型车不会使支路中车辆的临界间隙变大。不管是跟车时距还是临界间隙的增加，都将直接降低通行能力。

（6）在交通量相同而流向组成不同的条件下，冲突交通量的大小将受到直接影响。优先等级较低的交通流比例越大，发生冲突的可能性越大，交叉口产生的延误越大，排队越长。

（7）当引道中不同流向的车流共同用同一车道时，如左转和直行车辆混行，或直行和右转车辆混行，甚至全部流向的车辆共用一条车道，此刻，次级车辆会由于同在一条车道不同流向车辆的影响而不能适时利用优先车流中出现的可利用间隙，从总体上使得次级车流的临界间隙变大，通行能力降低。

（8）当主路中上游信号交叉口距离分析的无信号交叉口较近时，信号交叉口导致车辆多以排队方式到达，呈现出一定的规律性，从而使主路中更容易出现较大的跟车时距，为支路车辆提供了更多的穿越机会，致使通行能力增大。

第二节 通行能力分析方法

一、通行能力分析方法流程

无信号平面交叉口通行能力分析方法的流程如图9-2所示。通行能力分析是以各流向交通流的优先等级划分为基础的，因此，其通行能力分析都是基于各流向进行的。如何应用这些步骤进行十字形或T形交叉口的通行能力分析，将在本章第三节中详细讨论。

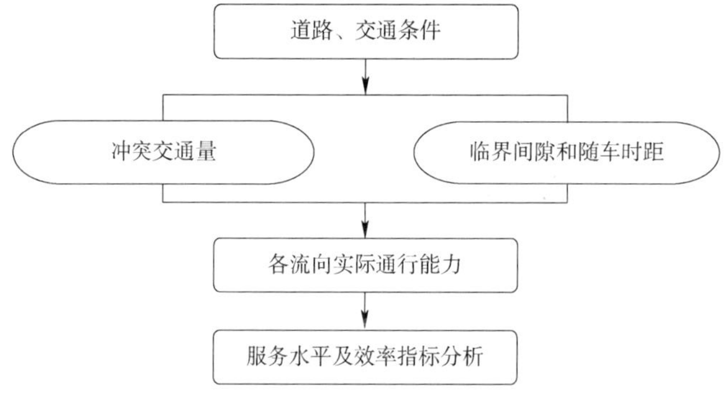

图9-2 无信号平面交叉口通行能力分析方法流程

在图9-2中，效率指标主要包括饱和度和延误等。对得到的通行能力和效率指标进行分析后，可以确定服务水平，并提出相应的管理及改善措施。

二、计算参数与公式

1. 服务水平

无信号平面交叉服务水平应按照表9-1分为六级，以车均延误和饱和度作为评价指标。

无信号平面交叉服务水平分级 表9-1

服务水平等级	分级指标	
	车均延误（s/veh）	饱和度
一	≤10.0	≤0.50
二	(10.0，15.0]	(0.50，0.60]
三	(15.0，25.0]	(0.60，0.71]
四	(25.0，35.0]	(0.71，0.77]
五	(35.0，50.0]	(0.77，0.83]
六	>50	>0.83

对于平面交叉，采用延误指标可以直观反映交叉口对交通流的影响。延误与饱和度在

一定范围内存在指数关系，随着饱和度增加，延误增加显著。本章采用车均延误和饱和度作为服务水平的评价指标。无信号平面交叉服务水平是针对每一次级流向分别定义的。次级流向服务水平是指 2、3、4 级交通流向的服务水平。当次级流向服务水平达到或超过五级时，车辆强行穿插通过交叉口的概率会增加，导致交叉口安全水平下降，此时，应对交叉口进行改善。

所以，无信号平面交叉设计服务水平不应低于四级。

2. 冲突交通量

十字形或 T 形交叉口冲突交通量可按照表 9-2 计算。

冲突交通量计算公式　　表 9-2

<table>
<tr><th>交 通 流 向</th><th colspan="2">冲突交通量计算公式</th></tr>
<tr><td>主路左转</td><td>$q_{c.1}=q_5+q_6^{[1]}$</td><td>$q_{c.4}=q_2+q_3^{[1]}$</td></tr>
<tr><td>支路右转</td><td>$q_{c.9}=q_2^{[2]}/N+0.5q_3^{[3]}$</td><td>$q_{c.12}=q_5^{[2]}/N+0.5q_6^{[3]}$</td></tr>
<tr><td rowspan="2">支路直行</td><td>第一阶段：
$q_{c.\text{I}.8}=2q_1+q_2+0.5q_3^{[3]}$</td><td>第一阶段：
$q_{c.\text{I}.11}=2q_4+q_5+0.5q_6^{[3]}$</td></tr>
<tr><td>第二阶段：
$q_{c.\text{II}.8}=2q_4+q_5+q_6^{[3]}$</td><td>第二阶段：
$q_{c.\text{II}.11}=2q_1+q_2+q_3^{[3]}$</td></tr>
<tr><td rowspan="4">支路左转</td><td colspan="2">第一阶段：交通流向 7：$q_{c.\text{I}.7}=2q_1+q_2+0.5q_3^{[3]}$</td></tr>
<tr><td colspan="2">第二阶段：交通流向 7：$q_{c.\text{II}.7}=2q_4+q_5/N+0.5q_6^{[4]}+0.5q_{12}^{[5]}+0.5q_{11}$</td></tr>
<tr><td colspan="2">第一阶段：交通流向 10：$q_{c.\text{I}.10}=2q_4+q_5+0.5q_6^{[3]}$</td></tr>
<tr><td colspan="2">第二阶段：交通流向 10：$q_{c.\text{II}.10}=2q_1+q_2/N+0.5q_3^{[4]}+0.5q_9^{[5]}+0.5q_8$</td></tr>
</table>

注：1. [1] 当支路右转交通流向被分流岛分开，且设置有让车或停车标志时，可不考虑主路右转车辆的影响。

2. [2] 当引道有 N 条直行车道时，与支路右转冲突的交通量只有主路直行交通量的 $1/N$，或者采用实测的外侧车道分布比例来代替 $1/N$。

3. [3] 当主路中有右转专用道时，不必考虑右转交通量的影响。

4. [4] 当主路引道为多条时，忽略右侧主路引道中右转车流对支路左转车流的影响。

5. [5] 当支路中右转车流被分流岛分开，且设置有让车或停车标志时，忽略对向支路中右转对支路左转车流的影响。

6. $q_{c,i}$ 为流向 i 的冲突交通量（veh/h）；q_i 为流向 i 的交通量（veh/h）；$q_{c,j,i}$ 为流向 i 中阶段 j 的冲突交通量（veh/h）；表中 $i=1$、2、3……12，分别表示图 9-1 中所示的 12 个流向。

3. 临界间隙值

十字形或 T 形交叉口临界间隙可按式（9-1）计算。

$$T_{c,i}=t_{base,i}+t_{HV}P_{HV,i}+t_g g_i-t_{lt,i} \tag{9-1}$$

式中：$T_{c,i}$——交通流向 i 中车辆在穿越其冲突交通流时需要的临界间隙（s）；

$t_{base,i}$——基准条件下交通流向 i 中的车辆在穿越冲突交通流时所需的临界间隙（s），各流向的临界间隙可按表 9-3 取值；

t_{HV}——交通组成对临界间隙的修正值（s），当主路为 2 车道时，$t_{HV}=+1.0$，当主路为 4 车道时，$t_{HV}=+2.0$；

$P_{HV,i}$——交通流向 i 中的非小客车比例；

t_g ——纵坡坡度对临界间隙的修正值（s），对主路左转、支路右转交通流向 $t_g = 0.1$，对支路直行车流和左转车流 $t_g = 0.2$；

g_i ——交通流向 i 所处的纵坡坡度（%）；

$t_{lt,i}$ ——适用于T形交叉口中支路左转交通流的左转车修正值（s），通常 $t_{lt,i} = 0.7$s，对十字形交叉口 $t_{lt,i} = 0$。

基准条件下临界间隙 $t_{base,i}$ 建议值　　表9-3

交通流向		主路左转	支路左转	支路直行	支路右转
临界间隙（s）	主路为双向2车道	5.0	5.5	5.0	3.0
	主路为双向4车道	6.0	6.5	6.0	4.0

4. 跟车时距

十字形或T形交叉口跟车时距可按式（9-2）计算。

$$T_{f,i} = t_{f,base,i} + t_{f,HV} P_{HV,i} \tag{9-2}$$

式中：$T_{f,i}$ ——交通流向 i 中的跟车时距（s）；

$t_{f,base,i}$ ——基准条件下交通流向 i 中的跟车时距（s），可按表9-4取值；

$t_{f,HV}$ ——非小客车对跟车时距的修正值（s），当主路为2车道时，$t_{f,HV} = +0.9$；当主路为4车道时，$t_{f,HV} = +1.0$；

$P_{HV,i}$ ——交通流向 i 中的非小客车比例。

基准条件下的跟车时距 $t_{fbase,i}$ 取值表　　表9-4

交通流向	主路左转	支路左转	支路直行	支路右转
跟车时距（s）	2.0	2.5	2.0	1.6

注：临界车头间隙和跟车时距主要是基于辽宁、四川、河北、河南等省观测数据给出的。在实际应用中，应根据当地实测数据获取。

5. 阻抗系数

优先级高的交通流对优先级低的交通流造成的影响称为阻抗，而阻抗系数则是综合反映多个较高等级交通流对较低等级交通流造成影响的修正。各优先等级交通流阻抗系数应符合以下规定。

1）优先等级为1级的交通流

优先等级为1级的交通流向在通行过程中，不受其他车流的影响，因此，该等级的车流量不用修正。为方便计算，也取该等级的阻抗系数 $f_g = 1.00$。

2）优先等级为2级的交通流

优先等级为2级的流向只受到优先等级为1级的交通流向车辆通行的影响，没有多重高等级交通流的相互作用，优先等级为1级的交通流中出现的所有可穿插间隙可被优先等级为2级的交通流车辆全部利用，因此，优先等级为2级的交通流的阻抗系数为 $f_g = 1.00$。

3）优先等级为3级的交通流

优先等级为3级的交通流阻抗系数按式（9-3）计算。

$$f_{g.k} = \prod_i P_{f.i} \tag{9-3}$$

$$P_{f.i} = 1 - \frac{Q_i}{C_i} \tag{9-4}$$

式中：$f_{g.k}$——优先等级为 3 级的交通流向 k 的阻抗系数；

$P_{f,i}$——与优先等级为 3 级的交通流向 k 冲突的优先等级为 2 级的交通流向 i 中车辆自由通过交叉口的概率，应按式（9-4）计算；

Q_i——交通流向 i 的交通流率（veh/h）；

C_i——交通流向 i 的通行能力（veh/h）。

优先等级为 3 级的交通流中车辆在通行过程中，需要寻找冲突流（优先等级为 1 级和优先等级为 2 级的交通流）中出现的可利用间隙，这方面的影响已经在计算次级流向的可能通行能力时考虑。但是，当冲突流中出现可穿插间隙时，不仅优先等级为 3 级的交通流中的车辆可以利用，优先等级为 2 级的交通流车辆同样可以利用。实际上造成优先等级为 3 级的车辆可利用的有效间隙减少。通常认为：有效间隙的出现概率与其冲突流中自由通过交叉口车辆出现的概率相同。

4）优先等级为 4 级的交通流

优先等级为 4 级的交通流的阻抗系数可按式（9-5）计算。

$$f_{g,k} = f'_{g,k} \prod_i P_{f,i} \tag{9-5}$$

$$f'_{g,k} = 0.65P_1 - \frac{P_1}{P_1 + 3} + 0.6\sqrt{P_1} \tag{9-6}$$

$$P_1 = P_{f,i} \cdot \prod_j P_{f,j} \tag{9-7}$$

式中：$f_{g,k}$——第 4 级交通流向 k 的阻抗系数；

$f'_{g,k}$——有效间隙的辅助修正系数，可按式（9-6）计算；

$P_{f,i}$——与优先等级为 4 级的交通流 k 冲突的优先等级为 3 级的交通流向 i 中车辆自由通过交叉口的概率。

P_1——与交通流向 k 冲突，且存在有效间隙相互影响的第 2 级和第 3 级交通流的有效间隙概率，可按式（9-7）计算；

$P_{f,j}$——与优先等级为 4 级的交通流 k 冲突的优先等级为 2 级的交通流向 j 中车辆自由通过交叉口的概率。

只有在十字形交叉口中才出现优先等级为 4 级的交通流。同优先等级为 3 级的交通流受到的影响一样，优先等级为 4 级的交通流在面对可穿插间隙时，必须让优先等级为 2 级和 3 级的车辆先使用。因此，必须对优先等级为 4 级的车辆的有效间隙进行折减。

对优先等级为 4 级的车流来说，由于优先等级为 2 级的车流与优先等级为 3 级的车流具有相关性，很难直接将优先等级为 2 级和 3 级的车流中无排队车辆的概率计算出来。

6. 路侧干扰修正系数

路侧干扰修正系数应主要考虑行人、非机动车和拖拉机等的影响。路侧干扰修正系数 f_F 宜按表 9-5 选取。

路侧干扰修正系数　　表 9-5

路侧干扰等级	1	2	3	4
修正系数 f_F	0.95	0.85	0.75	0.65

7. 通行能力

（1）无信号平面交叉次级交通流通行能力应按式（9-8）计算。

$$C_i = Q_{c,i} \frac{e^{-\frac{Q_{c,i}T_{c,i}}{3600}}}{1 - e^{-\frac{Q_{c,i}T_{f,i}}{3600}}} \tag{9-8}$$

式中：C_i ——次级交通流向 i 的通行能力（veh/h）；

$Q_{c,i}$ ——次级交通流向 i 的冲突交通流率（veh/h）；

$T_{c,i}$ ——交通流向 i 中车辆在穿越其冲突交通流时需要的临界间隙（s），可按式（9-1）计算；

$T_{f,i}$ ——交通流向 i 中的跟车时距（s），可按式（9-2）计算。

（2）考虑路侧干扰和冲突交通阻抗影响，次级流向的通行能力可按式（9-9）计算。

$$C_{m,i} = C_i f_{g,i} f_F \tag{9-9}$$

式中：$C_{m,i}$ ——考虑横向干扰和冲突交通阻抗的次级流向 i 的通行能力（veh/h）；

C_i ——没有考虑横向干扰和冲突交通阻抗下的次级交通流向 i 的通行能力（veh/h），可按式（9-8）计算；

$f_{g,i}$ ——次级交通流向 i 的阻抗系数，可按式（9-3）计算；

f_F ——次级交通流向 i 的路侧干扰修正系数，可按表 9-5 选取。

（3）支路中入口车道通行能力可按照式（9-10）计算。

$$C_g = \frac{\sum Q_i}{\sum_i \left(\frac{Q_i}{C_{m,i}}\right)} \tag{9-10}$$

式中：C_g ——入口车道的通行能力（veh/h）；

$C_{m,i}$ ——入口车道中交通流向 i 的通行能力（veh/h）；

Q_i ——入口车道中交通流向 i 的交通流率（veh/h）。

8. 饱和度

无信号平面交叉次级交通流饱和度可按下列公式计算。

（1）次级流向 i 的饱和度可按式（9-11）计算。

$$X_i = \frac{Q_i}{C_{m,i}} \tag{9-11}$$

（2）支路中入口车道交通流饱和度可按式（9-12）计算。

$$X_g = \frac{\sum Q_i}{C_g} \tag{9-12}$$

$$Q_i = \frac{q_i}{\mathrm{PHF}} \tag{9-13}$$

式中：X_i ——主路次级交通流向 i 的饱和度；

$C_{m,i}$——主路次级交通流向 i 的车流通行能力（veh/h），按式（9-9）计算；

C_g——支路入口道的通行能力（veh/h）；

X_g——支路入口道的饱和度；

Q_i——交通流向 i 的实际（或预测）交通流率（veh/h），当计算主路时，Q_i 仅包括主路的次级交通流；当计算支路入口道饱和度时，Q_i 仅包括支路的交通流向，应按式（9-13）计算；

q_i——交通流向 i 的小时流量（veh/h）；

PHF——高峰小时系数。

9. 延误

（1）无信号平面交叉次级流向交通延误可按式（9-14）式计算。

$$d_i = \begin{cases} 1.2 \times e^{4.28X_i} & X_i \leqslant 0.77 \\ 2.04 \times e^{4.28X_i} - 20 & X_i > 0.77 \end{cases} \tag{9-14}$$

式中：d_i——交通流向 i 的车均延误（s/veh）；

X_i——交通流向 i 的饱和度。

（2）无信号平面交叉延误是针对各个次级流向分别定义的。对于入口的延误可通过对不同流向延误求加权平均得到，见式（9-15）：

$$d_A = \frac{\sum_i Q_i d_i}{\sum_i Q_i} \tag{9-15}$$

无信号平面交叉次级流向延误可用于确定服务水平，也可以用于评价改善措施效果。入口延误可以用于评价改善措施。

第三节　通行能力分析步骤

一、数据要求

十字形或T形交叉口的通行能力分析需要道路条件、交通条件和控制条件等数据。

（1）道路条件：主要包括车道数和车道功能划分，纵坡坡度；

（2）交通条件：包括各流向交通量、行人交通量、交通组成，在可能的情况下提供临界间隙和跟车时距；

（3）控制条件：包括让车标志、停车标志设置的位置。

二、运行状况分析

无信号平面交叉口运行状况分析的详细分析步骤如图9-3所示。

运行状况分析步骤说明如下。

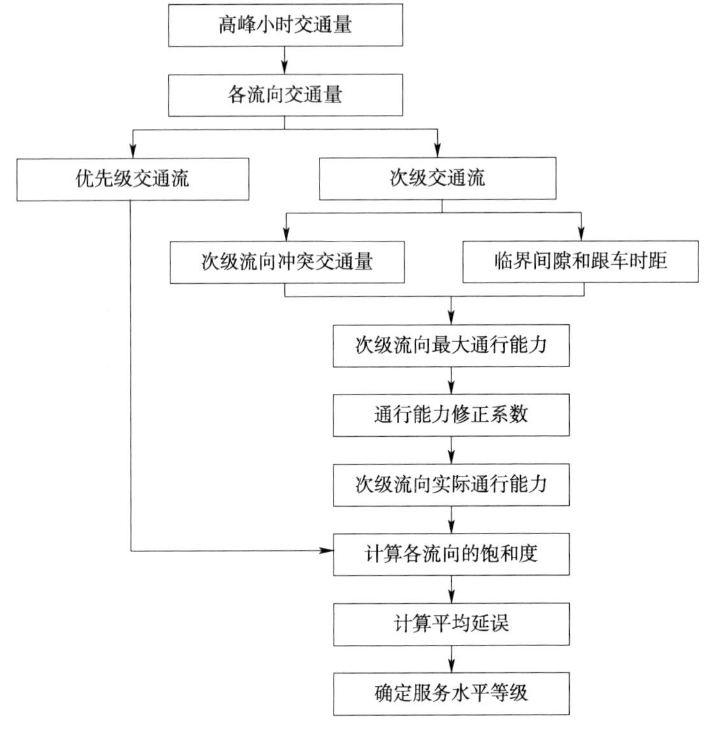

图 9-3 无信号平面交叉口运行状况分析步骤

（1）当观测的交通量为非高峰小时的交通量时，首先按照式（9-16）计算高峰小时交通量。

$$Q_i = \frac{q_i}{\mathrm{PHF}_{15}} \tag{9-16}$$

式中：Q_i——流向或引道 i 的高峰小时交通量（veh/h）；

q_i——流向或引道 i 的观测小时交通量或预测小时交通量（veh/h）；

PHF_{15}——15min 高峰小时系数，其取值可参见表 3-6。

（2）按照式（9-17）以及各引道中流向组成比例，计算各流向的交通量。

$$Q_i = Q_{a,j} P_i \tag{9-17}$$

式中：Q_i——流向 i 的高峰小时交通量（veh/h）；

$Q_{a,j}$——引道 j 的高峰小时交通量（veh/h）；

P_i——流向 i 的交通量占引道 j 交通量的比例。

（3）将所有流向交通量分为两部分进行分析，第 1 级交通流是最高优先等级的交通流，其交通量不进行修正，可直接计算该流向的饱和度；第 2、3、4 级交通流归为次级交通流，进入次级交通流的交通量修正程序。

（4）次级交通量修正。

①按照图 9-1 确定各次级交通流的交通量；

②对照表 9-2 的相应公式计算各次级交通流的冲突交通量；

③根据次级交通流所处的车道位置以及车道数，从表 9-3 中选择恰当的临界间隙 t_c；根据次级车流所在的车道纵坡、交通组成，按照式（9-1）计算各流向中实际的临界间隙；

④根据次级交通流所处的车道位置以及车道数，从表 9-4 中选择恰当的跟车时距 t_f；根据主路的车道数和该次级车流的交通组成，按照式（9-2）计算各流向中实际的跟车时距；

⑤按照式（9-8）计算次级交通流的可能通行能力；

⑥根据不同级别流向的优先等级，按照上节中 5）小节的方法分别计算各等级流向的阻抗系数 f_g；

⑦按照表 9-5 选取路侧干扰修正系数 f_F；

⑧按照式（9-9）计算各流向交通流的实际通行能力 $c_{m,i}$。

（5）计算各流向饱和度。

按照式（9-11）计算各次级交通流的饱和度；而最高优先级的饱和度可以按照式（9-18）计算，作为评价交叉口总体运行状况的参考性指标。

$$X_i = \frac{Q_i}{C_i} \tag{9-18}$$

式中：X_i——最高优先级交通流 i 的饱和度；

Q_i——最高优先级交通流 i 的实际交通流率（veh/h）；

C_i——对应路段中交通流 i 的通行能力（veh/h）。

（6）计算平均延误。

按照式（9-14）计算无信号交叉口内各交通流的平均延误和整个交叉口的平均延误。

（7）计算服务水平等级。

根据各流向的延误水平或者是整个交叉口的平均延误，对照表 9-1，确定交叉口的服务水平等级。

（8）当分析结果不能满足要求时，根据计算得到的各流向饱和度和延误指标，确定新的道路、交通、控制条件，重新分析。

第四节　算　　例

一、算例 1——十字交叉口运行状况分析

已知　四车道干线的胡桃树街和双车道集流道路的榆树街的交叉口，如图 9-4 所示，榆树街是停车控制，各流向的高峰小时交通量为 $Q_1=33$，$Q_2=250$，$Q_3=50$，$Q_4=66$，$Q_5=300$，$Q_6=100$，$Q_7=44$，$Q_8=132$，$Q_9=55$，$Q_{10}=11$，$Q_{11}=110$，$Q_{12}=28$（单位都是 pcu/h），干线直行单方向的通行能力为 3000pcu/h，右转单方向的通行能力为 1000pcu/h，无行人和非机动车和慢行车的干扰，纵坡为 0。

问题　该十字交叉口运行状况如何？

分析　按照图 9-3 描述的运行状况分析步骤进行求解。

1）计算高峰小时交通量

当观测的交通量为非高峰小时的交通量时，首先按照式（9-16）计算高峰小时交通量。本题中交通量已经是高峰小时交通量，故不需此步的计算。

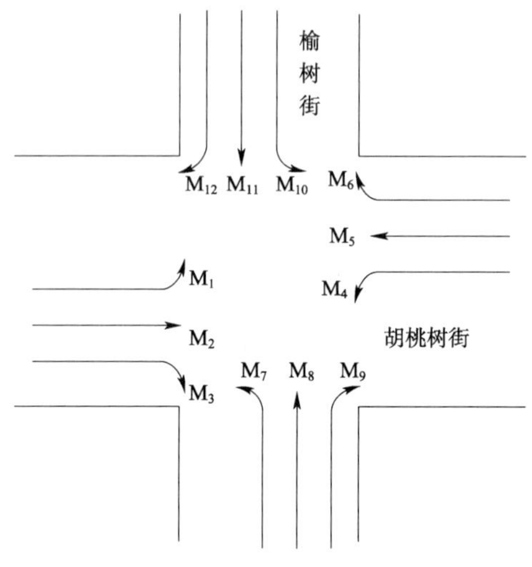

图 9-4　算例 1 的运行特性示意图

2）计算各流向的交通量

按照式（9-17）以及各引道中流向组成比例，计算各流向的交通量。本题中已知条件即为各流向交通量，即 Q_1 =33pcu/h，Q_2 =250pcu/h，Q_3 =50pcu/h，Q_4 =66pcu/h，Q_5 =300pcu/h，Q_6 =100pcu/h，Q_7 =44pcu/h，Q_8 =132pcu/h，Q_9 =55pcu/h，Q_{10} =11pcu/h，Q_{11} =110pcu/h，Q_{12} =28pcu/h。

3）优先等级交通量修正

M_2、M_3、M_5、M_6 是最高优先等级的交通流，其交通量不进行修正，可直接计算该流向的饱和度；其他交通流归为次级交通流，进入次级交通流的交通量修正程序。

4）次级交通量修正

（1）已知条件已经给出各次级交通流的交通量，包括第 2 级的 Q_1、Q_4、Q_9、Q_{12}，第 3 级的 Q_8 和 Q_{11} 以及第 4 级的 Q_7 和 Q_{10}。

（2）按照表 9-2 计算各次级交通流的冲突交通量。

主路左转：
$$Q_{c,1} = Q_5 + Q_6 = 300 + 100 = 400\ (\text{pcu/h})$$

$$Q_{c,4} = Q_2 + Q_3 = 250 + 50 = 300\ (\text{pcu/h})$$

支路右转：
$$Q_{c,9} = \frac{Q_2}{N} + 0.5Q_3 = \frac{250}{2} + 25 = 150\ (\text{pcu/h})$$

$$Q_{c,12} = \frac{Q_5}{N} + 0.5Q_6 = 200\ (\text{pcu/h})$$

支路直行：第一阶段 $Q_{c,I,8} = 2Q_1 + Q_2 + 0.5Q_3$

$= 2 \times 33 + 250 + 25$

$= 341$（pcu/h）

$Q_{c,I,11} = 2Q_4 + Q_5 + 0.5Q_6$

$= 2 \times 66 + 300 + 50$

$= 482$（pcu/h）

第二阶段 $Q_{c,II,8} = 2Q_4 + Q_5 + Q_6$

$= 2 \times 66 + 300 + 100$

$= 532$（pcu/h）

$Q_{c,I,7} = 2Q_1 + Q_2 + 0.5Q_3 + Q_{15}$

$= 2 \times 33 + 250 + 50$

$= 366$（pcu/h）

支路左转：第一阶段 $Q_{c,I,7} = 2Q_1 + Q_2 + 0.5Q_3 + Q_{15}$

$= 2 \times 33 + 250 + 0.5 \times 50 + 0$

$= 341$（pcu/h）

第二阶段 $Q_{c,II,7} = 2Q_4 + \dfrac{Q_5}{N} + 0.5Q_6 + 0.5Q_{12} + 0.5Q_{11} + Q_{13}$

$= 2 \times 66 + 300 \div 2 + 0.5 \times 100 + 0.5 \times 28 + 0.5 \times 110 + 0$

$= 401$（pcu/h）

第一阶段 $Q_{c,I,10} = 2Q_4 + Q_5 + 0.5Q_6 + Q_{16}$

$= 2 \times 66 + 300 + 50 + 0$

$= 482$（pcu/h）

第二阶段 $Q_{c,II,10} = 2Q_1 + \dfrac{Q_2}{N} + 0.5Q_3 + 0.5Q_9 + 0.5Q_8 + Q_{14}$

$= 2 \times 33 + 250 \div 2 + 0.5 \times 50 + 0.5 \times 55 + 0.5 \times 132 + 0$

$= 310$（pcu/h）

（3）根据次级交通流所处的车道位置以及车道数，从表 9-3 中选择恰当的临界间隙 t_c；根据次级车流所在的车道纵坡、交通组成，按照式（9-1）计算各流向中实际的临界间隙，有：

$$T_{c,i} = t_{base,i} + t_{HV}p_{HV,i} + t_g g_i - t_{lt,i}$$

$$T_{c,1} = T_{c,4} = 6.0 + 2.0 \times 0 + 0 = 6.0\ (\text{s})$$

$$T_{c,7} = T_{c,10} = 6.5 + 2.0 \times 0 + 0 = 6.5\ (\text{s})$$

$$T_{c,8} = T_{c,11} = 6.0 + 2.0 \times 0 + 0 = 6.0\ (\text{s})$$

$$T_{c,9} = T_{c,12} = 4.0 + 2.0 \times 0 + 0 = 4.0\ (\text{s})$$

（4）根据次级交通流所处的车道位置以及车道数，从表 9-4 中选择跟车时距 t_f；根据主路的车道数和该次级车流的交通组成，按照式（9-2）计算各流向中实际的跟车时距，有：

$$T_{f,i} = t_{f,base,i} + t_{f,HV}p_{HV,i}$$

$$T_{f,1} = T_{f,4} = 2.0\ (\mathrm{s})$$

$$T_{f,7} = T_{f,10} = 2.5\ (\mathrm{s})$$

$$T_{f,8} = T_{f,11} = 2.0\ (\mathrm{s})$$

$$T_{f,9} = T_{f,12} = 1.6\ (\mathrm{s})$$

（5）按照式（9-8）计算次级交通流的可能通行能力，有：

$$C_1 = Q_{c,1}\frac{e^{-\frac{Q_{c,1}T_{c,1}}{3600}}}{1-e^{-\frac{Q_{c,1}T_{f,1}}{3600}}} = 400\times\frac{e^{-\frac{400\times6}{3600}}}{1-e^{-\frac{400\times2}{3600}}} = 1031(\mathrm{pcu/h})$$

同理可得：

$$C_4 = 1185\ (\mathrm{pcu/h})$$

$$C_7 = 483\ (\mathrm{pcu/h})$$

$$C_{10} = 448\ (\mathrm{pcu/h})$$

$$C_8 = 530\ (\mathrm{pcu/h})$$

$$C_{11} = 549\ (\mathrm{pcu/h})$$

$$C_9 = 1969\ (\mathrm{pcu/h})$$

$$C_{12} = 1883\ (\mathrm{pcu/h})$$

（6）根据不同级别流向的优先等级，分别计算各等级流向的阻抗系数f_g，有：

①第 1 级交通流的阻抗系数$f_g = 1.00$；

②第 2 级交通流的阻抗系数$f_g = 1.00$；

③第 3 级交通流的阻抗系数。

a. 第 2 级交通流中车辆自由通过交叉口的概率 $P_{f,i}$ 按式（9-5）计算，可得：

$$P_{f,1} = 1-\frac{Q_1}{c_1} = 1-\frac{33}{1031} = 0.968$$

$$P_{f,4} = 1-\frac{Q_4}{c_4} = 1-\frac{66}{1185} = 0.944$$

$$P_{f,9} = 1-\frac{Q_9}{c_9} = 1-\frac{55}{1969} = 0.972$$

$$P_{f,12} = 1-\frac{Q_{12}}{c_{12}} = 1-\frac{28}{1883} = 0.985$$

b. 第 3 级交通流的阻抗系数：

$$f_{g,8} = f_{g,11} = P_{f,4}\times P_{f,1} = 0.944\times0.968 = 0.914$$

④第 4 级交通流的阻抗系数。

a. 与第 4 级交通流 M_{10}冲突得第 2 级交通流有 M_1，M_4，M_9；与第 4 级交通流 M_{10}冲突的第 3 级交通流有 M_8，则计算有：

$$P_{f,8} = 1-\frac{Q_8}{C_8} = 1-\frac{132}{530} = 0.751$$

按式（9-7）计算第 2、3 级交通流的有效间隙概率 P_1，有：

$P_1 = P_{f,8} \times (P_{f,1} \times P_{f,4} \times P_{f,9}) = 0.751 \times (0.968 \times 0.944 \times 0.972) = 0.667$

b. 计算车流 M_{10}的辅助修正系数，有：

$$f'_{g,10} = 0.65 \times 0.667 - \frac{0.667}{0.667 + 3} + 0.6\sqrt{0.667} = 0.742$$

c. 计算车流 M_{10}的阻抗系数，有：

$$f_{g,10} = 0.742 \times 0.751 = 0.557$$

同理，可以计算车流 M_7的阻抗系数：

a. $P_{f,11} = 1 - \frac{Q_{11}}{c_{11}} = 1 - \frac{110}{549} = 0.800$

$P_1 = P_{f,11} \times (P_{f,1} \times P_{f,4} \times P_{f,12}) = 0.800 \times (0.968 \times 0.944 \times 0.985) = 0.720$

b. $f'_{g,7} = 0.65 \times 0.720 - \frac{0.720}{0.720 + 3} + 0.6\sqrt{0.720} = 0.784$

c. $f_{g,7} = 0.784 \times 0.800 = 0.627$

第 4 级交通流的阻抗系数$f_{g,7} = 0.627$，$f_{g,10} = 0.557$。

（7）由于无横向干扰，所以按照表 9-5 选取横向干扰修正系数$f_F = 0.95$。

（8）按照式（9-5）计算各流向交通流的实际通行能力 $C_{m,i}$，有：

$$C_{m,1} = C_1 f_{g,1} f_{fr} = 1031 \times 1.00 \times 0.95 = 979(\text{pcu/h})$$

同理可得：

$$C_{m,4} = C_4 f_{g,4} f_{fr} = 1185 \times 1.00 \times 0.95 = 1126(\text{pcu/h})$$

$$C_{m,9} = C_9 f_{g,9} f_{fr} = 1969 \times 1.00 \times 0.95 = 1871(\text{pcu/h})$$

$$C_{m,12} = C_{12} f_{g,12} f_{fr} = 1883 \times 1.00 \times 0.95 = 1789(\text{pcu/h})$$

$$C_8 = C_8 f_{g,8} f_{fr} = 530 \times 0.914 \times 0.95 = 460(\text{pcu/h})$$

$$C_{m,11} = C_{11} f_{g,11} f_{fr} = 549 \times 0.914 \times 0.95 = 477(\text{pcu/h})$$

$$C_{m,7} = C_7 f_{g,7} f_{fr} = 483 \times 0.627 \times 0.95 = 303(\text{pcu/h})$$

$$C_{m,10} = C_{10} f_{g,10} f_{fr} = 448 \times 0.557 \times 0.95 = 237(\text{pcu/h})$$

5）计算各流向饱和度

按照式（9-11）计算各流向饱和度，可得：

$$X_1 = \frac{Q_1}{C_{m,1}} = \frac{33}{979} = 0.034$$

$$X_4 = \frac{Q_4}{C_{m,4}} = \frac{66}{1126} = 0.059$$

$$X_9 = \frac{Q_9}{C_{m,9}} = \frac{55}{1871} = 0.029$$

$$X_{12} = \frac{Q_{12}}{C_{m,12}} = \frac{28}{1789} = 0.016$$

$$X_8 = \frac{Q_8}{C_{m,8}} = \frac{132}{460} = 0.287$$

$$X_{11} = \frac{Q_{11}}{C_{m,11}} = \frac{110}{477} = 0.231$$

$$X_7 = \frac{Q_7}{C_{m,7}} = \frac{44}{303} = 0.145$$

$$X_{10} = \frac{Q_{10}}{C_{m,10}} = \frac{11}{237} = 0.046$$

按照式（9-18）计算第1级交通流向得饱和度，可得：

$$X_2 = \frac{Q_2}{C_2} = \frac{250}{3000} = 0.083$$

$$X_3 = \frac{Q_3}{C_3} = \frac{50}{1000} = 0.050$$

$$X_5 = \frac{Q_5}{C_5} = \frac{300}{3000} = 0.100$$

$$X_6 = \frac{Q_6}{C_6} = \frac{100}{1000} = 0.100$$

交叉口的饱和度：

$$X_c = \sum_I X_I = 1.12$$

6）计算平均延误

用公式（9-14）计算平均延误，由于 $X_c = 1.12$，大于0.77，所以：

$$d = 2.04 \times e^{4.28X_C} - 20 = 2.04 \times e^{4.28\times1.12} - 20 = 226\ (\mathrm{s})$$

7）确定服务水平等级

根据延误时间，对照表9-1，确定服务水平等级：该交叉口的交通流总体处于六级。

二、算例2——T形交叉口运行状况分析

已知　一个T形交叉口，市场路和商业街都是双车道的道路，商业街由停车标志控制。该交叉口如图9-5所示。经调查，非高峰小时交通量组成小型车为80%，中型车10%，大型车8%，拖挂车2%，高峰小时系数为0.90，各个方向的交通量为：$q_2 = 150$，$q_3 = 25$，$q_4 = 100$，$q_5 = 200$，$q_7 = 25$，$q_9 = 80$，平原地形，坡度为0。

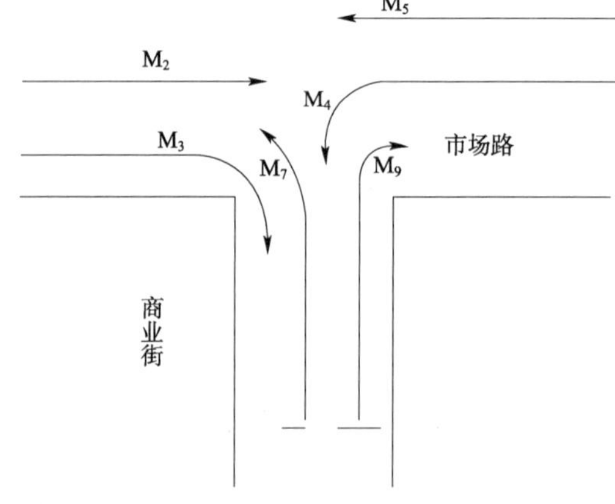

图9-5　算例2的运行特性示意图

问题　该交叉口的次级流向通行能力和服务水平怎么样?

分析

1）将观测的交通量转换为高峰小时交通量

计算高峰小时交通量:

$$Q_2 = \frac{q_2}{f_{HV}} = \frac{150}{0.73} = 205(\text{veh/h})$$

同理计算出:

$$Q_3 = 34 \ (\text{veh/h})$$

$$Q_4 = 136 \ (\text{veh/h})$$

$$Q_5 = 274 \ (\text{veh/h})$$

$$Q_7 = 34 \ (\text{veh/h})$$

$$Q_9 = 110 \ (\text{veh/h})$$

2）次级交通量的修正

（1）按照表9-2计算各次级交通流的冲突交通量。

主路左转: $Q_{c,4} = Q_2 + Q_3 = 205 + 34 = 239 \ (\text{veh/h})$

支路右转: $Q_{c,9} = \frac{Q_2}{N} + 0.5Q_3 = 205 + 0.5 \times 25 = 218 \ (\text{veh/h})$

支路左转: 第一阶段　$Q_{c,I,7} = Q_2 + 0.5Q_3 + Q_{15} = 205 + 0.5 \times 25 + 0 = 218 \ (\text{veh/h})$

第二阶段　$Q_{c,II,7} = 2Q_4 + \frac{Q_5}{N} + Q_{13} = 2 \times 136 + 274 + 0 = 546 \ (\text{veh/h})$

（2）据次级交通流所处的车道位置以及车道数，从表9-3中选择恰当的临界间隙 t_c；根据次级车流所在的车道纵坡、交通组成，按照式（9-1）计算各流向中实际的临界间隙。

①交通流中非小型车的比例:

$$P_{HV,i} = \frac{2.0 \times 0.1 + 3.5 \times 0.08 + 4.5 \times 0.02}{1.0 \times 0.8 + 2.0 \times 0.1 + 3.5 \times 0.08 + 4.5 \times 0.02} = \frac{0.57}{1.37} = 0.416$$

②计算临界间隙:

$$T_{c,i} = t_{base,i} + t_{HV}p_{HV,i} + t_g g_i - t_{lt,i}$$

$$T_{c,4} = (5.0 \times 0.8 + 6.0 \times 0.1 + 7.0 \times 0.08 + 7.0 \times 0.02) + 1.0 \times 0.416 + 0 = 5.716 \ (\text{s})$$

$$T_{c,7} = (5.5 \times 0.8 + 6.5 \times 0.1 + 7.5 \times 0.08 + 8.0 \times 0.02) + 1.0 \times 0.416 - 0.7 = 5.526 \ (\text{s})$$

$$T_{c,9} = (3.0 \times 0.8 + 3.5 \times 0.1 + 4.0 \times 0.08 + 4.5 \times 0.02) + 1.0 \times 0.416 = 3.576 \ (\text{s})$$

（3）据次级交通流所处的车道位置以及车道数，从表9-4中选择跟车时距 t_f；根据主路的车道数和该次级车流的交通组成，按照式（9-2）计算各流向中实际的跟车时距:

$$T_{f,4} = (2.0 \times 0.8 + 2.5 \times 0.1 + 3.0 \times 0.08 + 4.0 \times 0.02) + 0.9 \times 0.416 = 2.54(\text{s})$$

$$T_{f,7} = (2.5 \times 0.8 + 3.0 \times 0.1 + 3.5 \times 0.08 + 4.0 \times 0.02) + 0.9 \times 0.416 = 3.03(\text{s})$$

$$T_{j,9} = (1.6 \times 0.8 + 2.2 \times 0.1 + 2.5 \times 0.08 + 3.0 \times 0.02) + 0.9 \times 0.416 = 2.13(\text{s})$$

（4）按照式（9-8）计算次级交通流的可能通行能力:

$$C_4 = Q_{c,4} \frac{e^{-\frac{Q_{c,4}T_{c,4}}{3600}}}{1 - e^{-\frac{Q_{c,4}T_{f,4}}{3600}}} = 239 \times \frac{e^{-\frac{239 \times 5.716}{3600}}}{1 - e^{-\frac{239 \times 2.54}{3600}}} = 1053(\text{veh/h})$$

同理：

$$C_7 = 641 \text{ (veh/h)}$$

$$C_9 = 1450 \text{ (veh/h)}$$

（5）按不同级别流向的优先等级，分别计算各等级流向的阻抗系数 f_g：

①第 1 级交通流 2，3，5 的阻抗系数 $f_g = 1.00$；

②第 2 级交通流 4，9 的阻抗系数 $f_g = 1.00$；

③第 3 级交通流 7 的阻抗系数，第 2 级交通流中车辆通过交叉口的概率按式（9-5）计算，可得：

$$P_{f,4} = 1 - \frac{Q_4}{C_4} = 1 - \frac{136}{1053} = 0.851$$

$$P_{f,9} = 1 - \frac{Q_9}{C_9} = 1 - \frac{122}{1427} = 0.871$$

所以，第 3 级交通流 7 的阻抗系数 $f_{g,7} = 0.851 \times 0.871 = 0.741$。

（6）由于无横向干扰，所以按照表 9-5 选取横向干扰修正系数 $f_F = 0.95$。

（7）照式（9-9）计算各流向交通流的实际通行能力 $c_{m,i}$：

$$C_{m,4} = C_4 f_{g,4} f_{fr} = 1053 \times 1.00 \times 0.95 = 1000 \text{ (veh/h)}$$

$$C_{m,9} = C_9 f_{g,9} f_{fr} = 1450 \times 1.00 \times 0.95 = 1378 \text{ (veh/h)}$$

$$C_{m,7} = C_7 f_{g,7} f_{fr} = 641 \times 0.741 \times 0.95 = 432 \text{ (veh/h)}$$

3）计算各流向饱和度

按照式（9-11）计算各流向的饱和度，可得：

$$X_4 = \frac{Q_4}{c_{m,4}} = \frac{136}{1000} = 0.129$$

$$X_9 = \frac{Q_9}{c_{m,9}} = \frac{110}{1378} = 0.080$$

$$X_7 = \frac{Q_7}{c_{m,7}} = \frac{34}{432} = 0.079$$

4）计算平均延误

利用公式（9-14）计算平均延误：

$$d_4 = 2.08 \text{ (s)}$$

$$d_7 = 1.69 \text{ (s)}$$

$$d_9 = 1.68 \text{ (s)}$$

5）确定服务水平等级

根据延误时间，对照表 9-1，确定服务水平等级：各次要流向服务水平处于一级。

第十章　环形平面交叉

第一节　引　　言

自20世纪初环形平面交叉首次出现以来，其发展已经有一百多年的历史。在我国的公路上，环形平面交叉通常作为从设计速度较高的公路向设计速度较低的公路或城市道路过渡的一种形式存在。随着交通量的不断增加，很多环形平面交叉出现了拥堵，导致既有环形平面交叉被拆除和改造比例较高，新建却越来越少。

从我国环形平面交叉的发展过程来看，与发达国家是类似的，都是从曾经大规模建设半径比较大的环形平面交叉，到大量地拆除和改造环形平面交叉。在既有环形平面交叉改造的过程中，英国的改造是比较成功的，得到了很多国家的认可。

20世纪60年代，英国对传统环形平面交叉进行改进，从强调汇入和交织的传统大半径环形平面交叉，转变为较小半径的现代环形平面交叉。现代环形平面交叉具有如下两个比较显著的特征。一是环行优先规则：入口设置让行标志，进入的车辆为环道内车辆让行，寻找间隙才能驶入环道；同时遵守外环让内环的通行原则，鼓励环岛采用较小的半径。二是入口车流的偏转：入口车道尽量指向环岛中心，向右偏转进入环道，以获得较低的行驶速度进入环形交叉，并以较高的行驶速度驶离环岛。现代环形平面交叉如图10-1所示。目前，现代环形平面交叉在欧洲、澳洲、美洲等已大规模地应用。

图10-1　现代环形平面交叉示例

环形平面交叉的通行能力与几何设计相关性很大，宜根据环形平面交叉各个交通流向的需求采取有针对性的设计。本章在对我国环形平面交叉进行数据采集基础上，通过模拟仿真，参考多个国家的模型，并考虑目前我国环形平面交叉交通运行特点，融入现代环形平面交叉的分析理念，提出了环形平面交叉的通行能力分析方法。

环形平面交叉通行能力分析可用来估算在规定的运行条件下设施的交通负荷能力，它是公路交叉口规划、设计及管理等方面的基本参数，其具体数值的变化随交叉口相交道路等级、几何线形、路况、交通管理与交通状况的不同而有显著的变化。

我国很多从业者和设计人员在实际的工程建设中推荐过现代环形平面交叉的设计，但是在实际中采用的较少，由于我国现代环形交叉的实例很少，为此在研究现代环形平面交叉的通行能力方面，还需要进一步深入的研究。

一、名词术语

1. 环形平面交叉通行能力

在通常的道路和交通条件下，环形平面交叉入口所容许通过的最大交通流率即环形平面交叉通行能力，单位是 veh/（h · ln） 或 pcu/（h · ln）；环形平面交叉各入口道应分别进行通行能力和服务水平的分析与评价。

2. 环形平面交叉分析范围

环形平面交叉的分析范围应包括构成该交叉口各条道路的相交部分、出入口道的展宽段和渐变段及其向外延伸 50m 的路段所共同围成的空间。

3. 环形平面交叉分析方法适用范围

环形平面交叉通行能力分析方法主要适用于四岔环形平面交叉，分析模型重点考虑入口几何设计、上游环形交通流和下游交织段三个方面，其他类型的环形平面交叉也可参照分析。

二、交通特性

环形平面交叉的基准条件包括公路条件和交通条件等。公路的基准条件是平原地形、交叉口视线良好，无遮挡、交叉口范围内无支路和停靠站、纵坡小于 2%、具有良好的线形，路面平整；交通基准条件是指交通组成是 100% 的小客车，驾驶人都是职业驾驶人且对道路比较熟悉；其他基准条件还包括天气良好，无交通管制，无交通事故等突发情况。

根据《中华人民共和国道路交通安全法实施条例》第五十一条、五十二条中的规定，环形平面交叉按照“准备进入环形路口的让已在路口内的机动车先行”的通行原则通行。从理想的公路、交通条件和通行规则上来讲，入环的交通流应让行环绕的交通流，环绕的交通流让行出环交通流，那么环形平面交叉的瓶颈处是入口处，不存在交织问题。然而，实际的交通运行中是存在交织现象的，从驾驶人判断和交通警察执法的角度来看，车辆何时该让行或抢行，是很难评判的；而交织路段也会出现不同程度的瓶颈现象。为此，在实际分析的过程中，以入口和交织段作为两个重点分析对象。

在实地调研环形平面交叉时观测发现，在流量较小的情况下，入环车流和出环车流的车头时距较大，车辆通过环形平面交叉时几乎不受其他车流的影响，自由通过。随着入环流量和出环流量的增加，入环车辆和出环车辆都会受到彼此的影响，偶然发生冲突，进而影响后面行驶的车辆。

如图 10-2 所示，入口交通量 Q_e，受到入口上游环行段交通量 Q_c 的影响，同时还受到入口下游交织段交通量 $Q_{交织}$（$Q_{交织1} = Q_{n1} + Q_{R1} + Q_{wa1} + Q_{wb1} = Q_{e1} + Q_{c1}$）的限制，当交织段交通量达到或超过了交通条件限制的通行能力值时，入口将发生拥堵现象，为此将研究对象确定为每一个环形平面交叉的入口段，包括：入口车道、入口前的环形段、入口之后的交织段三个部分。此外，当入口几何设计不合理时，由于车辆在交叉口之前会降速，可能导致车辆在入口处发生拥堵，即入口通行能力受到几何条件和交通条件的双重限制。一般情况下，环形平面交叉通行能力主要受交通条件（即交织段）的影响。本章给出的方法，考虑将通行能力分析与环形平面交叉入口的几何设计相关联，为设计人员进行入口优化方案设计提供参考。

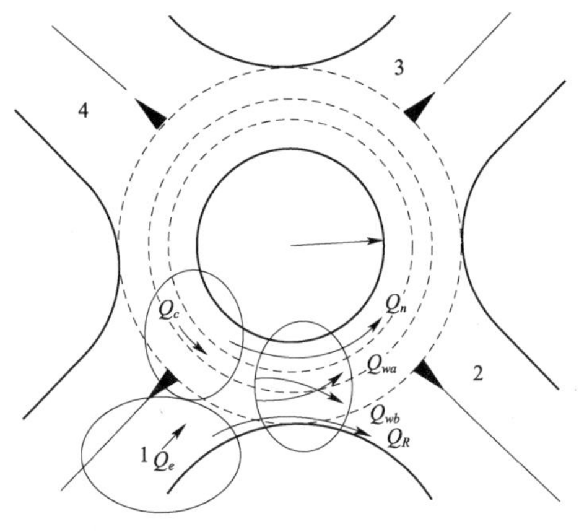

图 10-2　环形平面交叉入口段研究范围示意图

环形平面交叉在具体的应用中具有如下特点。

1. 环形平面交叉的优点

（1）能够提供景观上的需要，美化或者调解道路的单调感，中央环岛大多设置绿化，提高道路的绿化率，改变驾驶人的视觉感受，在一定程度上起到缓解视觉疲劳的作用，如图 10-3 所示。

图 10-3　北京上地七街环形平面交叉（左）和北京怀柔区青春路北环形平面交叉（右）

（2）能够保存历史古迹或者保留都市的特色，如法国巴黎凯旋门、西安钟楼等一些环形平面交叉，如图 10-4 所示。

（3）提供交通上的需要，可以适用于多路交叉，避免复杂的信号相位设计，如图 10-5所示。

（4）环形平面交叉可以简化各路口进入交叉口的操作，使所有车辆按照一定的方向绕行，减少冲突点，且环内车速较低，冲突角度较小，安全性高；在低交通量时，可以提供连续不断的交通流，避免了不必要的延误。

（5）环形平面交叉的车辆运行特点，可以减少停车怠速汽车尾气对空气的污染，具有节能减排的效果。

图 10-4　法国巴黎凯旋门环形平面交叉（左）和西安钟楼环形平面交叉（右）

图 10-5　多路交叉环形平面交叉

2. 环形平面交叉的缺点

（1）用地面积较大。

（2）行人非机动车绕行距离远。

（3）交通量超过一定量容易造成交通拥挤。

三、影响因素

环形平面交叉通行能力影响因素主要包括交通影响因素和几何影响因素两个方面。交通影响因素主要包括交通组成、入口上游环行段交通流率、入口下游交织段交通流率、交织比例、路侧干扰等；几何影响因素主要包括中心环岛半径、车道数、车道宽度、入口拓宽情况等。在各类影响因素中，各个入口不同流向的交通流率是交通影响因素的基本组成，其他影响因素将在本章后续内容中体现。

环形平面交叉各部分交通流率计算，主要考虑每个入口左转、直行、右转三个主要流向，忽略了掉头方向的车辆；一方面根据实测，掉头方向的车辆较少，对通行能力分析结果影响较小；另一方面忽略掉头方向车辆，可以降低计算的复杂程度。表 10-1 和图 10-6 中给出了各段交通流率的计算方法、流向的示意，并以入口 1 作为示例。

环形平面交叉各段流率计算方法（以入口1为例） 表10-1

交通流向	交通流率计算公式（pcu/h）
入口流率	$Q_{e1}=Q_{1R}+Q_{1S}+Q_{1L}$
环行流率	$Q_{c1}=Q_{3L}+Q_{4S}+Q_{4L}$
非交织流率	$Q_{n1}=Q_{4L}$ $Q_{R1}=Q_{1R}$
交织流率	$Q_{wa1}=Q_{1S}+Q_{1L}$ $Q_{wb1}=Q_{3L}+Q_{4S}$
交织段流率	$Q_{交织1}=Q_{n1}+Q_{R1}+Q_{wa1}+Q_{wb1}=Q_{e1}+Q_{c1}$
交织流率比	$W_i=\dfrac{Q_{wa1}+Q_{wb1}}{Q_{交织1}}$

注：$Q_{交织}$ 为影响入口的交织段的交通流率；表中 Q_{iL}、Q_{iS}、Q_{iR} 分别表示入口 i 的左转、直行、右转交通流率；Q_{ei}、Q_{ci}、Q_{ni}、Q_{Ri}、Q_{wai}、Q_{wbi} 分别表示入口 i 如图10-6中所示的各个流向的流率。

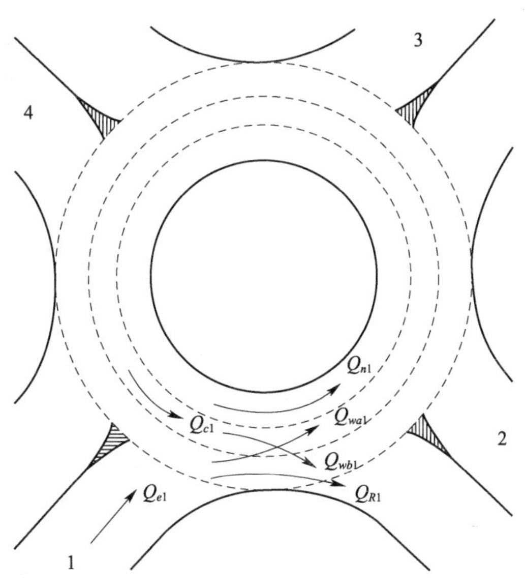

图10-6　环形平面交叉各段流向示意图（以入口1为例）

第二节　通行能力分析方法

一、通行能力分析方法流程

环形平面交叉的通行能力分析方法流程如图10-7所示。如何应用这些步骤进行具体的交通规划、设计和运行状况分析，将在下一节中详细描述。

从图 10-7 可以看出，环形平面交叉通行能力分析是从基准条件下开始的，然后根据规划、设计或运营的实际条件，对基准的通行能力进行修正，得到实际条件下的环形车道的通行能力。同时，以观测交通流率为基础，通过交通流率修正，得到实际条件下的高峰小时流率。结合实际条件下的通行能力值和实际条件最大的高峰小时流率，进行环形平面交叉的规划、设计和运行状况分析。

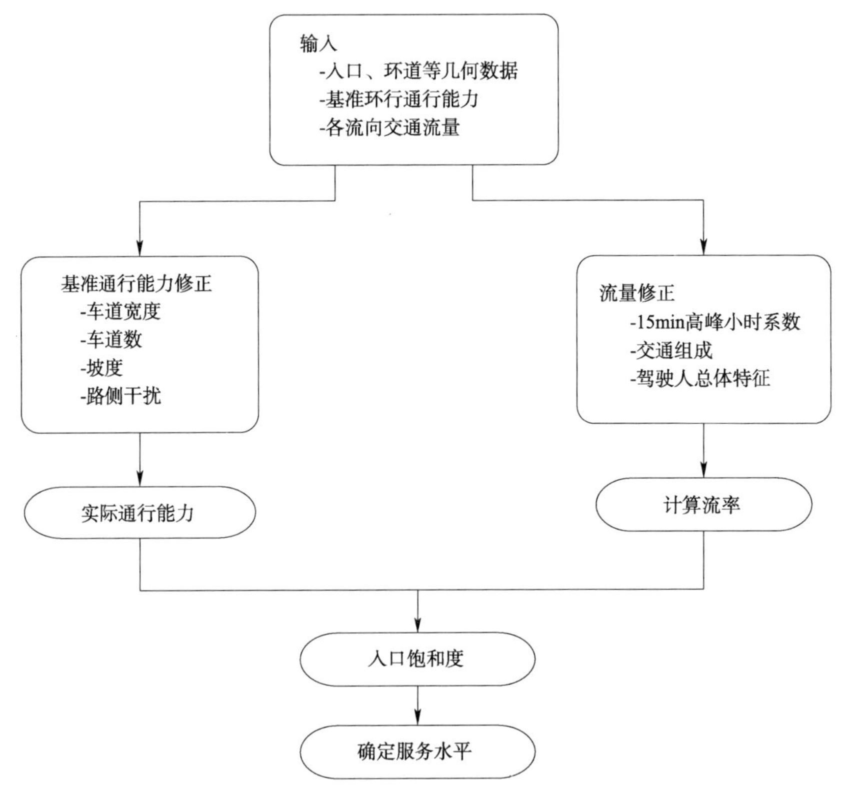

图 10-7 高速公路基本路段通行能力分析方法流程

二、计算参数与公式

1. 服务水平分级

从各国平面交叉的服务水平分级来看，很多采用延误作为服务水平划分的标准，而对于环形平面交叉，一些国家和地区采用饱和度（v/C）作为服务水平划分的标准。环形平面交叉的延误，在相关文献中是这样描述的：当速度开始降低的那一刻到通过环形平面交叉后恢复到原有速度的时刻，这一段时间被称为该车辆的延误。具体的过程如图 10-8 所示。

但是延误在实际观测中很难观测，尤其是要记录每辆车的平均延误是比较困难的，为此，本项目采用更加容易观测的饱和度（v/C）作为环形平面交叉服务水平的划分标准。环形平面交叉服务水平分为六级，各级服务水平对应的参数规定见表 10-2。

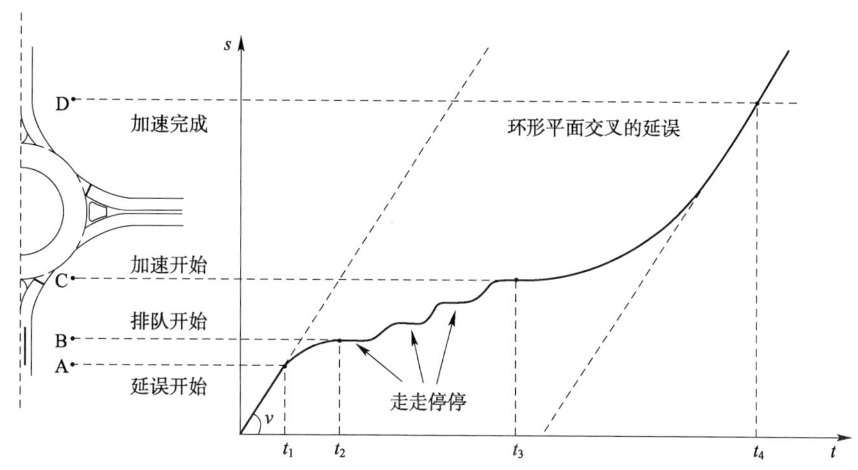

图 10-8　车辆在环形平面交叉延误的过程示意图

环形平面交叉服务水平分级　　表 10-2

服务水平等级	饱　和　度	服务水平等级	饱　和　度
一	$v/C \leqslant 0.5$	四	$0.7 < v/C \leqslant 0.85$
二	$0.5 < v/C \leqslant 0.6$	五	$0.85 < v/C \leqslant 1.0$
三	$0.6 < v/C \leqslant 0.7$	六	$v/C > 1.0$

2. 基准条件下的通行能力

根据对现代环形平面交叉交通运行状况的相关了解，环形平面交叉中心环岛的半径不宜过大，当半径超过一定数值时，占地面积较大，绕行距离长，易出现转换车道频率增加、运行速度加快、速度差较大等现象，在一定上程度降低了安全性；环形平面交叉不同半径下的基准通行能力是通过实测分析车头时距和仿真等得出的。

环形平面交叉环形车道基准通行能力应按表 10-3 选取。

环形平面交叉环形车道基准通行能力　　表 10-3

环岛半径（m）	环形车道基准通行能力［pcu/(h · ln)］	环岛半径（m）	环形车道基准通行能力［pcu/(h · ln)］
10	700	40	1200
20	900	50	1300
30	1100		

3. 实际道路条件的修正

环形平面交叉通行能力需要根据实际的一些情况对基准的通行能力进行修正，一般情况下应考虑环形车道宽度、入口道纵坡、交通组成、过街行人与非机动车等因素。

（1）环形平面交叉环形车道宽度修正系数 f_w 宜按表 10-4 选取。

车道宽度修正系数　　表 10-4

车道宽度（m）	≤3.50	(3.50，3.75]	(3.75，4.00]	>4.0
修正系数	0.95	0.97	0.98	1.0

（2）环形平面交叉入口道纵坡修正系数 f_G 宜按表 10-5 选取。

环形平面交叉纵坡修正系数值　　表 10-5

坡度（%）	-3	-2	-1	0	1	2	3
修正系数	1.02	1.01	1.00	1.00	1.00	0.99	0.98

（3）环形平面交叉交通组成修正系数宜按式 10-1 计算。

$$f_{HV}=\frac{1}{1+\sum p_i(E_i-1)} \tag{10-1}$$

式中：p_i ——车型 i 的交通量占总交通量的百分比；

E_i ——车型 i 的车辆折算系数；车辆折算系数按表 10-6 选取。车型 i 包括小客车、中型车、大型车和汽车列车。

环形平面交叉车辆折算系数　　表 10-6

车型	小客车	中型车	大型车	汽车列车
折算系数	1	2	3.5	4.5

（4）路侧干扰修正系数 f_F 宜按表 10-7 选取。

路侧干扰修正系数　　表 10-7

每小时穿越路口的行人与非机动车数量	≤50	(50，100]	(100，150]	(150，250]	(250，400]	>400
修正系数	0.99	0.97	0.95	0.93	0.90	0.85

4. 服务交通量

一般来讲，环形平面交叉的通行能力，指的是在既有的通行规则条件下，每个入口能够进入环形平面交叉的最大服务交通量。而每个入口能够进入环形平面交叉的最大交通量，将与入口上游环行交通流的合并进入环形车道；为此，环形车道的容量、交织情况和入口上游环行交通流量，将对入口的最大服务交通量进行限制。

此外，驾驶人技术越熟练、越熟悉所行驶的道路，则越容易以较高且合理的速度行驶，反之，则会使交通流的整体速度降低，并导致速度—流量—密度关系曲线变化和通行能力降低。

驾驶人总体特征对通行能力的影响，用修正系数 f_p 表示。驾驶人总体特征影响修正系数的使用应该非常谨慎，可以通过调查工作日和休息日的交通流率和速度来确定该修正系数取值；或通过专家对道路、交通状况的综合分析，提出合理的修正系数，如通常情况下驾驶人总体特征影响修正系数可取 1，当分析有旅游功能的道路时，f_p 可取 0.90。

第三节　通行能力分析步骤

一、运行状况分析

1. 数据要求

进行环形平面交叉运行状况分析所需资料如下：

（1）高峰小时各个流向交通量，或者其他规定时间各入口各个流向的小时交通量；

（2）交通特性，包括交通组成（拖挂车以及大、中型车和小客车的组成比例），15min 高峰小时系数以及驾驶人总体特征；

（3）环行交叉口几何特性，包括中心环岛半径、交叉口所处的纵坡、环形行车道宽度、环形行车道数、各个入口方向的正常路段路幅宽度、入口与环形行车道相接处的宽度，从拓宽渐变段开始至入口与环形行车道相接的长度等设计指标。

2. 运行状况分析步骤

运行状况分析按图 10-9 所列步骤进行。

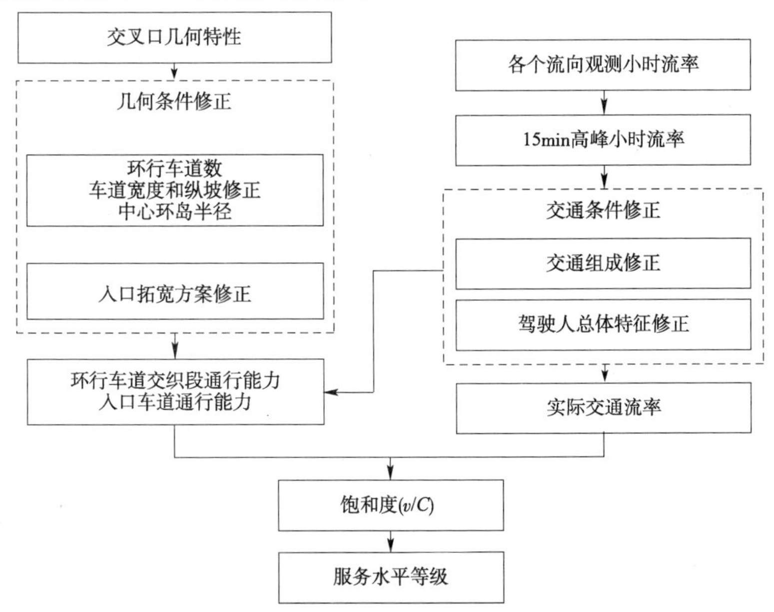

图 10-9　环行平面交叉运行状况分析步骤

运行状况分析步骤说明如下。

1）计算各入口受几何条件影响的实际通行能力

环形平面交叉的通行能力，受设计影响较大，实际的几何条件影响着入口容量。

各入口受几何条件影响的实际通行能力按式（10-2）计算，式中各参数意义可参照图 10-10。

$$C_{egi} = 220 \times \left[s + \frac{e - s}{1 + 2 \times (e - s)/l} \right] \times \left[1 - 0.978\left(\frac{1}{r} - 0.05 \right) \right] \tag{10-2}$$

式中：C_{egi}——入口 i 受几何条件影响的实际通行能力（pcu/h）；

e——与环形车道相接的入口宽度（m）；

s——正常路段进入交叉口方向半幅路面宽度（m）；

l——从拓宽渐变段起点至与环形车道外缘相接处的距离（m）；

r——进入交叉口展宽段外展的半径（m）。

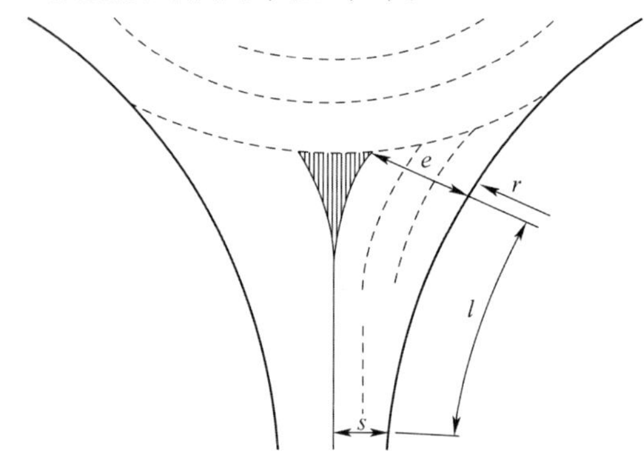

图 10-10　环形平面交叉入口几何条件影响参数示意图（以单个入口为例）

2）计算各入口受交通条件影响的实际通行能力

（1）根据实测情况计算环形车道的通行能力，环形平面交叉环形车道实际通行能力应按式（10-3）计算。

$$C_{c0} = C_0 \times N \times f_w \tag{10-3}$$

式中：C_{c0}——环形车道实际通行能力（pcu/h）；

C_0——环形车道基准通行能力［pcu/(h·ln)］，按表 10-3 选取；

N——车道数；

f_w——车道宽度修正系数，按表 10-4 选取。

（2）实测的入口各流向小时交通量 Q_{ij} 通过 15min 高峰小时系数 PHF_{15} 折算成为 15min 高峰小时交通流率 SF_{ij}。

$$SF_{ij} = q_{ij}/PHF_{15} \tag{10-4}$$

式中：SF_{ij}——入口 i 流向 j（左转 L、直行 S、右转 R，j = L、S、R）实际高峰小时服务流率（veh/h）；

q_{ij}——入口 i 流向 j（左转 L、直行 S、右转 R，j = L、S、R）实测小时交通量（veh/h）；

PHF_{15}——15min 高峰小时系数，具体取值见表 10-8。

15min 和 5min 高峰小时系数 PHF 值　　表 10-8

指标		东部	中部	西部	全国典型
平均值	PHF_{15}	0.924	0.926	0.883	0.911
	PHF_5	0.834	0.836	0.775	0.815

注：东部地区包括北京、天津、河北、辽宁、山东、江苏、浙江、上海、福建、广东、广西、海南；中部地区包括山西、内蒙古、吉林、黑龙江、安徽、江西、河南、湖北、湖南；西部地区包括四川、重庆、贵州、云南、西藏、陕西、甘肃、青海、宁夏、新疆；本表未包括港澳台地区。

（3）根据式（10-5）计算实际道路、交通条件下的最大服务交通量 Q_{ij}。

$$Q_{ij} = \frac{SF_{ij}}{f_{HV} \times f_p} \tag{10-5}$$

式中：Q_{ij} ——实际道路、交通条件下每个流向的最大服务交通量（pcu/h），表 10-1 中各流向流率均按此公式计算后得出；

f_{HV} ——交通组成修正系数，见式（10-1）；

f_p ——驾驶人总体特性修正系数。

（4）各交织段的通行能力应按式（10-6）计算。

$$C_{wi} = C_{c0} \times (1 - W_i/3)^{0.85} \tag{10-6}$$

式中：C_{wi} ——入口 i 下游交织段的通行能力（pcu/h）；

C_{c0} ——环形车道实际通行能力（pcu/h），按式（10-3）计算；

W_i ——入口 i 下游交织段的交织流率比，按表 10-1 计算。

（5）各入口受交通条件影响的实际通行能力应按式（10-7）计算。

$$C_{eti} = (C_{wi} - Q_{ci}) \times f_G \times f_F \tag{10-7}$$

式中：C_{eti} ——入口 i 受交通条件影响的实际通行能力（pcu/h）；

C_{wi} ——入口 i 下游交织段的通行能力（pcu/h），按式（10-6）计算；

Q_{ci} ——入口 i 上游的环形交通流率（pcu/h），按表 10-1 计算；

f_G ——入口道纵坡修正系数，按表 10-5 选取；

f_F ——路侧干扰修正系数，按表 10-7 选取。

3）计算入口 i 的实际通行能力

通过比较入口 i 受几何条件影响的通行能力和受交通条件影响的通行能力，选择最低值作为入口 i 的实际通行能力，按式（10-8）计算选取。

$$C_{ei} = \min(C_{eti}, C_{egi}) \tag{10-8}$$

4）运行状况分析

（1）计算入口 i 的饱和度，按式（10-9）计算。

$$X_{ei} = \frac{Q_i}{C_{ei}} \tag{10-9}$$

$$Q_i = \sum Q_{ij} \tag{10-10}$$

式中：X_{ei} ——入口 i 的饱和度；

C_{ei} ——入口 i 的实际通行能力（pcu/h），按式（10-8）计算；

Q_i ——入口 i 的交通流率（pcu/h），按式（10-10）计算；

Q_{ij} ——入口 i 流向 j（左转 L、直行 S、右转 R，j = L、S、R）的流率（pcu/h）；

（2）确定服务水平等级：根据计算得到的饱和度，对应表 10-2 确定每个入口的服务水平等级。

二、设计和规划分析

1. 数据需求

（1）在考虑分析路段地形条件的基础上，假设环形平面交叉中心环岛半径、环形行车道数、各个入口方向的正常路段路幅宽度、入口与环形行车道相接处的宽度，从拓宽渐变段开始至入口与环形行车道相接的长度等设计指标；

（2）每个入口左转、直行、右转各个流向的预测设计年限的年平均日交通量 AADT；

（3）假设交通流特性，如交通流组成、15min 高峰小时系数和驾驶员总体特征。

相比之下，规划分析的数据要求相对较粗，通常需要如下数据：

（1）预测设计年限年平均日交通量 AADT；

（2）预测各流向比例；

（3）预测交通组成；

（4）规划路段的地形分类；

（5）假设环形平面交叉半径和车道数。

2. 设计和规划分析步骤

设计和规划分析按图 10-11 所列步骤进行。

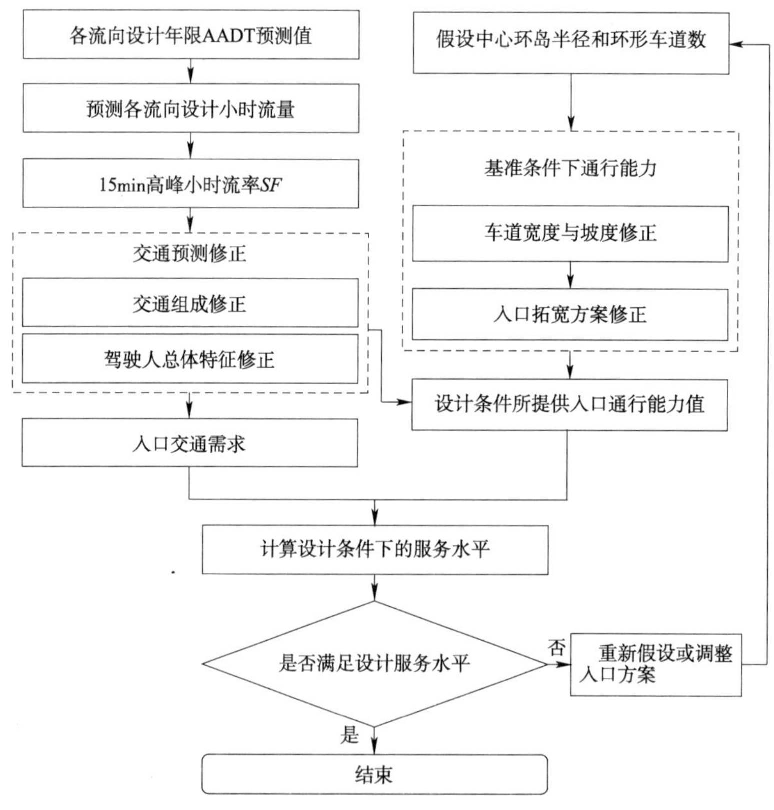

图 10-11　环行平面交叉设计分析步骤

设计和规划分析步骤说明如下。

由于设计分析要求更为细致，因此以下按设计分析步骤进行说明，对于规划分析中不一样的地方做出补充说明。

1）计算规划、设计条件所需的最大服务交通量

（1）将设计年限的年平均日交通量按照式（10-11）换算成为单方向设计小时交通量。

$$\mathrm{DDHV}_{ij} = \mathrm{AADT}_{ij} \times K \tag{10-11}$$

式中：$DDHV_{ij}$——预测入口 i 流向 j（左转 L、直行 S、右转 R，j = L、S、R）设计小时交通量（veh/h）；

$AADT_{ij}$——预测入口 i 流向 j（左转 L、直行 S、右转 R，j = L、S、R）年平均日交通量（veh/h）；

K——设计小时交通量系数，具体取值见表 10-9。

设计小时交通量系数（%）　　　表 10-9

公路位置	华北	东北	华东	中南	西南	西北
城市近郊	8.0	9.5	8.5	8.5	9.0	9.5
公路	12.0	13.5	12.5	12.5	13.0	13.5

注：华北地区包括北京、天津、河北、山西、内蒙古；东北地区包括辽宁、吉林、黑龙江；华东地区包括上海、江苏、浙江、安徽、福建、江西、山东；中南地区包括河南、湖南、湖北、广东、广西、海南；西南地区包括四川、重庆、云南、贵州、西藏；西北地区包括陕西、甘肃、青海、宁夏、新疆；本表未包括港澳台。

（2）将预测的单方向设计小时交通量 DDHV 通过 15min 高峰小时系数 PHF_{15} 折算成为 15min 高峰小时交通量 SF 。

$$SF_{ij} = DDHV_{ij}/PHF_{15} \tag{10-12}$$

式中：DDHV——预测入口 i 流向 j（左转 L、直行 S、右转 R，j = L、S、R）设计小时交通量（veh/h）；

其他符号同式（10-4），PHF_{15} 的取值见表 10-8。

（3）根据式（10-13）计算设计道路和假设交通条件所需的最大服务交通量。

$$Q_{dij} = \frac{SF_{ij}}{f_{HV} \times f_p} \tag{10-13}$$

式中：Q_{dij}——预测入口 i 流向 j（左转 L、直行 S、右转 R，j = L、S、R）在设计道路条件和假定的交通条件所需要的最大服务交通量（pcu/h）；表 10-1 中各项计算都是基于此。

其他符号同式（10-5）。

规划分析时，由于规划资料内容有限，所以，只能根据通常的交通组成资料进行交通组成影响的修正，而认为车道宽度和驾驶人特征均为理想条件。

2）计算规划、设计条件下环形平面交叉各入口受几何条件影响的通行能力

根据设计方案中各入口的几何条件，按式（10-14）计算入口受几何条件影响的通行能力，式中各参数意义可参照图 10-12。

$$C_{egi} = 220 \times \left[s + \frac{e - s}{1 + 2 \times (e - s)/l}\right] \times \left[1 - 0.978\left(\frac{1}{r} - 0.05\right)\right] \tag{10-14}$$

式中：C_{egi}——入口 i 受几何条件影响的通行能力（pcu/h）；

e——与环形车道相接的入口宽度（m）；

s——正常路段进入交叉口方向半幅路面宽度（m）；

l——从拓宽渐变段起点至与环形车道外缘相接处的距离（m）；

r——进入交叉口展宽段外展的半径（m）。

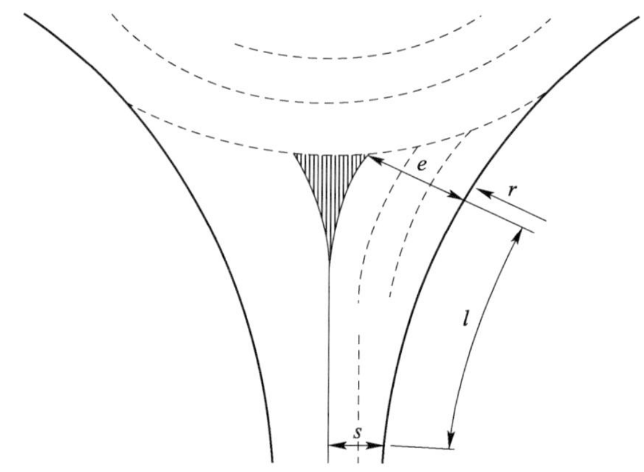

图 10-12　环形平面交叉入口几何条件影响参数示意图（以单个入口为例）

3）计算规划、设计条件下环形平面交叉各入口受交通条件限制下的通行能力

（1）计算环形平面交叉环形车道通行能力。

按式（10-15）计算规划、设计条件下环形车道通行能力。

$$C_{c0} = C_0 \times N \times f_w \tag{10-15}$$

式中：C_{c0}——规划、设计条件下环形车道通行能力（pcu/h）；

C_0——环形车道基准通行能力［pcu/(h · ln)］，根据假设的环岛半径按表 10-3 选取；

N——假设的环形车道数；

f_w——车道宽度修正系数，按表 10-4 选取。

（2）各交织段的通行能力应按式（10-16）计算。

$$C_{wi} = C_{c0} \times (1 - W_i/3)^{0.85} \tag{10-16}$$

式中：C_{wi}——入口 i 下游交织段的通行能力（pcu/h）；

C_{c0}——环形车道实际通行能力（pcu/h），按式（10-15）计算；

W_i——入口 i 下游交织段的交织流率比，根据式（10-13）计算的各流向流率，按表 10-1 计算。

（3）各入口受交通条件影响的通行能力应按式（10-17）计算。

$$C_{eti} = (C_{wi} - Q_{ci}) \times f_G \times f_F \tag{10-17}$$

式中：C_{eti}——入口 i 受交通条件影响的实际通行能力（pcu/h）；

C_{wi}——入口 i 下游交织段的通行能力（pcu/h），按式（10-16）计算；

Q_{ci}——入口 i 上游的环形交通流率（pcu/h），按表（10-1）计算；

f_G——入口道纵坡修正系数，按表 10-5 选取；

f_F——路侧干扰修正系数，按表 10-7 选取。

4）计算入口 i 的通行能力

通过比较入口 i 受几何条件影响的通行能力和受交通条件影响的通行能力，选择最低值作为入口 i 的通行能力值，按式（10-18）计算选取。

$$C_{ei} = \min(C_{eti}, C_{egi}) \tag{10-18}$$

5）设计和规划阶段通行能力分析

（1）计算入口 i 的饱和度，按式（10-19）计算。

$$X_{ei} = \frac{Q_{di}}{C_{ei}} \tag{10-19}$$

$$Q_{di} = \sum Q_{dij} \tag{10-20}$$

式中：X_{ei} ——入口 i 的饱和度；

C_{ei} ——假设条件下入口 i 的通行能力（pcu/h），按式（10-18）计算；

Q_{di} ——入口 i 的交通需求（pcu/h），按式（10-20）计算；

Q_{dij} ——入口 i 流向 j（左转 L、直行 S、右转 R，j = L、S、R）的流率（pcu/h）；

（2）确定服务水平等级：根据计算得到的饱和度，对应表 10-2 确定每个入口的服务水平等级。

（3）对比各个入口服务水平与设计服务水平，当满足设计服务水平要求时，确定环岛半径和环形车道数，不满足设计服务水平，重新假设。当环形平面交叉的瓶颈在入口时，即 $C_{eti} \geqslant C_{egi}$，可以根据实际的交通流向特点，通过增加入口车道、优化外展方案、增加右转车道等提高入口的通行能力。

第四节　算　　例

一、算例 1——运行状况分析

已知　现以北京市怀柔区迎宾环岛为例，按照交通运行状况分析步骤进行评价。迎宾环岛半径 R = 40m；入口车道数为 2，环形车道数为 3，入口坡度约为 1%，路侧干扰系数取 0.99，车道宽度约为 3.6m，e 约为 10.4m，s 约为 6.5m，l 约为 20m，r 约为 80m。

1）计算各入口受几何条件影响的实际通行能力

$$C_{egi} = 220 \times \left[s + \frac{e-s}{1+2\times(e-s)/l}\right] \times \left[1 - 0.978\left(\frac{1}{r} - 0.05\right)\right] \tag{10-21}$$

式中：C_{egi} ——入口 i 受几何条件影响的实际通行能力（pcu/h）；

e ——与环形车道相接的入口宽度（m）；

s ——正常路段进入交叉口方向半幅路面宽度（m）；

l ——从拓宽渐变段起点至与环形车道外缘相接处的距离（m）；

r ——进入交叉口展宽段外展的半径（m）。

得出，受几何条件影响的实际通行能力 C_{egi} 为 2122pcu/h。

2）计算各入口受交通条件影响的实际通行能力

（1）环形车道通行能力按式 10-22 计算。

$$C_{c0} = C_0 \times N \times f_w \tag{10-22}$$

式中：C_{c0} ——环形车道实际通行能力（pcu/h）；

C_0——环形车道基准通行能力［pcu/(h·ln)］，按表10-3选取；

N——环形车道数；

f_w——车道宽度修正系数，按表10-4选取。

根据环形车道半径和环形车道数，计算得出 C_{c0} =3492

（2）实测的入口各流向小时交通流量按照式(10-4)、式(10-5)计算后，得出各流向交通流率见表10-10。

（3）各交织段的通行能力 C_{wi} 按式（10-6）计算，结果列入表10-10。

（4）各入口受交通条件影响的实际通行能力 C_{eti} 应按式（10-7）计算，结果列入表10-10。

3）选择通行能力

通过比较入口 i 受几何条件影响的通行能力和受交通条件影响的通行能力，选择最低值作为入口 i 的实际通行能力，如式（10-8），四个入口均选取受交通条件影响的通行能力值，结果列入表10-10。

4）计算饱和度

计算入口 i 的饱和度，按式（10-9）计算，结果列入表10-10。

5）确定服务水平等级

根据计算得到的饱和度，对应表10-2确定每个入口的服务水平等级，结果列入表10-10。

迎宾环岛四个入口各流向交通流率及计算结果 表10-10

参数 \ 数值 \ 路口编号	1	2	3	4
Q_L（pcu/h）	202	156	530	60
Q_S（pcu/h）	434	374	454	394
Q_R（pcu/h）	180	288	156	168
Q_c（pcu/h）	984	456	732	1140
Q_e（pcu/h）	816	828	1140	612
Q_{wa}（pcu/h）	636	530	984	454
Q_{wb}（pcu/h）	924	494	576	610
$Q_{交织}$（pcu/h）	1800	1514	1872	1762
W_i	0.867	0.676	0.833	0.604
C_{wi}（pcu/h）	2483	2704	2522	2789
$C_{ei}=C_{eti}$（pcu/h）	1499	2008	1790	1649
X_{ei}	0.54	0.41	0.64	0.38
服务水平	二	一	三	一

二、算例2——规划分析

已知 以某规划道路为例，在其中一个路口考虑设置环形平面交叉，根据路口占地情况，考虑设置半径 $R=20\mathrm{m}$ 的环岛，相交的两条路均为双车道公路。

（1）根据工可资料，预测交通量分别为：主要道路 1700pcu/h，次要道路 1100pcu/h。

（2）根据预测的交通量，假设方向不均匀系数为 0.5，则每个入口的交通量分别为 850、850、550、550，单位均为 pcu/h。

（3）如果工可中能够给出四个入口各个流向的交通量，那么按照四个流向的交通量进行计算；如果无法给出四个入口各流向的预测交通量，需要对每个入口的流向交通量进行假设；假设每个入口三个流向左中右的比例均为 0.25、0.5、0.25（一般情况下左、右转比例不会这么高）；假设设置 2 或 3 个环形车道，通过分析验证是否满足设计服务水平。

（4）计算通行能力和服务水平，主要考虑交通影响，入口几何影响规划阶段暂不考虑。

①计算各入口受交通条件影响的实际通行能力。

$$C_{c0} = C_0 \times N \times f_w \tag{10-23}$$

式中：C_{c0}——环形车道实际通行能力（pcu/h）；

C_0——环形车道基准通行能力［pcu/(h·ln)］，半径 $R=20\mathrm{m}$，按表 10-3 选取；

N——环形车道数，分别选取 2、3；

f_w——车道宽度修正系数，按 1 选取。

根据环形车道半径和环形车道数，计算得出 $C_{c0}=1800$、2700。

②各交织段的通行能力 C_{wi} 按式（10-6）计算。

③各入口受交通条件影响的实际通行能力 C_{eti} 应按式（10-7）计算。

④计算入口 i 的饱和度，按式（10-9）计算。

⑤确定服务水平等级：根据计算得到的饱和度，对应表 10-2 确定每个入口的服务水平等级。

计算结果均列入表 10-11。

各流向交通流率及计算结果　　表 10-11

参数 \ 数值 \ 路口编号	1	2	3	4
Q_L（pcu/h）	212	137	212	137
Q_S（pcu/h）	426	276	426	276
Q_R（pcu/h）	212	137	212	137
Q_e（pcu/h）	850	550	850	550
Q_c（pcu/h）	625	775	625	775
Q_{wa}（pcu/h）	638	413	638	413
Q_{wb}（pcu/h）	488	563	488	563
$Q_{交织}$（pcu/h）	1126	976	1126	976
W_i	0.763	0.737	0.763	0.737

续上表

参数 \ 路口编号 数值		1	2	3	4
设置2个环形车道	C_{wi}（pcu/h）	1342	1358	1342	1358
	$C_{ei}=C_{eti}$（pcu/h）	717	583	717	583
	X_{ei}	1.18	0.94	1.18	0.94
	服务水平	六	六	六	六
设置3个环形车道	C_{wi}（pcu/h）	2012	2037	2012	2037
	$C_{ei}=C_{eti}$（pcu/h）	1387	1262	1387	1262
	X_{ei}	0.612	0.436	0.612	0.436
	服务水平	三	一	三	一

为此在假设的流向交通量基础上，设置20m半径的环岛条件下，设置3个环形车道比较合理。

三、算例3——设计改造分析

已知　以某十字平面交叉改造为环形平面交叉为例，按照设计分析步骤进行评价。从交叉口占地情况来看，环岛可使用$R=30$m的环岛，由于路口目前存在错位交叉，为此，考虑设置环形平面交叉，提高安全性，相交两条公路均为双车道公路，改造过程中会在入口拓宽，增加一个车道，即入口车道数为2，环形车道数为1或2个，入口坡度约为1%，路侧干扰系数取0.98，环形车道宽度为4.1m，e为10.5m，s为6.5m，l为30m，r为100m。

1）计算各入口受几何条件影响的实际通行能力

$$C_{egi}=220\times\left[s+\frac{e-s}{1+2\times(e-s)/l}\right]\times\left[1-0.978\left(\frac{1}{r}-0.05\right)\right] \tag{10-24}$$

式中：C_{egi}——入口i受几何条件影响的实际通行能力（pcu/h）；

e——与环形车道相接的入口宽度（m）；

s——正常路段进入交叉口方向半幅路面宽度（m）；

l——从拓宽渐变段起点至与环形车道外缘相接处的距离（m）；

r——进入交叉口展宽段外展的半径（m）。

得出，受几何条件影响的实际通行能力C_{egi}为2207pcu/h。

2）计算各入口受交通条件影响的实际通行能力

（1）环形车道实际通行能力按式10-25计算。

$$C_{c0}=C_0\times N\times f_w \tag{10-25}$$

式中：C_{c0}——环形车道实际通行能力（pcu/h）；

C_0——环形车道基准通行能力［pcu/(h·ln)］，按表10-3选取；

N——环形车道数；

f_w——车道宽度修正系数，按表10-4选取。

根据环形车道半径和环形车道数，计算得出 C_{c0} =2200、3300。

（2）针对既有十字平面交叉进行了交通流的调查，实测的入口各流向小时交通流量按照式（10-4）、式（10-5）计算后得出各流向交通流率。

（3）各交织段的通行能力 C_{wi} 按式（10-6）计算。

（4）各入口受交通条件影响的实际通行能力 C_{eti} 应按式（10-7）计算。

3）选取通行能力值

通过比较入口 i 受几何条件影响的通行能力和受交通条件影响的通行能力，选择最低值作为入口 i 的实际通行能力，如式（10-8），四个入口均选取受交通条件影响的通行能力值。

4）计算饱和度

计算入口 i 的饱和度，按式（10-9）计算。

5）确定服务水平等级

根据计算得到的饱和度，对应表 10-2 确定每个入口的服务水平等级。

计算结果均列入表 10-12。

各流向交通流率及计算结果 表 10-12

参数 \ 数值 \ 路口编号		1	2	3	4
各流向交通流	Q_L（pcu/h）	106	16	37	12
	Q_S（pcu/h）	406	40	440	59
	Q_R（pcu/h）	21	44	18	74
Q_e（pcu/h）		533	100	495	145
Q_c（pcu/h）		108	524	162	456
Q_{wa}（pcu/h）		512	56	477	71
Q_{wb}（pcu/h）		96	418	146	456
$Q_{交织}$（pcu/h）		608	474	623	527
W_i		0. 95	0. 76	0. 95	0. 88
设置 1 个环形车道	C_{wi}（pcu/h）	752	821	752	778
	$C_{ei} = C_{eti}$（pcu/h）	644	297	590	322
	X_{ei}	0. 83	0. 34	0. 84	0. 45
	服务水平	四	一	四	一
设置 2 个环形车道	C_{wi}（pcu/h）	1504	1643	1505	1557
	$C_{ei} = C_{eti}$（pcu/h）	1396	1119	1343	1101
	X_{ei}	0. 38	0. 09	0. 37	0. 13
	服务水平	一	一	一	一

从计算结果来看，入口的设计并不影响通行能力，环岛 R =30m 的条件下，可以考虑设置 1 或 2 个环形车道，推荐使用 2 个环形车道。

第十一章　信号交叉

第一节　引　言

信号交叉口通行能力是指在特定的道路、交通和信号控制设计条件下，特定时段内交叉口的饱和流率。

公路网络与城市道路网络不同，其路网密度相对低，交叉口间距较大。公路交叉与城市道路交叉的交通特性也不相同。一般情况下，公路交叉口的交通流量较小，车辆到达分布相对随机。因此，公路交叉的信号控制一般宜采用最简单的单点两相位控制，如图 11-1 所示。此外，从交通安全视角考虑，增加信号交叉相位数可以从通行权上分离相应的冲突交通流，提高交通安全，但这样将增加信号周期时长和相位间的转换时间（损失时间），导致通行能力的降低。

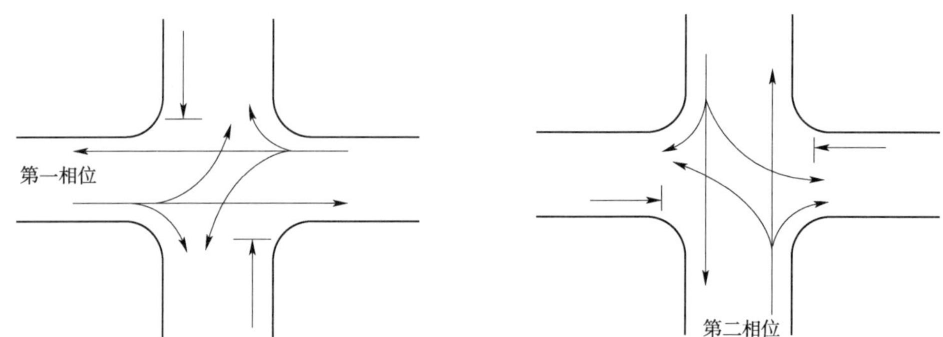

图 11-1　信号交叉两相位控制示意图

公路信号交叉的相位数应综合考虑其通行能力、通行效率和交通安全确定。本手册考虑目前公路信号交叉间距普遍较大，信号交叉主要为单点控制，因此仅给出单点控制交叉的通行能力计算方法。

公路信号交叉的分析范围包括构成该交叉口各条道路的相交部分、出入口道的展宽段和渐变段及其向外延伸 50m 的路段所共同围成的空间。

一、名词术语

1. 信号周期

信号交叉的信号灯一般由红、绿、黄三色组成。周期是指信号灯由其中的一种色灯显示开始，再返回到该色灯显示的过程。

2. 相位

相位是指在信号交叉的一个信号周期内对入口道一股或几股交通流的控制状态（通行权）。

3. 周期时长

周期时长是指信号交叉某入口道信号灯灯色轮流显示一个循环所需的时间，即信号周期的时间长度，用 T 表示，单位为 s。

4. 绿信比

一个信号相位的有效绿灯时长与周期时长之比即绿信比。

5. 车均延误

在一个信号周期内，通过交叉口的车辆损失时间的平均值即车均延误，用 d 表示，单位为 s/veh。

二、理想条件下的通行能力

1. 信号交叉的基准条件

信号交叉通行能力计算的基准条件包括道路基准条件、交通基准条件和其他基准条件。其中，道路基准条件为：车道宽度 3.75m，入口道纵坡不大于 2%，视线良好、无遮挡，距交叉口 50m 范围内无支路和停靠站，以及路面平整无破损等；交通基准条件为交通组成是 100% 的小客车，无行人和非机动车过街干扰等；其他基准条件为天气状况良好、无交通事故等。

2. 信号交叉基准饱和流率

基准饱和流率是入口车道或车道组在基准条件下，连续 1 小时绿灯信号时间内能够通过的期望流率。在实际条件下，交叉口按照绿灯相位对应的方向放行车辆，因此本手册将按照车道组分组进行分析。车道组是信号交叉入口道同一相位通行车道的组合。

信号交叉基准饱和流率宜采用实测数据。当无实测数据时，可按表 11-1 确定。

信号交叉基准饱和流率　　表 11-1

车　道	基准饱和流率［pcu/(h·ln)］
直行车道	1800
左转车道	1600
右转车道	1600

三、通行能力影响因素

信号交叉通行能力的影响因素有交叉口结构因素、交通因素、周边环境因素和信号控制因素等，见表 11-2。

信号交叉的实际通行能力不是一个唯一的定值，它随着上述条件的变化而改变。信号交叉入口道的实际通行能力，应对入口道车道组基准饱和交通流率考虑各影响因素的影响进行修正，并通过车道组叠加计算。

信号交叉通行能力影响因素　　表 11-2

几何结构	入口车道宽度 入口车道纵向坡度 交叉口形状，如交角和视认性	周边环境	所处区位，如城乡接合部和农村等 停车 公交站
交通	交通流中车辆种类构成，如大型车、小客车等 左转车辆 右转车辆 同相位的冲突车辆 过街行人	信号控制	信号相位 相序 周期时长 绿信比

第二节　通行能力分析方法

一、通行能力分析方法流程

信号交叉通行能力分析按照图 11-2 所示流程进行。

二、计算公式与参数

信号交叉入口道通行能力应考虑车道宽度、入口道纵坡、交通组成、左右转车流、绿信比等影响因素，由基准饱和流率进行修正计算，即采用修正系数法，具体如下。

1. 车道宽度修正系数 f_{LW}

当入口车道宽度不足 3.75m 时，车道宽度修正系数 f_{LW} 按式（11-1）计算。

$$f_{LW} = 1.0 + 0.1(w - 3.75) \tag{11-1}$$

式中：w ——车道宽度（m）。

2. 入口车道纵坡修正系数 f_G

入口车道纵坡修正系数 f_G 按表 11-3 确定。

纵坡修正系数　　表 11-3

坡度（%）	−5	−4	−3	−2	−1	0	1	2	3	4	5
修正系数 f_G	0.96	0.97	0.98	1.00	1.00	1.00	1.00	1.00	0.90	0.85	0.80

注：中间值可以采用线性内插法计算。

3. 入口道交通组成修正系数 f_{HV}

入口道交通组成修正系数 f_{HV} 通过交通流中非小客车的比例，参照式（3-3）计算。其中，车型 i（包括中型车、大型车和汽车列车）的车辆折算系数，按表 11-4 选取。

信号交叉车辆折算系数　　表 11-4

车型	小客车	中型车	大型车	汽车列车
折算系数	1.0	1.5	2.5	3.5

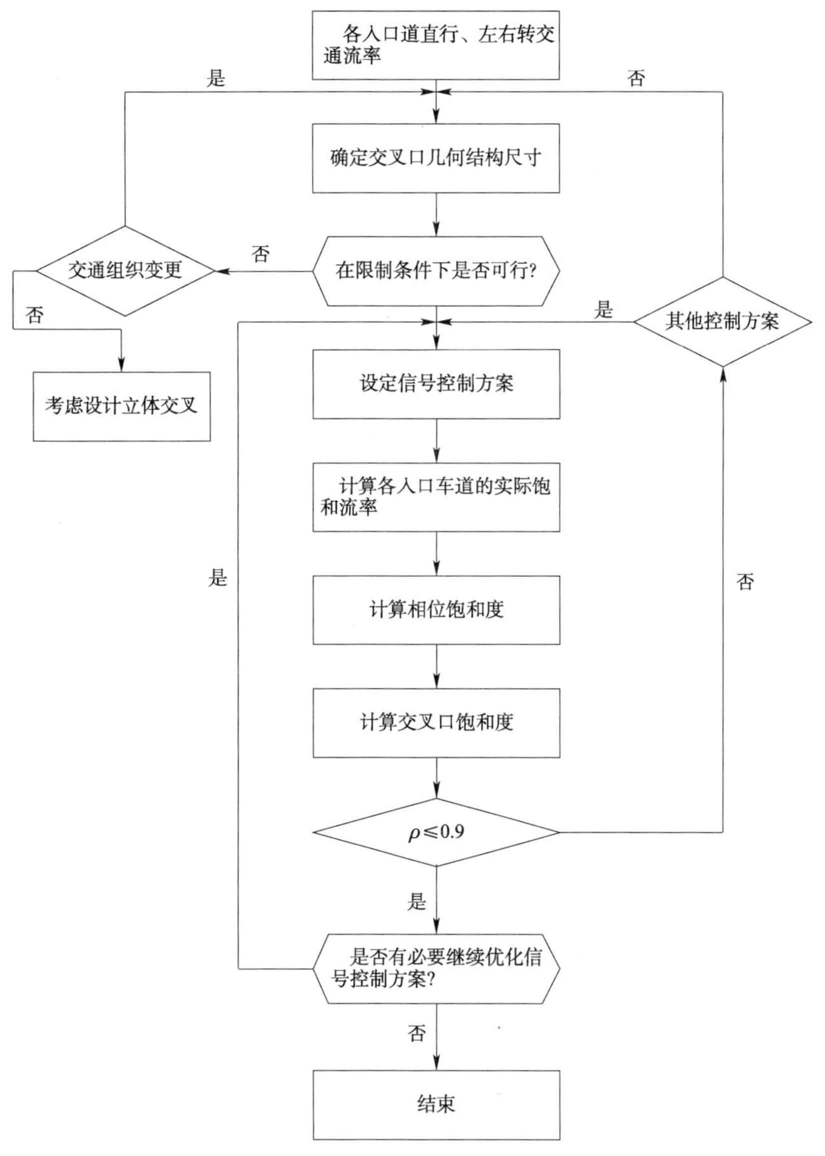

图 11-2　信号交叉通行能力分析方法流程

4. 左转车流修正系数

（1）当不设置左转专用车道时，左转车流修正系数 f_{LT} 按表 11-5 确定。

左转车流修正系数　　表 11-5

左转车流量 q_{LT}（veh/h）	0	50	100	150	200	250	300	350
f_{LT}	1.00	0.93	0.87	0.81	0.76	0.70	0.64	0.50

注：中间值可以采用线性内插法计算；当 q_{LT} >350veh/h 时，左转车将没有间隙通过，应该采用具有左转专用显示的多相位信号控制。

（2）当设置左转专用车道时，左转车流修正系数 f_{LT} 取 0.95。

5. 右转车流修正系数

（1）当交叉口不设置右转专用车道时，右转车流修正系数f_{RT}按式（11-2）计算。

$$f_{RT} = 1.0 - 0.15P_{RT} \tag{11-2}$$

式中：P_{RT}——右转车辆比例。

（2）当交叉口设置专用右转车道时，右转车流修正系数f_{RT}取0.85。

6. 有效绿信比 λ_T

有效绿信比λ_T按式（11-3）计算。

$$\lambda_T = \frac{G - L'}{T} \tag{11-3}$$

式中：λ_T——有效绿信比；

T——信号周期时长(s)；

G——绿灯时长(s)；

L'——绿灯损失时间(s)，通常直行车道取2.0s，左转车道取4.0s，右转车道或共用车道取3.0s。

7. 信号交叉服务水平

信号交叉的服务水平是交叉口服务于交通参与者质量的度量指标，可以通过信号周期时长、饱和度、延误时间、停车次数、停车时间等指标度量。

目前，我国公路信号交叉中单点控制占绝大多数，信号周期时长的设置有逐渐增加的趋势，影响了交叉口的通行效率，不利于交通安全。为了提高通行效率，本手册采用车均延误作为其服务水平的主要指标、信号周期时长作为次要指标，服务水平分为六级。具体而言，本手册的信号交叉服务水平以车均延误值作为主要评价指标确定服务水平等级，周期时长作为次要评价指标，将一级至六级服务水平细分为三种状态，各级服务水平对应的指标规定见表11-6，并且信号交叉设计服务水平不应低于四级。

信号交叉口服务水平 表11-6

服务水平等级		分级指标	
		主要指标	次要指标
		车均延误（s）	周期时长（s）
一	1	≤10	<60
	2		[60，80)
	3		≥80
二	1	(10，20]	<70
	2		[70，90)
	3		≥90
三	1	(20，30]	<80
	2		[80，100)
	3		≥100
四	1	(30，50]	<90
	2		[90，100)
	3		≥100

续上表

服务水平等级		分级指标	
		主要指标	次要指标
		车均延误（s）	周期时长（s）
五	1	（50，80］	<100
	2		［100，110）
	3		≥110
六	1	>80	<110
	2		［110，120）
	3		≥120

第三节　通行能力分析步骤

一、运行状况分析

1. 分析步骤

公路信号交叉运行状况分析步骤如图 11-3 所示。

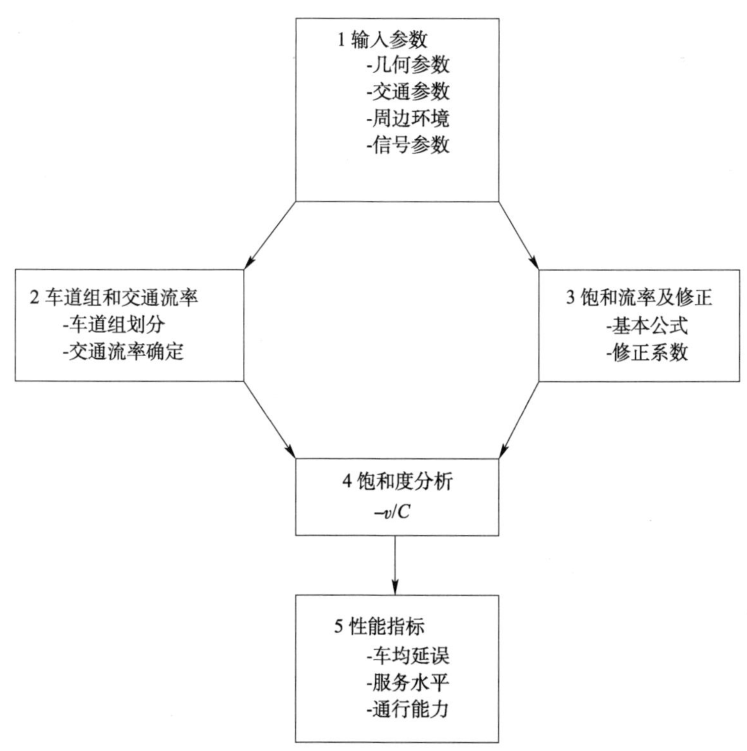

图 11-3　信号交叉通行能力分析步骤

2. 输入参数

（1）几何参数：输入信号交叉各入口道车道的宽度和坡度等。

（2）交通参数：输入观测的交通需求，包括各入口道的直行、左转和右转交通需求。

（3）周边环境：输入信号交叉的区位、停车和公交停靠站等。

（4）信号参数：输入信号交叉的周期时长、绿灯时长、黄灯时长、损失时间和绿信比等。

信号交叉的信号周期时长可按式（11-4）计算；当计算的周期时长 T 不能满足设计服务水平时，可采用式（11-5）计算周期时长。当计算的信号周期时长小于40s时，宜取40s。

$$T = \frac{1.5L + 5}{1 - X} \tag{11-4}$$

$$T = \frac{0.9L}{0.9 - X} \tag{11-5}$$

式中：T——信号周期时长（s）；

L——信号周期损失时间（s），宜按相位之间6s取值；

X——信号交叉饱和度，可使用入口关键车道组交通流率占其实际饱和流率之比，然后求和确定。

当按照式（11-5）计算的 T 值仍过长时，应考虑更改控制策略或改变交叉口渠化或采用交叉口渠化与多相位控制相结合的措施。

信号控制相位的设定应确定各入口道主交通流，并以其为中心进行交通流组合构成车道组，同时结合左转交通流的处理能力确定需要的相位数。

相位的绿灯时长按式（11-6）设定，其最小值不宜小于15s。

$$G_i = (T - L) \cdot g_i \tag{11-6}$$

式中：G_i——相位 i 的绿灯时长（s）；

g_i——相位 i 的饱和度与交叉口饱和度之比。

值得注意的是，式（11-4）为经典韦伯斯特公式，适用于饱和度较小的信号交叉，对于饱和度较大的信号交叉计算信号周期可能出现过长情况；式（11-5）适用于饱和度较大的交叉口。在交叉口信号配时设计时，若用式（11-4）计算出现信号周期时长过长，可以使用式（11-5）计算。

3. 车道组和交通流率

1）车道组划分

车道组是信号交叉相位组织的基本单元，可以由1条车道，也可以由几条车道构成；也可以由一股交通流，也可以是几股交通流组成；应根据信号交叉的几何结构和交通流实际情况进行具体划分。车道组的划分应遵循如下原则：

（1）将所有左转或者右转专用车道作为一个独立的车道组；

（2）如果存在左转或右转专用车道，将除此之外的所有车道作为一个车道组；

（3）如果存在左转直行共用车道，应在明确该车道内不同流向比例的基础上，确定车道组的划分。如果左转交通量大于350pcu/h，则该车道应该作为左转专用车道进行分析。否则仍可按照左转直行共用车道处理，考虑左转车流的影响系数。

基于以上原则，对于有两条或多条车道的车道组，参见表11-7。

典型的车道组划分 表 11-7

车道数	入口交通流向分布	可划分的车道组方案
1	左转+直行+右转共用 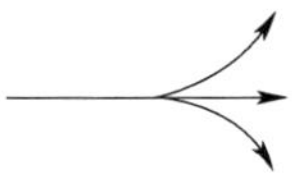	一个车道组 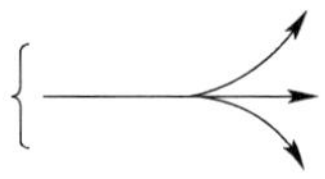
2	左转专用 直行+右转 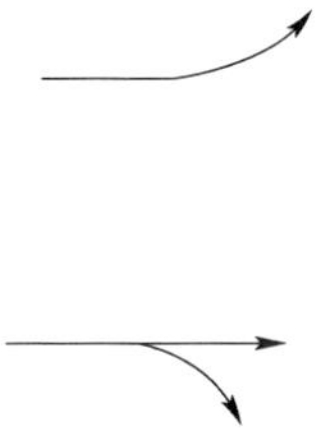	两个车道组 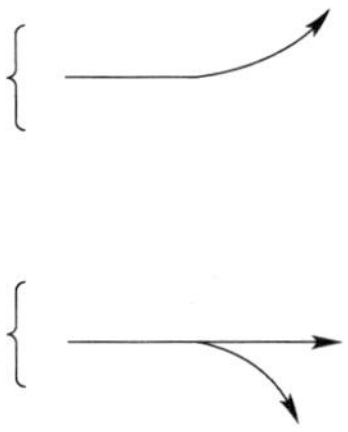
2	左转+直行 直行+右转 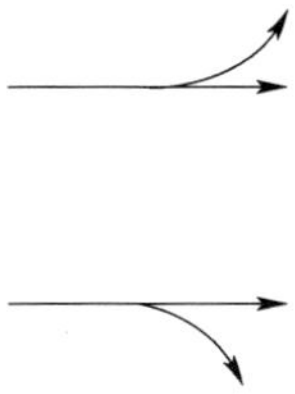	一个车道组 或 两个车道组 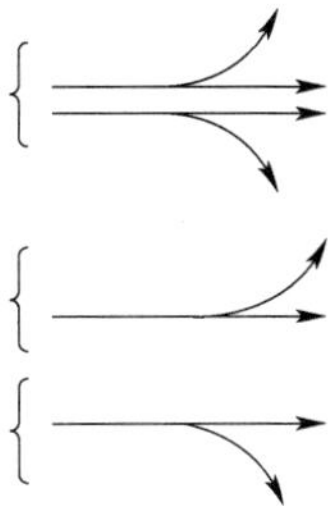
3	左转专用 直行 直行+右转 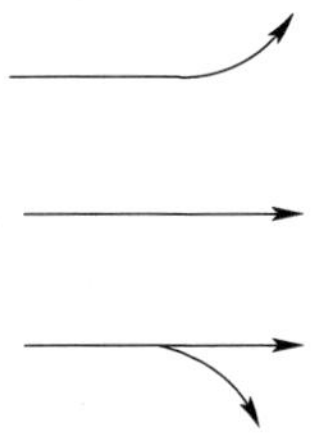	两个车道组 或 三个车道组 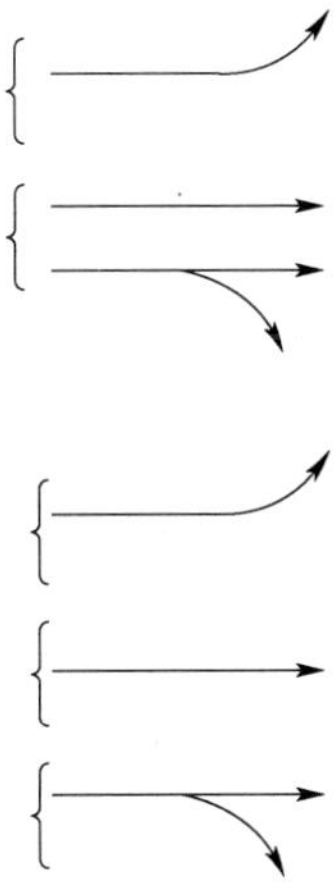

2）交通流率确定

信号交叉各入口道的交通流率（需求）应按下列规定确定。

不同车道组高峰小时流率应按式（11-7）计算。

$$Q_i = \frac{q_i}{\mathrm{PHF}_{15}} \tag{11-7}$$

式中：Q_i——车道组 i 的高峰小时交通流率（pcu/h）；

q_i——车道组 i 的观测小时交通量（pcu/h）；

PHF_{15}——15min 高峰小时系数。

4. 饱和流率及修正

信号交叉入口道各车道的基准饱和流率因车道类型不同而异，应参照表 11-1 确定。

各车道组的实际饱和流率可根据当地观测数据资料确定或按式（11-8）计算确定。

$$S_{si} = S_{bi} \cdot f_{lw} \cdot f_G \cdot f_{HV} \cdot f_{LT} \cdot f_{RT} \tag{11-8}$$

式中：S_{bi}——车道组 i 的基准饱和流率（pcu/h）；

其他符号意义同前。

由于公路信号交叉的行人较少，公路红线宽度较窄，因此本手册暂不考虑绿灯时长对过街行人的修正。

5. 饱和度计算

信号交叉的饱和度为信号周期中各关键车道组饱和度之和。关键车道组是指对于给定的信号相位，具有最高饱和度的车道组。例如，对于两相位交叉口，在同一绿灯时间对向车流车道组同时运行，一般而言，这 2 个车道组中的 1 个车道组比另 1 个车道组需要更多的绿灯时间。

（1）各入口车道组的饱和度 X_i 应按式（11-9）计算。

$$X_i = \frac{Q_i}{S_{si}} \tag{11-9}$$

式中：X_i——车道组 i 饱和度；

S_{si}——车道组 i 的实际饱和流率；

其他符号意义同前。

（2）信号交叉饱和度 X 按式（11-10）计算。

$$X = \sum_{i=1}^{n} X_{i,\max} = \sum_{i=1}^{n} \max\ (X_i),\ i = 1,\ 2,\ 3,\ \cdots \tag{11-10}$$

式中：n——信号相位数；

$X_{i,\max}$——相位 i 的最大饱和度或关键相位饱和度。

信号交叉的饱和度计算结果应小于 0.9，当计算结果不满足要求时，应适当调整信号周期时长或绿信比，重新计算，若仍无法满足要求，则应改变交叉口的几何结构，再重新计算。

6. 性能指标

信号交叉的通行能力性能指标有车均延误、排队长度、服务水平和通行能力等。本手册考虑公路信号交叉的具体情况，计算车均延误、服务水平和通行能力。

1）车均延误

信号交叉的车均延误先按照关键相位对应的车道组计算，其次将各入口道车道组的车均延误相加求出各入口道的车均延误，最后再将入口道的车均延误相加计算信号交叉的车均延误。

（1）车道组的车均延误。

信号交叉车道组延误由两部分组成：一是均匀延误，即由交叉口交通流受信号控制影响引起的延误；二是增量延误，即由于交叉口车辆非均匀到达和交通流过饱和引起。

车道组 i 的延误按照式（11-11）计算。

$$d_i = d_1 + d_2 \tag{11-11}$$

式中：d_i ——车道组 i 的车均延误（s/veh）；

d_1 ——均匀延误（s/veh）；

d_2 ——增量延误，假设在分析开始时无初始排队（s/veh）。

本手册考虑到公路信号交叉的间距较大，信号初始时车辆排队较少，因此暂不计算初始排队延误。

①均匀延误 d_1 按式（11-12）计算。

$$d_1 = \frac{0.5T\left(1 - \dfrac{G}{T}\right)}{1 - \left[\min(1, X_i) \cdot \dfrac{G}{T}\right]} \tag{11-12}$$

②增量延误 d_2 应根据如下两种情况按式（11-13）、式（11-14）计算。

当车道组 i 交通流处于非饱和状态时：

$$d_2 = \begin{cases} \dfrac{1.261 \times (Q_i \cdot G)^{-0.219}(X_i - 0.5)}{S_{si}(1 - X_i)}, & 0.5 < X_i < 0.95 \\ 0, X_i \leqslant 0.5 & \end{cases} \tag{11-13}$$

当车道组 i 交通流处于饱和状态时：

$$d_2 = 900T_a\left[\left(X_i - 1 - \frac{2\gamma}{C_iT_a}\right) + \sqrt{\left(X_i - 1 - \frac{2\gamma}{C_iT_C}\right)^2 + \frac{8\gamma(X_i - X_0)}{C_iT_C}}\right], X_i \geqslant 0.95 \tag{11-14}$$

$$\gamma = 1.439 \times (S_{si}G)^{-0.208} \tag{11-14a}$$

$$C_i = S_{si}\frac{G}{T} \tag{11-14b}$$

$$X_0 = 0.67 + \frac{S_{si}G}{600} \tag{11-14c}$$

式中：T_a ——分析时间段（h），通常取为0.25h；

C_i ——车道组 i 的基准通行能力（pcu/h）；

其他符号意义同前。

（2）入口道的车均延误。

信号交叉各入口道的车均延误为该入口道各关键相位对应车道组车均延误的加权平均，按式（11-15）计算。

$$d_A = \frac{\sum_i d_i Q_i}{\sum_i Q_i} \tag{11-15}$$

式中：d_A——入口道A的车均延误（s/veh）；

d_i——车道组i的车均延误（s/veh）；

Q_i——车道组i的高峰小时流率（veh/h）。

（3）信号交叉的车均延误。

信号交叉的车均延误为入口道车均延误的加权平均，按式（11-16）计算。

$$d = \frac{\sum d_A Q_A}{\sum Q_A} \tag{11-16}$$

式中：d——交叉口的车均延误（s/veh）；

d_A——入口道A的车均延误（s/veh）；

Q_A——入口道A的高峰小时流率（veh/h）。

2）服务水平

信号交叉规划设计阶段服务水平等级对照表11-6进行，不满足设计服务水平时，应调整信号配时或改变几何设计条件重新计算。

3）通行能力

信号交叉通行能力分析应符合下列规定。

（1）入口道各车道组通行能力，宜按式（11-17）计算。

$$C_{si} = S_{si} \cdot \lambda_T \tag{11-17}$$

式中：S_{si}——车道组i的实际饱和流率（pcu/h）；

其他符号意义同前。

（2）入口道通行能力按式（11-18）计算，交叉口通行能力为各入口道通行能力之和。

$$C_s = \sum_{i=1}^{N} C_{si} \tag{11-18}$$

式中：N——入口道的车道组数；

C_s——入口道的实际通行能力（pcu/h）；

C_{si}——车道组i的实际通行能力（pcu/h）。

二、设计和规划分析

信号交叉设计和规划阶段通行能力分析应根据设计服务水平、饱和流率及交通需求，确定合理的入口车道数、车道使用方案及信号控制方案。

公路信号交叉设计和规划阶段通行能力分析的流程、步骤、方法等与运行状况阶段分析相同，不同之处在于设计和规划阶段通行能力分析的高峰小时流率根据预测数据获得，本手册不再赘述。

第四节 算 例

已知 图 11-4 为北京回龙观北—育知东路与龙禧二街（回南路）公路交叉口航空摄影图及其结构示意图，各入口道路无纵坡。各入口道各方向交通流率如箭头处所示，本手册对其进行通行能力分析。

a)信号交叉航拍图

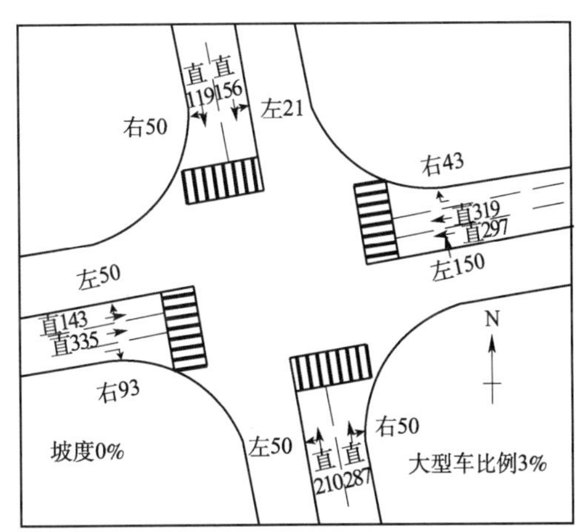

b)信号交叉结构和实测交通流率

图 11-4 北京回南路信号交叉

分析 该交叉口为典型的 4 路信号交叉，并属于现有信号交叉交通运行评价。按照本章给出的分析流程、步骤和方法，具体如下。

1. 输入数据

1）几何参数

东入口道有 3 条车道，分别为直行专用、直行左转共用和右转专用，车道宽度分别为 3.25m，无坡度；西入口道与东入口道相同；南入口道：有 2 条车道，分别为直行右转共用和直行左转共用，车道宽度均为 3.25m；北入口道与南入口道相同。

2）交通参数

经实测，获得该信号交叉的绿灯小时交通流率如表 11-8 所示。其中，大型车比例为 8%，其余为小客车。

交叉口实测交通流率（veh/h） 表 11-8

方向	时段	左转	直行	右转	合计
东入口	晚高峰	150	566	43	759
西入口		50	478	93	621
南入口		50	497	50	597
北入口		21	275	50	346
合计		271	1816	236	2323

3）周边环境

该交叉口位于北京市 5 环外，为公路信号交叉，交叉口范围内无公交车停靠站、社会车辆停车。

4）信号参数

现状该交叉口采用两相位控制方案，周期时长为 89s。因此从优化信号控制的视角，这里仍选择两相位控制进行分析，即南北方向通行（直行左转共用和直行右转共用）属于同一相位；东西方向通行属于同一相位，设定损失时间 $L=3$s，南北方向黄灯时间均为 3s，交叉口关键车道组饱和度之和为 0.50，利用式（11-4），有：

$$T=(1.5\times12+5)/(1-0.50)=46\ (\mathrm{s})$$

取 46s 为信号周期时长，并按照以下方案计算。

相位 1 绿灯时长确定。设定东西方向为相位 1，并按照车道组关键相位饱和度比例确定该绿灯时长，即：

相位 1 的绿灯时长 =（T－L）×关键车道组 1 的饱和度/信号交叉饱和度

$$=(46-12)\times0.26/0.50=17\ (\mathrm{s})$$

相位 2 的绿灯时长 $=46-12-17=17$（s）

2. 车道组和交通流率

采用两相位信号控制，将东西入口道的直行和直行左转共用车道分别划分为 1 个车道组，其右转车道由于不受信号控制约束，这里不进行计算；将南北入口道的直行左转共用和直行右转共用车道分别划分为 1 个车道组。

信号交叉各入口道各车道方向的实测交通流率如图 11-4b）所示。

3. 饱和交通流率及修正

1）东入口道（A）

有 3 条车道，分别为直行左转共用、直行和右转专用车道，坡度为 0%，利用本手册方法分别计算车道的饱和流率，然后计算车道组的流率和饱和度。

（1）车道的实际饱和流率。

根据式（11-1）计算车道宽度修正系数为：

$$f_{LW}=1.0+0.1\times(3.25-3.75)=0.95$$

纵坡为 0%，查表 11-3 知，其修正系数为：

$$f_G=1.0$$

交通组成修正系数利用式（3-3）计算：

$$f_{HV}=\frac{1}{1+\sum p_i(E_i-1)}=\frac{1}{1+0.08\ (2.5-1)}=0.893$$

利用表 11-5，采用线性内插法计算左转车修正系数为：

$$f_{LT}=0.81-(162-150)\times(0.81-0.76)/(200-150)=0.798$$

利用式（11-8）计算直行左转共用车道的实际饱和流率 S_{bDL} 为：

$$S_{sDL}=S_{bDL}\cdot f_{lw}\cdot f_G\cdot f_{HV}\cdot f_{LT}=1600\times0.95\times1.0\times0.893\times0.798=1083$$

直行车道不受左转车辆的影响，其实际饱和流率 S_{bD} 为：

$$S_{sD}=S_{bD}\cdot f_{lw}\cdot f_G\cdot f_{HV}=1800\times0.95\times1.0\times0.893=1526$$

（2）车道组的流率。

按照表3-6得 $PHF_{15}=0.924$，再利用式（11-7）计算直行左转车道组的流率为：

$$(297+319)/0.924=666$$

（3）车道组的饱和度。

车道组1（东侧入口）的饱和度为：

$$X_{1,A}=666/(1083+1526)=0.26$$

由于该入口道设置了右转专用车道不受信号控制，因此不计算其饱和度。

2）西入口道（B）

有3条车道，分别为直行左转共用、直行和右转专用车道，坡度为0%。与东入口的计算方法相同，分别计算车道的饱和流率，然后计算车道组的流率和饱和度。

（1）车道的实际饱和流率。

根据式（11-1）计算车道宽度修正系数，有：

$$f_{LW}=1.0+0.1(3.25-3.75)=0.95$$

纵坡为0%，查表11-3知，其修正系数为：

$$f_{G}=1.0。$$

大型车比例修正系数利用式（3-3）计算：

$$f_{HV}=\frac{1}{1+\sum p_i(E_i-1)}=\frac{1}{1+0.08\ (2.5-1)}=0.893$$

利用表11-5，采用线性内插法计算左转车修正系数为：

$$f_{LT}=1.00-(54-50)\times(0.93-0.87)/(100-50)=0.995$$

利用式（11-8）计算直行左转共用车道的实际饱和流率 S_{bDL} 为：

$$S_{sDL}=S_{bDL}\cdot f_{lw}\cdot f_G\cdot f_{HV}\cdot f_{LT}=1600\times0.950\times1.0\times0.893\times0.995=1350$$

直行车道不受左转车辆的影响，其实际饱和流率 S_{bD} 为：

$$S_{sD}=S_{bD}\cdot f_{lw}\cdot f_G\cdot f_{HV}=1800\times0.950\times1.0\times0.893=1526$$

（2）车道组的流率。

按照表3-7得 $PHF_{15}=0.924$，再利用式（11-7）计算车道组的流率为：

$$(193+335)/0.924=570$$

（3）车道组的饱和度。

车道组1（西侧入口）的饱和度为：

$$X_{1,B}=570/(1350+1526)=0.20$$

由于该入口道设置了右转专用车道不受信号控制，因此不计算其饱和度。

3）南入口道（C）

有2条车道，分别为直行左转共用和直行右转共用车道，坡度为0%，利用本手册方法分别计算车道的饱和流率，然后计算车道组的流率和饱和度。

（1）车道的实际饱和流率。

根据式（11-1）计算车道宽度修正系数为：

$$f_{LW}=1.0+(3.25-3.75)=0.95$$

纵坡为0%，查表11-3知，其修正系数 $f_G=1.0$。

大型车比例修正系数利用式（3-3）计算为：

$$f_{HV}=\frac{1}{1+\sum p_i(E_i-1)}=\frac{1}{1+0.08\ (2.5-1)}=0.893$$

利用表 11-5，采用线性内插法计算左转车修正系数为：

$$f_{LT}=1.00-\ (54-50)\ \times\ (0.93-0.87)\ /\ (100-50)=0.995$$

利用式（11-8）计算直行左转共用车道的实际饱和流率 S_{bDL} 为：

$$S_{sDL}=S_{bDL}\cdot f_{lw}\cdot f_G\cdot f_{HV}\cdot f_{LT}=1600\times0.950\times1.0\times0.893\times0.995=1350$$

按照式（11-2）计算右转车流修正系数为：

$$f_{RT}=1.0-0.15\times50/337=0.978$$

因此右转直行共用车道的通行能力利用式（11-8）计算直行右转车道的实际饱和流率 S_{bDR} 为：

$$S_{sDR}=S_{bDR}\cdot f_{lw}\cdot f_G\cdot f_{HV}\cdot f_{RT}=1600\times0.950\times1.0\times0.893\times0.978=1327$$

（2）车道组的流率。

按照表 3-7 得 $PHF_{15}=0.924$，再利用式（11-7）计算车道组的流率为：

$$(260+337)/0.924=645$$

（3）车道组的饱和度。

车道组 2（南侧入口）的饱和度为：

$$X_{2,C}=645/2684=0.24$$

4）北入口道（D）

有 2 条车道，分别为直行左转和直行右转共用车道，坡度为 0%，与南入口的计算方法相同，分别计算车道的饱和流率，然后计算车道组的流率和饱和度。

（1）车道的实际饱和流率。

根据式（11-1）计算车道宽度修正系数为：

$$f_{LW}=1.0+0.1\ (3.25-3.75)=0.95$$

纵坡为 0%，查表 11-3 知，其修正系数 $f_G=1.0$。

大型车比例修正系数利用式（3-3）计算：

$$f_{HV}=\frac{1}{1+\sum p_i(E_i-1)}=\frac{1}{1+0.08\ (2.5-1)}=0.893$$

利用表 11-5，采用线性内插法计算左转车修正系数为：

$$f_{LT}=1.00-(50-22)\times(1.0-0.93)/(50-0)=0.961$$

利用式（11-8）计算直行左转共用车道的实际饱和流率 S_{bDL} 为：

$$S_{sDL}=S_{bDL}\cdot f_{lw}\cdot f_G\cdot f_{HV}\cdot f_{LT}=1600\times0.950\times1.0\times0.893\times0.961=1303$$

该入口道右转车交通流率为 20，按照式（11-2）计算右转车流修正系数为：

$$f_{RT}=1.0-0.15\times54/182=0.955$$

利用式（11-8）计算直行右转车道的实际饱和流率 S_{bDR} 为：

$$S_{sDR}=S_{bDR}\cdot f_{lw}\cdot f_G\cdot f_{HV}\cdot f_{RT}=1600\times0.950\times1.0\times0.893\times0.955=1296$$

（2）车道组的流率。

按照表 3-7 得 $PHF_{15}=0.924$，再利用式（11-7）计算车道组的流率为：

$$(177+169)/0.924=373$$

（3）车道组的饱和度。

车道组 2（北侧入口）的饱和度为：

$$X_{2,D}=373/2559=0.14$$

4. 饱和度计算

1）相位饱和度

相位饱和度取同一相位中饱和度最大入口车道的饱和度值，关键相位饱和度。

相位 1 饱和度为：

$$X_{1,\max}=\max\{X_{1,A},\ X_{1,B}\}=\max\{0.26,\ 0.20\}=0.26$$

相位 2 饱和度为：

$$X_{2,\max}=\max\{X_{1,C},\ X_{1,D}\}=\max\{0.24,\ 0.14\}=0.24$$

2）信号交叉饱和度

交叉口饱和度为：

$$X=X_{1,\max}+X_{2,\max}=0.26+0.24=0.50$$

由于饱和度小于 0.9，所以满足要求。

5. 性能指标

1）车均延误

（1）车道组的车均延误。

按照式（11-12）计算车道组 1 和车道组 2 的均匀延误 d_1。

车道组 1：

$$\frac{0.5T\left(1-\frac{G}{T}\right)}{1-\left[\min(1,X_i)\cdot\frac{G}{T}\right]}=\frac{0.5\times46\times(1-17.34/46)}{1-0.5\times17.34/46}$$
$$=7.31$$

车道组 2：

$$\frac{0.5T\left(1-\frac{G}{T}\right)}{1-\left[\min(1,X_i)\cdot\frac{G}{T}\right]}=\frac{0.5\times46\times(1-16.51/46)}{1-0.5\times16.51/46}$$
$$=6.00$$

因该信号交叉的饱和度为 0.5，所以按照式（11-13）增量延误 d_2 为 0。

（2）信号交叉的车均延误。

信号交叉的车均延误为按照相位计算的入口道车辆总延误与信号交叉总交通流率之比，即：

$$[7.31\times(666+46+570+100)+6\times(645+373)]/(666+46+570+100+645+373)=6.8$$

2）服务水平

本例题的信号周期时长为 46s，车均延误为 6.8s/veh，根据表 11-6 可知，属于一（1）级服务水平，满足对信号交叉运营服务水平的要求。本例分析说明，与现行的信号控制周期时长 89s 比较，采用相同的信号配时方案，46s 的周期时长可以保持较好的服务水平。

3）通行能力

（1）入口道各车道组通行能力。

按照式（11-17）计算各入口道对应相位的通行能力：

东入口道（相位 1，直行左转共用 + 直行 + 右转专用）通行能力 =（1083 + 1526）×(17 − 3)/46 + 1357 × 0.85 = 794 + 1153 = 1947

西入口道（相位 1，直行左转共用 + 直行 + 右转专用）通行能力 =（1530 + 1526）×(17 − 3)/46 + 1357 × 0.85 = 875 + 1153 = 2028

南入口道（相位 2，直行左转共用 + 直行右转共用）通行能力 =（1327 + 1326）×(17 − 3)/46 = 807

北入口道（相位 2，直行左转共用 + 直行右转共用）通行能力（1303 + 1296）×（17 − 3)/46 = 791

（2）信号交叉通行能力。

按照式（11-18）计算信号交叉的通行能力为 4 个入口道通行能力之和：

$$1947 + 2028 + 807 + 791 = 5573(\mathrm{pcu/h})$$

第十二章　收　费　站

第一节　引　　言

我国实行贷款修路政策后，公路建设得到了长足的发展。为偿还贷款，这些公路中通常都设有收费站。作为一种积极、有效的建路方式，这种贷款-收费-还贷的形势还将在一定时期内存在。公路收费站是指为收取车辆的通行费用而设的交通设施，通常包括收费卡门（如收费岛、收费亭、车道、遮蓬）、收费广场、收费所，如图 12-1 所示。

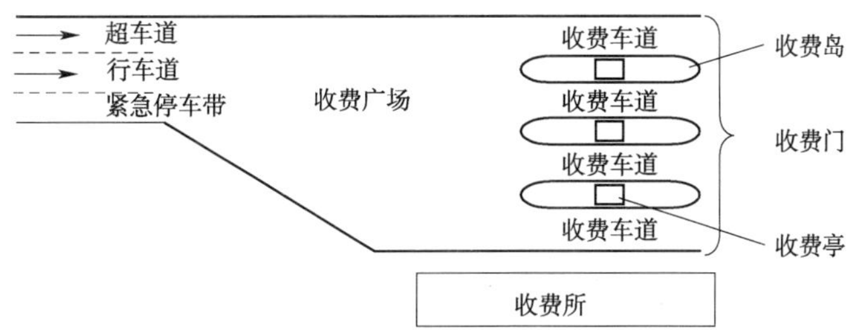

图 12-1　收费站组成示意图

按照不同的分类方法，收费站有以下几种类型。

（1）按收费站设立的位置可分为主线收费站和匝道收费站，如图 12-2 所示。

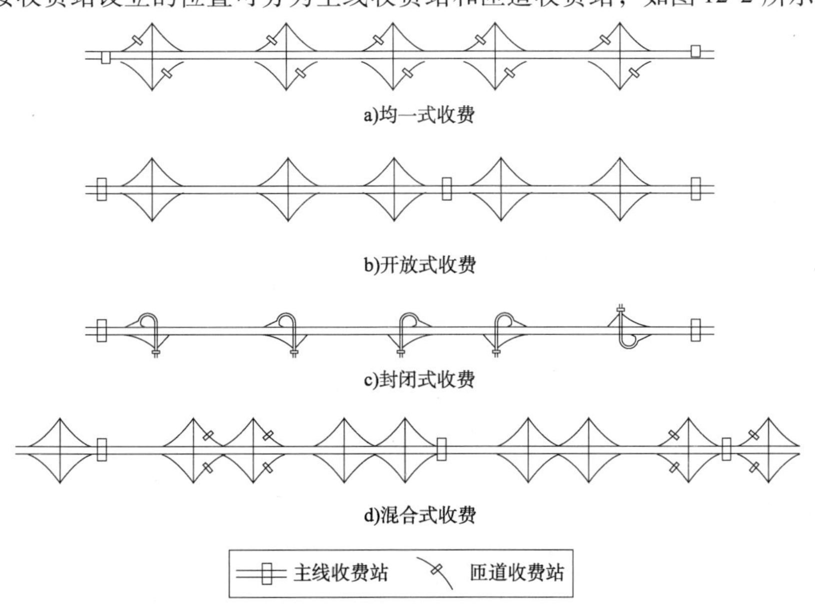

图 12-2　主线和匝道收费站示意图

（2）按照收费制式可分为均一式、开放式、封闭式和混合式。其中，开放式包括全线等同收费制和区间均等收费制；封闭式包括进口处领通行券，出口处核定距离收费以及进口处交费买票，出口处验票放行两种方式，如图 12-3 所示。

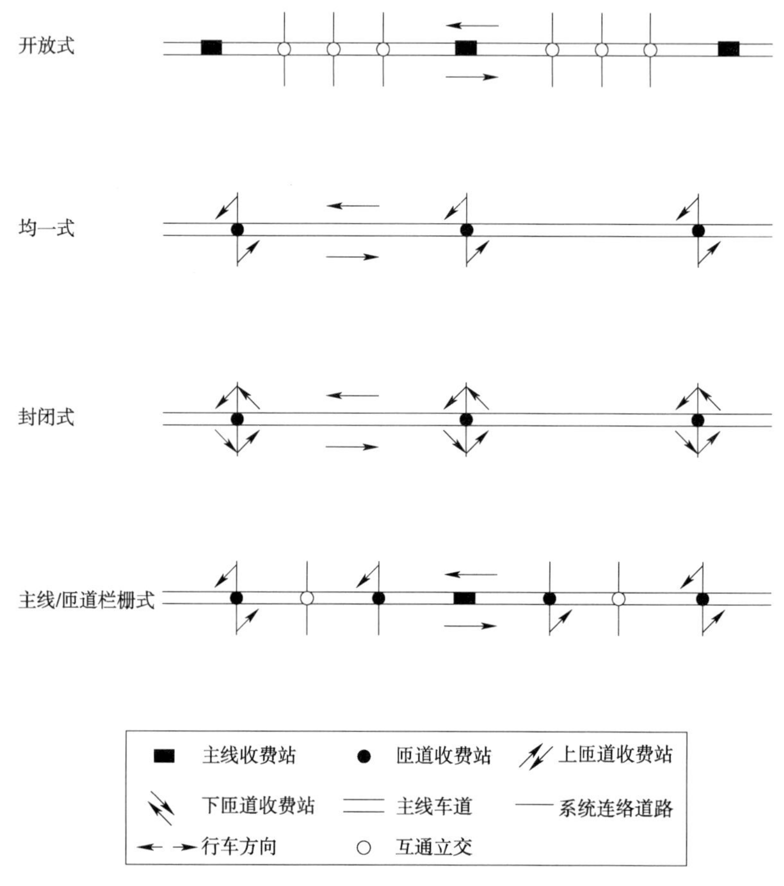

图 12-3　不同收费制式收费站布设示意图

（3）按收费形式可分为：停车人工收费，停车半自动收费，停车自动收费和不停车自动收费。

根据收费制式和收费方式，收费车道可划分为均一制收费车道、开放式收费车道、混合式收费车道、封闭式入口收费车道、封闭式出口收费车道、省界联合收费车道、封闭式入口计重收费车道、封闭式出口计重收费车道和 ETC 收费车道。除 ETC 收费车道为不停车全自动收费方式外，其余收费车道均为人工半自动收费方式。

收费站的通行能力应根据收费制式、收费方式和收费车道数确定。收费站通行能力分析方法适用于主线收费站，匝道收费站可参照执行。

一、名词术语

1. 延误指数（*DI*）

延误指数（*DI*）指车均等待时间与平均服务时间之比。

2. E［T］

E［T］指服务时间的均值，单位为 s。

3. D［T］

D［T］指服务时间的方差，单位为 s^2。

二、理想条件下的收费站交通流特性

车流在公路收费站的运行有其独特之处。公路收费站交通流特性分析是收费站通行能力和服务水平分析的基础。

一般情况下，车辆进入收费广场时减速，寻找排队长度较短或没有排队的收费车道。如果所选择的收费车道上有排队等候的车辆，那么就在队尾排队等候服务，接受完服务后，加速离开收费广场。如果所选择的收费车道没有排队等候的车辆，那么就直接进入收费车道接受服务，然后加速离开收费广场。

可以将车辆通过收费站的过程描述为：减速进入收费广场——排队等候（如果形成排队的话）——接受服务（交款或领票）——加速离开收费广场。

减速进入收费广场和加速离开收费广场仅与车辆的加减速性能和驾驶人的驾驶行为有关，与收费站提供的服务关系不大。

排队等候过程和接受服务过程与收费站提供的服务密切相关。它们是进行通行能力和服务水平分析的关键。

收费车道的基准条件应符合下列规定。

1. 道路基准条件

（1）出、入口收费车道数不少于 2 条；

（2）ETC 收费车道宽度为 3.5m，计重收费车道宽度为 4.0m，其余收费车道宽度为 3.2m，高寒积雪地区收费车道宽度为 3.5m；

（3）ETC 收费车道长度为 60m，计重收费车道长度为 45m，其余收费车道长度为 36m。

2. 交通基准条件

（1）除计重收费车道的车型是 100% 的二型车外，其余收费车道的交通组成是 100% 的小客车；

（2）ETC 收费车道，车辆速度保持在 20km/h 左右，车间距 10m 左右。

3. 其他基准条件

（1）天气良好；

（2）无交通管制；

（3）无交通事故等突发情况。

三、通行能力影响因素

实际上，公路收费站收费车道的道路、交通条件往往不是基准条件，其中对通行能力的主要影响因素包括：收费车道类型、收费方式和交通组成，这些条件的变化都将引起服务时间发生变化。

1. 收费车道类型与收费方式影响

对于人工收费的交费找零、入口领通行券或出口验通行券公路收费站，按照完成任务的不同，可将接受服务的时间划分成两个部分：交费、领/验券时间和离去时间。交费、领/验券时间是指从车辆进入收费地点停下开始，到车辆接受服务（交款或领券）完成后起动车辆准备离开收费地点之间的时间间隔。任一车辆在接受服务后的离开过程中，都还会占用收费地点一定的时间和空间，车辆离开服务地点到后车排队进入收费地点停下之间的时间间隔为离去时间。

对于 ETC 收费车道，车辆减速进入收费车道，速度保持在 20km/h 左右，车间距 10m 左右，依次通过收费车道，然后加速离开。其接受服务的时间仅为车辆通过收费车道的时间，可通过调查车辆排队通过收费亭或栏杆的饱和车头时距获得。

对于计重收费车道，准备进行计重收费的载货车辆减速进入收费车道，速度保持在 5km/h，保持安全间距，车轴依次行驶过称重平台、环形线圈车辆检测器、红外线车辆分离器和轮轴检测器，等该载货车辆完全通过称重控制系统后，称重数据采集处理器将采集信息自动形成一个完整的车辆信息，载货车辆停在收费亭处，收费亭的服务人员按照采集处理器的显示信息（主要是车型和称重结果）以及自身的目测，进行交费或领券后，载货车辆加速离开。计重收费车道的服务时间可分为计重时间、交费/领券时间和离去时间三个部分。

2. 交通组成影响

由于中型车、大型车和拖挂车在外形尺寸和车辆行驶性能上与小客车存在显著差别：中型车、大型车和拖挂车会在收费车道中占用更大的空间。在起动加速和减速停车过程中，由于中型车、大型车和拖挂车动力特性比小客车差，导致占用收费车道更多的时间。

收费车道的通行能力主要是受服务时间的影响，其他条件（如车道宽度、收费站设施及其布置方式等）则对通行能力的影响比较小。

以上是通行能力影响因素对通行能力造成的一般影响，各地区在缺乏当地的通行能力研究时，可采用本手册的推荐值考虑各影响因素的影响。但是，由于我国幅员辽阔，各地区经济发展水平不一致，所以各影响因素的影响可能因地而异，所以，在通行能力分析过程中最好对本手册的推荐值进行验证，然后再应用。

第二节　通行能力分析方法

一、通行能力分析方法流程

收费站通行能力分析方法多用于运行管理和规划设计两个层次的分析。运行管理分析目的是估算服务水平，规划设计分析的目的是确定收费车道数。公路收费站通行能力分析方法的流程如图 12-4 所示。

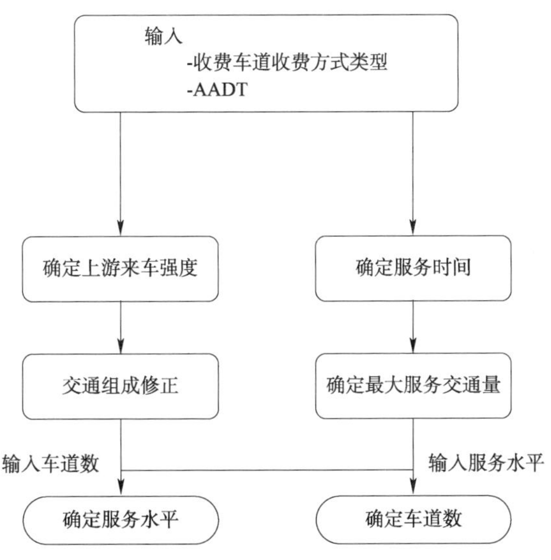

图 12-4 收费站通行能力分析方法流程

二、收费车道的基准通行能力与服务水平

1. 收费车道的基准通行能力

收费车道的基准通行能力是指基准的道路、交通条件下，合情合理地通过收费站的最大交通量，通常以标准车/(h·车道)为单位。可以通过式（12-1）计算。

$$C = 3600/E[T]_{标} \tag{12-1}$$

式中：C——收费车道的基准通行能力［标准车/(h·ln)］；

$E[T]_{标}$——标准车的平均服务时间（s）。

根据全国各地收费站各类收费车道的实测平均值，不同类型收费车道基准通行能力的如表 12-1 所示，可参照使用，也可通过当地观测数据确定。

一条收费车道的基准通行能力 表 12-1

收 费 车 道 类 型	［标准车/(h·ln)］
封闭式出口计重收费车道	100
封闭式入口计重收费车道	130
省界联合收费车道	160
封闭式出口收费车道	210
均一制、开放式、混合式收费车道	280
封闭式入口收费车道	510
ETC 收费车道	1440

2. 收费车道的服务水平

收费站服务水平以延误指数或 v/C 值作为评价指标确定服务水平等级，共划分为六级服务水平，各级服务水平对应的指标规定见表 12-2。最大服务交通量可参照使用，也可通过实测确定。收费车道设计服务水平宜取二级；特殊情况下可取三级。

收费车道的服务水平划分标准 表 12-2

<table>
<tr><td rowspan="3">服务水平等级</td><td colspan="9">分级指标</td></tr>
<tr><td rowspan="2">延误指数（DI）</td><td rowspan="2">v/C 值</td><td colspan="7">最大服务交通量［标准车/(h·ln)］</td></tr>
<tr><td>封闭式出口计重收费车道</td><td>封闭式入口计重收费车道</td><td>省界联合收费车道</td><td>封闭式出口收费车道</td><td>均一制、开放式、混合式收费车道</td><td>封闭式入口收费车道</td><td>ETC 收费车道</td></tr>
<tr><td>一</td><td>≤1</td><td>≤0.3</td><td>30</td><td>39</td><td>48</td><td>63</td><td>84</td><td>153</td><td>432</td></tr>
<tr><td>二</td><td>(1，2]</td><td>0.3＜v/C≤0.5</td><td>50</td><td>65</td><td>80</td><td>105</td><td>140</td><td>255</td><td>720</td></tr>
<tr><td>三</td><td>(2，3]</td><td>0.5＜v/C≤0.75</td><td>75</td><td>97.5</td><td>120</td><td>157</td><td>210</td><td>382</td><td>1080</td></tr>
<tr><td>四</td><td>(3，4]</td><td>0.75＜v/C≤0.95</td><td>95</td><td>123</td><td>152</td><td>199</td><td>266</td><td>484</td><td>1368</td></tr>
<tr><td>五</td><td>(4，5]</td><td>0.95＜v/C≤1.00</td><td rowspan="2">100</td><td rowspan="2">130</td><td rowspan="2">160</td><td rowspan="2">210</td><td rowspan="2">280</td><td rowspan="2">510</td><td rowspan="2">1440</td></tr>
<tr><td>六</td><td>＞5</td><td>＞1.00</td></tr>
</table>

注：流率或交通需求超过通行能力时，是六级服务水平。

1）服务水平

收费站的服务水平是衡量收费站设施提供给驾驶人与乘客服务质量的一种标准。一般评价收费站服务水平的指标有收费服务时间、车辆平均排队长度、车辆在收费站的平均延误时间等。

收费服务时间的长短与收费制式、收费设备以及收费人员的素质有关。对于特定的收费制式下的收费站，其收费服务时间变化不大，不能反映出收费站内交通流运行状态的变化，收费服务时间的长短可用于不同类型收费站服务质量的比较，而对于特定收费站内的交通服务质量的评价，服务时间则不是一个合适的参数。

车辆在收费站平均延误时间的长短描述了由于收费站的存在造成车辆在经过时产生的延误，延误时间的长短直接反映车辆在经过收费站时其交通条件质量的好坏。从这方面来说，延误时间能够较好地评价收费站内交通服务质量。但是，延误数据的获得相对比较困难，使延误数据的精确度相对较低，且驾驶人与乘客并不能直观地感受到。

收费站的平均排队长度是指收费站内各收费车道等待服务的平均排队车辆数。排队车辆数的多少能够被驾驶人和乘客直观感受到，直接影响驾驶人和乘客对服务质量的感受。排队车辆多，驾驶人和乘客认为将要等待的时间长；排队车辆少，驾驶人和乘客认为将要等待的时间短。通过人工计数的方法，可简单、准确地获取收费站排队长度的实测数据。但通过现行采用的排队论模型计算得到的平均排队车辆数理论值与实际观测值之间存在较大误差。

延误指数是指车均等待时间与平均服务时间之比。该指标直接反映了收费等待时间，间接反映了收费站车辆的排队程度，易于观测，且该指标与饱和度存在较强的相关性。

因此，本章采用延误指数作为评价收费车道服务水平的指标。通过实际观测和理论分析可以得出由于延误指数的不同导致其可能处理的车辆数不同。随着延误指数的增加，收费车道能够处理的车辆数也在不断地增加。延误指数小于 1 时，驾驶人和乘客基本感受不到排队，从 1 增加到 2 时，收费车道能够处理的车辆数增加幅度较大；从 2 到 3 时，收费车道能够处理的车辆数增加幅度趋缓；从3到4时，收费车道能够处理的车辆数增加幅度进一步减缓，超过5时，收费车道能够处理的车辆数增加幅度很小。鉴于收费车道能够处理的车辆数这种变化规律，可将收费车道的服务水平划分为一级～六级，具体描述如下：

一级服务水平：收费车道内几乎没有形成排队，大部分车辆不经过排队直接进入收费车道接受服务。驾驶人和乘客几乎没有感觉等待多长时间就通过收费车道，感觉较为舒适和方便，延误指数小于或等于1；

二级服务水平：收费车道内小部分车辆形成排队，但排队长度很短，驾驶人和乘客感觉到等待，但时间较短，驾驶人和乘客可以理解，延误指数小于或等于2；

三级服务水平：收费车道内已经形成排队，但排队长度不长。驾驶人和乘客感觉到明显等待，但等待时间可以接受，延误指数小于或等于3；

四级服务水平：收费车道内形成较长的排队，驾驶人和乘客感觉到明显的不便，部分驾驶人和乘客不能忍受这种长时间的等待，延误指数小于或等于4；

五级服务水平：收费车道内形成较长的排队，所有车辆必须等待较长时间才能通过收费车道，大部分驾驶人和乘客不能忍受，延误指数小于或等于5；

六级服务水平：收费车道内形成很长的排队，所有车辆必须等待很长时间才能通过收费车道，所有驾驶人和乘客感觉不能忍受，已经超过收费车道的通行能力，延误指数大于5。

2）最大服务交通量

本章提供了根据观测数据的特征参数，确定了不同服务时间、不同车道数最大服务交通量。

3）车均等待时间

车均等待时间是指车辆从加入停等车队到车尾通过收费亭的时间。车辆在收费广场排队等待服务，若车间距小于3～5m，车速低于10km/h时，则判断该车处于等待时间。车均等待时间为单车等待时间的平均值，等待时间包含服务时间。

4）特殊情况设计

收费站特殊情况设计指在例如山区、城市出入口等用地局促的地点，可以采用三级服务水平要求设计。

3. 车型划分与标准车

国内高速公路一般按表12-3的车辆分类进行收费。

国内高速公路收费站的车辆分类　　表12-3

一般收费站的车辆分类			计重收费的车辆分类
类　别	客车车型及规格（座）	货车核定载质量（t）	货车计重总质量（t）
一型车	≤7	≤2	≤8
二型车	（8，19]	（2，5]	（8，21]
三型车	（20，39]	（5，10]	（21，35]
四型车	≥40	（10，15]	（35，49]
五型车	—	>15	>49

1）人工半自动收费车道

人工半自动收费车道以小客车为标准车，车型划分标准见表12-4。

人工半自动收费车道车型划分标准　　表12-4

类　别	客车核定载客数（座）	货车核定载质量（t）
第1类	≤7	≤2
第2类	[8，19]	(2，5]
第3类	[20，39]	(5，10]
第4类	≥40	(10，15]，20ft集装箱车
第5类	—	>15，40ft集装箱车

2）计重收费车道

计重收费车道以二型车为标准车，车辆划分标准见表12-5。

计重收费车道车型划分标准　　表12-5

类　别	货车计重总质量（t）	类　别	货车计重总质量（t）
一型车	≤8	四型车	(35，49]
二型车	(8，21]	五型车	>49
三型车	(21，35]		

3）ETC收费车道

对于ETC收费车道，主要车型为客车，占99%以上，其中以小客车居多，占90%以上。因此，ETC收费车道可划分为4类车型进行通行能力和服务水平分析，其中以小客车作为标准车。车辆划分标准见表12-6。

ETC收费车道车型划分标准　　表12-6

类　别	客车核定载客数（座）	类　别	客车核定载客数（座）
第1类	≤7	第3类	[20，39]
第2类	[8，19]	第4类	≥40

4. 平均收费服务时间与折算系数

1）平均收费服务时间

平均收费服务时间因收费制式、采用的收费设备类型、收费员的业务能力、驾驶人的因素以及车辆类型不同而有所差别。某一类车型的平均服务时间是该类车排队经过收费亭某一断面饱和车头时距观测值的平均值，可通过观测该类车辆排队通过收费车道某一点的饱和车头时距获得。

(1) 样本量。

为满足统计结果的精度要求，根据样本的性质需要的最少样本量按式（12-2）计算：

$$N \geqslant \left(\frac{SK}{E}\right)^2 \quad (12\text{-}2)$$

式中：N——最少样本量；

S——计算的样本标准差，单位为 s，可按表 12-7 选取；

K——相应于要求置信度的常数，一般取 95% 的置信水平，可按表 12-8 选取；

E——服务时间计算中的容许误差单位为 s，宜取 ±5%。

用于确定最小样本量的服务时间标准差 表 12-7

服务时间（s）	2	4	6	8	10	12	14	16	18	20
标准差（s）	1.5	2.2	2.9	3.6	4.3	5.0	5.7	6.4	7.1	7.8
服务时间（s）	22	24	26	28	30	32	34	36	38	40
标准差（s）	8.5	9.2	9.9	10.6	11.3	12.0	12.7	13.4	14.1	14.8

相应于置信水平的 K 值 表 12-8

常数（K）	1	1.5	1.64	1.96	2	2.5	2.58	3
置信水平（%）	68.3	86.6	90	95	95.5	98.8	99	99.7

最小观测样本量可根据式（12-2）计算得到，或参照表 12-9 确定。

服务时间最小观测样本量 表 12-9

服务时间（s）	2	4	6	8	10	12	14	16	18	20
最小观测样本量	876	469	361	313	285	268	256	247	240	234
服务时间（s）	22	24	26	28	30	32	34	36	38	40
最小观测样本量	230	226	223	221	218	216	215	213	212	211

（2）服务时间特征参数。

条件受限时标准车平均服务时间可按表 12-10 选取。

标准车的平均服务时间取值范围（s） 表 12-10

均一制、开放式、混合式收费车道	封闭式入口收费车道	封闭式出口收费车道	省界联合收费车道	封闭式入口计重收费车道	封闭式出口计重收费车道	ETC 收费车道
12～14	6～8	14～20	20～26	24～30	34～40	2～3

根据实测数据，收费站的服务时间因收费方式、收费工作内容不同而有所差异，表 12-11～表 12-13 列出了各类收费站的服务时间均值 E[T] 和方差 D[T]。需要注意的是，表中的数值仅依据观测数据分析获得，只有根据当地的实测数据，才能得到更准确的分析结果。

人工半自动收费车道服务时间特征参数 表 12-11

收费车道类型	小型车		中型车		大型车		特大型车	
	E[T] (s)	D[T] (s^2)	E[T] (s)	D[T] (s^2)	E[T] (s)	D[T] (s^2)	E[T] (s)	D[T] (s^2)
封闭式出口	16.3	7.47	20.0	10.56	26.3	17.36	33.5	25.87
封闭式入口	7.6	0.71	9.7	0.99	14.0	1.87	18.2	3.17
均一制	9.4	2.10	13.9	5.44	19.2	8.08	23.6	11.25

计重收费车道服务时间特征参数 表 12-12

一型车		二型车		三型车		四型车		五型车	
E[T] (s)	D[T] (s^2)	E[T] (s)	D[T] (s^2)	E[T] (s)	D[T] (s^2)	E[T] (s)	D[T] (s^2)	E[T] (s)	D[T] (s^2)
21.6	11.84	28.9	18.61	35.7	27.32	44.5	31.56	57.3	37.39

ETC 收费车道服务时间特征参数 表 12-13

小　客　车		大　客　车	
E [T] (s)	D [T] (s^2)	E [T] (s)	D [T] (s^2)
3.64	0.54	6.69	0.61

2）车辆折算系数

收费车道车辆折算系数宜根据当地实测确定，条件受限时可按表 12-14 ~ 表 12-16 选取。

人工半自动收费车道的车辆折算系数 表 12-14

类　别	客车核定载客数（座）	车辆折算系数	货车核定载质量（t）	车辆折算系数
第 1 类	≤7	1.0	≤2	1.2
第 2 类	[8，19]	1.2	(2，5]	1.6
第 3 类	[20，39]	1.6	(5，10]	2.0
第 4 类	≥40	2.0	(10，15]，20in 集装箱车	2.5
第 5 类	—	—	>15，40in 集装箱车	3.0

计重收费车道的车辆折算系数 表 12-15

类　别	货车计重总质量（t）	车辆折算系数
一型车	≤8	0.7
二型车	(8，21]	1.0
三型车	(21，35]	1.5
四型车	(35，49]	2.0
五型车	>49	2.5

ETC 收费车道车辆折算系数　　　表 12-16

类　　别	客车核定载客数（座）	车辆折算系数
第 1 类	≤7	1.0
第 2 类	[8，19]	1.2
第 3 类	[20，39]	1.4
第 4 类	≥40	1.6

5. 确定收费车道数和运行服务水平的方法

1）高峰小时流率

（1）规划设计阶段。

规划设计阶段收费车道组的高峰小时流率是设计小时交通量，根据预测数据确定。

（2）运营管理阶段。

运营管理阶段收费车道组的高峰小时流率是根据观测数据修正确定。

收费站高峰小时流率应按式（12-3）计算。

$$Q_i = \frac{q_i}{\mathrm{PHF}_{15} \times f_{HV} \times f_P} \tag{12-3}$$

式中：Q_i——第 i 类（i = 人工半自动收费、计重收费、ETC 收费）收费车道高峰小时流率（辆标准车/h）；

q_i——第 i 类收费车道观测小时流量（veh/h）；

PHF_{15}——15min 高峰小时系数；

f_{HV}——交通组成修正系数，见公式（12-4）；

f_p——驾驶人总体特性修正系数。

交通组成修正系数：

$$f_{HV} = \frac{1}{1 + \sum p_i(E_i - 1)} \tag{12-4}$$

式中：p_i——车型 i 的交通量占总交通量的百分比；

E_i——车型 i 的车辆折算系数。

驾驶人总体特征修正系数：

驾驶人越熟悉所行驶的收费站，则越容易以较高的效率通过收费站，例如提前准备收费额，反之，则会使收费效率降低。驾驶人总体特征对通行能力的影响，用修正系数 f_p 表示。驾驶人总体特征影响修正系数的使用应该非常谨慎，可以通过调查工作日和休息日的交通流率和速度来确定该修正系数取值；或通过专家对道路、交通状况的综合分析，提出合理的修正系数，如通常情况下驾驶人总体特征影响修正系数可取 1，当分析有旅游功能的收费站时，f_p 可取 0.90。

2）确定车道数

方法一：

收费车道组的车道数 = 车道组当量设计小时交通量/选定服务水平下的单车道小时最大服务交通量（查表 12-2 确定），计算结果向上取整。

方法二：

将收费车道高峰小时流率作为最大服务交通量，按平均服务时间查表获取车道数。本章内容分别给出平均服务时间为4s、6s、8s、10s、14s、18s、22s、26s、30s、34s及38s收费车道组不同服务水平等级、不同车道数量条件下最大服务交通量列表，见表12-17～表12-27。在实际测算过程中，如果实测平均服务时间不在以上列表内，需要选取该实测平均服务时间前后相邻的两个表格，在选定的服务水平下，利用线性插值的方法求算实测平均服务时间对应的车道数量与最大服务交通量列表。然后将高峰小时流率作为设计需求，在保证最大服务交通量不小于高峰小时流率的条件下，求算收费站车道数量。

平均服务时间4s收费车道组的最大服务交通量 表12-17

服务水平等级	一	二	三	四	五	六
延误指数（DI）	≤1	$1<DI\leq2$	$2<DI\leq3$	$3<DI\leq4$	$4<DI\leq5$	>5
车道数	收费车道可以处理的最大车辆数（标准车/h）					
1	270	450	675	855	900	
2	545	905	1355	1715	1800	
3	820	1360	2035	2575	2700	
4	1095	1815	2715	3435	3600	
5	1370	2270	3395	4295	4500	
6	1645	2725	4075	5155	5400	
7	1920	3180	4755	6015	6300	
8	2195	3635	5435	6875	7200	
9	2470	4090	6115	7735	8100	
10	2745	4545	6795	8595	9000	
11	3020	5000	7475	9455	9900	
12	3295	5455	8155	10315	10800	
13	3570	5910	8835	11175	11700	
14	3845	6365	9515	12035	12600	
15	4120	6820	10195	12895	13500	

平均服务时间6s收费车道组的最大服务交通量 表12-18

服务水平等级	一	二	三	四	五	六
延误指数（DI）	≤1	$1<DI\leq2$	$2<DI\leq3$	$3<DI\leq4$	$4<DI\leq5$	>5
车道数	收费车道可以处理的最大车辆数（标准车/h）					
1	180	300	450	570	600	
2	365	605	905	1145	1200	
3	550	910	1360	1720	1800	
4	735	1215	1815	2295	2400	
5	920	1520	2270	2870	3000	
6	1105	1825	2725	3445	3600	

续上表

服务水平等级	一	二	三	四	五	六
7	1290	2130	3180	4020	4200	
8	1475	2435	3635	4595	4800	
9	1660	2740	4090	5170	5400	
10	1845	3045	4545	5745	6000	
11	2030	3350	5000	6320	6600	
12	2215	3655	5455	6895	7200	
13	2400	3960	5910	7470	7800	
14	2585	4265	6365	8045	8400	
15	2770	4570	6820	8620	9000	

平均服务时间 8s 收费车道组的最大服务交通量 表 12-19

服务水平等级	一	二	三	四	五	六
延误指数（DI）	≤1	$1<DI\leq2$	$2<DI\leq3$	$3<DI\leq4$	$4<DI\leq5$	>5
车道数	收费车道可以处理的最大车辆数（标准车/h）					
1	135	225	338	428	450	
2	275	455	680	860	900	
3	415	685	1023	1293	1350	
4	555	915	1365	1725	1800	
5	695	1145	1708	2158	2250	
6	835	1375	2050	2590	2700	
7	975	1605	2393	3023	3150	
8	1115	1835	2735	3455	3600	
9	1255	2065	3078	3888	4050	
10	1395	2295	3420	4320	4500	
11	1535	2525	3763	4753	4950	
12	1675	2755	4105	5185	5400	
13	1815	2985	4448	5618	5850	
14	1955	3215	4790	6050	6300	
15	2095	3445	5133	6483	6750	

平均服务时间 10s 收费车道组的最大服务交通量 表 12-20

服务水平等级	一	二	三	四	五	六
延误指数（DI）	≤1	$1<DI\leq2$	$2<DI\leq3$	$3<DI\leq4$	$4<DI\leq5$	>5
车道数	收费车道可以处理的最大车辆数（标准车/h）					
1	108	180	270	342	360	
2	221	365	545	689	720	

续上表

服务水平等级	一	二	三	四	五	六
3	334	550	820	1036	1080	
4	447	735	1095	1383	1440	
5	560	920	1370	1730	1800	
6	673	1105	1645	2077	2160	
7	786	1290	1920	2424	2520	
8	899	1475	2195	2771	2880	
9	1012	1660	2470	3118	3240	
10	1125	1845	2745	3465	3600	
11	1238	2030	3020	3812	3960	
12	1351	2215	3295	4159	4320	
13	1464	2400	3570	4506	4680	
14	1577	2585	3845	4853	5040	
15	1690	2770	4120	5200	5400	

平均服务时间 14s 收费车道组的最大服务交通量 表 12-21

服务水平等级	一	二	三	四	五	六
延误指数（*DI*）	≤1	1 < *DI*≤2	2 < *DI*≤3	3 < *DI*≤4	4 < *DI*≤5	>5
车道数	收费车道可以处理的最大车辆数（标准车/h）					
1	78	130	195	247	260	
2	160	264	394	498	520	
3	242	398	593	749	780	
4	324	532	792	1000	1040	
5	406	666	991	1251	1300	
6	488	800	1190	1502	1560	
7	570	934	1389	1753	1820	
8	652	1068	1588	2004	2080	
9	734	1202	1787	2255	2340	
10	816	1336	1986	2506	2600	
11	898	1470	2185	2757	2860	
12	980	1604	2384	3008	3120	
13	1062	1738	2583	3259	3380	
14	1144	1872	2782	3510	3640	
15	1226	2006	2981	3761	3900	

平均服务时间 18s 收费车道组的最大服务交通量 表 12-22

服务水平等级	一	二	三	四	五	六
延误指数（DI）	≤1	$1<DI\leq2$	$2<DI\leq3$	$3<DI\leq4$	$4<DI\leq5$	>5
车道数	收费车道可以处理的最大车辆数（标准车/h）					
1	60	100	150	190	200	
2	124	204	304	384	400	
3	188	308	458	578	600	
4	252	412	612	772	800	
5	316	516	766	966	1000	
6	380	620	920	1160	1200	
7	444	724	1074	1354	1400	
8	508	828	1228	1548	1600	
9	572	932	1382	1742	1800	
10	636	1036	1536	1936	2000	
11	700	1140	1690	2130	2200	
12	764	1244	1844	2324	2400	
13	828	1348	1998	2518	2600	
14	892	1452	2152	2712	2800	
15	956	1556	2306	2906	3000	

平均服务时间 22s 收费车道组的最大服务交通量 表 12-23

服务水平等级	一	二	三	四	五	六
延误指数（DI）	≤1	$1<DI\leq2$	$2<DI\leq3$	$3<DI\leq4$	$4<DI\leq5$	>5
车道数	收费车道可以处理的最大车辆数（标准车/h）					
1	49	82	123	156	164	
2	102	168	250	316	328	
3	156	254	377	475	492	
4	209	340	504	635	656	
5	262	426	631	795	820	
6	315	512	758	955	984	
7	368	598	885	1115	1148	
8	422	684	1012	1274	1312	
9	475	770	1139	1434	1476	
10	528	856	1266	1594	1640	
11	581	942	1393	1754	1804	
12	634	1028	1520	1914	1968	
13	688	1114	1647	2073	2132	
14	741	1200	1774	2233	2296	
15	794	1286	1901	2393	2460	

平均服务时间26s收费车道组的最大服务交通量　　表12-24

服务水平等级	一	二	三	四	五	六
延误指数（DI）	≤1	1 < DI≤2	2 < DI≤3	3 < DI≤4	4 < DI≤5	>5
车道数	收费车道可以处理的最大车辆数（标准车/h）					
1	42	70	105	133	140	
2	87	143	213	269	280	
3	132	216	321	405	420	
4	177	289	429	541	560	
5	222	362	537	677	700	
6	267	435	645	813	840	
7	312	508	753	949	980	
8	357	581	861	1085	1120	
9	402	654	969	1221	1260	
10	447	727	1077	1357	1400	
11	492	800	1185	1493	1540	
12	537	873	1293	1629	1680	
13	582	946	1401	1765	1820	
14	627	1019	1509	1901	1960	
15	672	1092	1617	2037	2100	

平均服务时间30s收费车道的最大服务交通量　　表12-25

服务水平等级	一	二	三	四	五	六
延误指数（DI）	≤1	1 < DI≤2	2 < DI≤3	3 < DI≤4	4 < DI≤5	>5
车道数	收费车道可以处理的最大车辆数（标准车/h）					
1	36	60	90	114	120	
2	75	123	183	231	240	
3	114	186	276	348	360	
4	153	249	369	465	480	
5	192	312	462	582	600	
6	231	375	555	699	720	
7	270	438	648	816	840	
8	309	501	741	933	960	
9	348	564	834	1050	1080	
10	387	627	927	1167	1200	
11	426	690	1020	1284	1320	
12	465	753	1113	1401	1440	
13	504	816	1206	1518	1560	
14	543	879	1299	1635	1680	
15	582	942	1392	1752	1800	

平均服务时间34s收费车道组的最大服务交通量 表12-26

服务水平等级	一	二	三	四	五	六
延误指数（DI）	≤ 1	$1<DI\leq 2$	$2<DI\leq 3$	$3<DI\leq 4$	$4<DI\leq 5$	>5
车道数	收费车道可以处理的最大车辆数（标准车/h）					
1	32	53	80	101	106	
2	66	108	161	203	212	
3	99	163	243	306	318	
4	133	218	324	409	424	
5	167	273	406	512	530	
6	201	328	487	614	636	
7	235	383	569	717	742	
8	268	438	650	820	848	
9	302	493	732	922	954	
10	336	548	813	1025	1060	
11	370	603	895	1128	1166	
12	404	658	976	1230	1272	
13	437	713	1058	1333	1378	
14	471	768	1139	1436	1484	
15	505	823	1221	1539	1590	

平均服务时间38s收费车道组的最大服务交通量 表12-27

服务水平等级	一	二	三	四	五	六
延误指数（DI）	≤ 1	$1<DI\leq 2$	$2<DI\leq 3$	$3<DI\leq 4$	$4<DI\leq 5$	>5
车道数	收费车道可以处理的最大车辆数（标准车/h）					
1	29	48	71	90	95	
2	59	97	145	183	190	
3	90	147	218	275	285	
4	120	196	291	367	380	
5	151	246	364	459	475	
6	181	295	438	552	570	
7	212	345	511	644	665	
8	242	394	584	736	760	
9	273	444	657	828	855	
10	303	493	731	921	950	
11	334	543	804	1013	1045	
12	364	592	877	1105	1140	
13	395	642	950	1197	1235	
14	425	691	1024	1290	1330	
15	456	741	1097	1382	1425	

3）确定服务水平

方法一：

若无收费车道组标准车的平均服务时间观测数据，计算单车道的高峰小时流率 = 车道组高峰小时流率/收费车道组的车道数，然后查表 12-2 确定。

方法二：

将收费车道高峰小时流率作为最大服务交通量，按平均服务时间查表获取车道数。本章内容分别给出平均服务时间为 4s、6s、8s、10s、14s、18s、22s、26s、30s、34s 及 38s 收费车道组不同服务水平等级、不同车道数量条件下最大服务交通量列表，见表 12-17 ~ 12-27。在实际测算过程中，如果实测平均服务时间不在以上列表内，需要选取该实测平均服务时间前后相邻的两个表格，在选定的车道数下，利用线性插值的方法求算实测平均服务时间对应的服务水平与最大服务交通量列表，在保证最大服务交通量不小于高峰小时流率的条件下，求算收费站车道的服务水平。

第三节　通行能力分析步骤

一、运行状况分析

1. 数据要求

运营管理阶段所需数据主要包括收费车道类型和交通条件。

1）收费车道类型

明确收费车道是下列收费车道中的一种或者是收费车道组合：省界联合收费车道；封闭式出口收费车道；均一制、开放式、混合式收费车道；封闭式入口收费车道；ETC 收费车道；封闭式入口计重收费车道；封闭式出口计重收费车道。

2）交通条件

各类收费车道组的观测高峰小时流量；交通组成；平均服务时间。

2. 分析步骤

1）步骤一：确定收费车道组类型

根据调查，选取收费车道组类型，可多选：

□省界联合收费车道；

□封闭式出口收费车道；

□均一制、开放式、混合式收费车道；

□封闭式入口收费车道；

□ETC 收费车道；

□封闭式入口计重收费车道；

□封闭式出口计重收费车道。

2）步骤二：确定收费车道组标准车的平均服务时间和车辆折算系数

（1）对于省界联合收费车道，封闭式出口收费车道，均一制、开放式、混合式收费车道，封闭式入口收费车道：

选择小客车作为标准车，根据收费车道的观测数据确定小客车的平均服务时间，若无观测数据，查表 12-10 确定；

其他车型的平均服务时间根据收费车道实测数据确定，若无实测数据则跳过此步骤；

根据收费车道实测数据，计算其他车型平均服务时间与标准车平均服务时间的比值，确定车辆折算系数，若无实测数据，查表 12-14 确定。

（2）对于 ETC 收费车道：

选择小客车作为标准车，根据收费车道的观测数据确定小客车的平均服务时间，若无观测数据，查表 12-10 确定；

其他车型的平均服务时间根据收费车道实测数据确定，若无实测数据则跳过此步骤；

根据收费车道实测数据，计算其他车型平均服务时间与标准车平均服务时间的比值，确定车辆折算系数，若无实测数据，查表 12-16 确定。

（3）对于封闭式入口计重收费车道，封闭式出口计重收费车道：

选择二型车作为标准车，根据收费车道的观测数据确定二型车的平均服务时间，若无观测数据，查表 12-10 确定；

其他车型的平均服务时间根据收费车道实测数据确定，若无实测数据则跳过此步骤；

根据收费车道实测数据，计算其他车型平均服务时间与标准车平均服务时间的比值，确定车辆折算系数，若无实测数据，查表 12-15 确定。

3）步骤三：确定收费车道组高峰小时流率

（1）对于省界联合收费车道，封闭式出口收费车道，均一制、开放式、混合式收费车道，封闭式入口收费车道：

根据该收费站的观测数据，分别确定该类收费车道组的第 1 类客车、第 2 类客车、第 3 类客车、第 4 类客车、第 1 类货车、第 2 类货车、第 3 类货车、第 4 类货车和第 5 类货车的高峰小时流率；

利用式 12-3 确定该类车道组高峰小时流率。

（2）对于 ETC 收费车道：

根据该收费站的观测数据，分别确定该类收费车道组的第 1 类客车、第 2 类客车、第 3 类客车和第 4 类客车的高峰小时流率；

利用式 12-3 确定该类车道组高峰小时流率。

（3）对于封闭式入口计重收费车道，封闭式出口计重收费车道：

根据该收费站的观测数据，分别确定该类收费车道组的一型车、二型车、三型车、四型车和五型车的高峰小时流率；

利用式 12-3 确定该类车道组高峰小时流率。

4）步骤四：确定延误指数和服务水平

（1）若无收费车道组标准车的平均服务时间观测数据，计算单车道的高峰小时流率 = 车道组高峰小时流率/收费车道组的车道数，然后查表 12-2 确定延误指数和服务水平。

（2）或根据收费车道组的车道数和车道组高峰小时流率，对比车道组最大服务交通量，通过查表 12-17 至表 12-27，直接选取或插值确定延误指数和服务水平。

（3）收费站延误指数 = Σ（车道组高峰小时流率 × 车道组延误指数）/ Σ（车道组高峰小时流率）。然后根据收费站的延误指数确定收费站的服务水平。

二、设计和规划分析

1. 数据要求

规划设计阶段所需数据主要包括收费车道类型和交通条件。

1）收费车道类型

明确收费车道是下列收费车道中的一种或者是收费车道组合：省界联合收费车道；封闭式出口收费车道；均一制、开放式、混合式收费车道；封闭式入口收费车道；ETC 收费车道；封闭式入口计重收费车道；封闭式出口计重收费车道。

2）交通条件

各类收费车道组的 DDHV；交通组成；平均服务时间，设计服务水平。

2. 分析步骤

1）步骤一：确定收费车道组类型

根据规划设计条件，选取收费车道组类型，可多选：

□省界联合收费车道；

□封闭式出口收费车道；

□均一制、开放式、混合式收费车道；

□封闭式入口收费车道；

□ETC 收费车道；

□封闭式入口计重收费车道；

□封闭式出口计重收费车道。

2）步骤二：确定收费车道组标准车的平均服务时间和车辆折算系数

（1）对于省界联合收费车道，封闭式出口收费车道，均一制、开放式、混合式收费车道，封闭式入口收费车道：

选择小客车作为标准车，根据当地类似收费车道的观测数据确定小客车的平均服务时间，若无观测数据，查表 12-10 确定；

其他车型的平均服务时间根据当地类似收费车道实测数据确定，若无实测数据则跳过此步骤；

根据当地类似收费车道实测数据，计算其他车型平均服务时间与标准车平均服务时间的比值，确定车辆折算系数，若无实测数据，查表 12-14 确定。

（2）对于 ETC 收费车道：

选择小客车作为标准车，根据当地类似收费车道的观测数据确定小客车的平均服务时间，若无观测数据，查表 12-10 确定；

其他车型的平均服务时间根据当地类似收费车道实测数据确定，若无实测数据则跳过此步骤；

根据当地类似收费车道实测数据，计算其他车型平均服务时间与标准车平均服务时间的比值，确定车辆折算系数，若无实测数据，查表 12-16 确定。

（3）对于封闭式入口计重收费车道，封闭式出口计重收费车道：

选择二型车作为标准车，根据当地类似收费车道的观测数据确定二型车的平均服务时间，若无观测数据，查表12-10确定；

其他车型的平均服务时间根据当地类似收费车道实测数据确定，若无实测数据则跳过此步骤；

根据当地类似收费车道实测数据，计算其他车型平均服务时间与标准车平均服务时间的比值，确定车辆折算系数，若无实测数据，查表12-15确定。

3）步骤三：确定设计小时交通量

（1）对于省界联合收费车道，封闭式出口收费车道，均一制、开放式、混合式收费车道，封闭式入口收费车道：

根据该收费站的预测数据，分别确定该类收费车道组的第1类客车、第2类客车、第3类客车、第4类客车、第1类货车、第2类货车、第3类货车、第4类货车和第5类货车的设计小时的流量；

该类车道组当量设计小时交通量 = Σ（车型设计小时交通量 × 车辆折算系数）。

（2）对于ETC收费车道：

根据该收费站的预测数据，分别确定该类收费车道组的第1类客车、第2类客车、第3类客车和第4类客车的设计小时的流量；

该类车道组当量设计小时交通量 = Σ（车型设计小时交通量 × 车辆折算系数）。

（3）对于封闭式入口计重收费车道，封闭式出口计重收费车道：

根据该收费站的预测数据，分别确定该类收费车道组的一型车、二型车、三型车、四型车和五型车的设计小时的流量；

该类车道组当量设计小时交通量 = Σ（车型设计小时交通量 × 车辆折算系数）。

4）步骤四：确定车道数

（1）收费车道组的车道数 = 车道组当量设计小时交通量/选定服务水平下的单车道小时最大服务交通量（查表12-2确定），计算结果向上取整。

（2）或根据选定的服务水平和车道组当量设计小时交通量，对比车道组最大服务交通量，通过查表12-17 ~ 表12-27，直接选取或插值确定车道数。

（3）收费站规划设计车道数 = 普通收费车道组车道数 + ETC收费车道组车道数 + 计重收费车道组车道数。

第四节 算 例

一、算例1——确定收费车道数

1. 已知

1）收费车道类型

（1）封闭式出口收费车道；

（2）ETC收费车道；

（3）封闭式出口计重收费车道。

2）预测交通量

（1）封闭式出口收费车道：850pcu/h；

（2）ETC 收费车道：1100pcu/h；

（3）封闭式出口计重收费车道：45 二型车/h。

3）标准车平均服务时间

无。

4）规划设计服务水平

二级服务水平。

2. 要求

（1）确定各类收费车道组的车道数；

（2）确定收费站的收费车道数。

3. 分析与计算

1）步骤一：确定收费车道组类型

√封闭式出口收费车道；

√ETC 收费车道；

√封闭式出口计重收费车道。

2）步骤二：确定收费车道组标准车的平均服务时间和车辆折算系数

已知条件已给出各车道组设计小时交通量，跳过此步骤。

3）步骤三：确定设计小时交通量

（1）根据已知条件，封闭式出口收费车道组设计小时交通量 =850pcu/h。

（2）根据已知条件，ETC 收费车道组设计小时交通量 =1100pcu/h。

（3）根据已知条件，封闭式出口计重收费车道组设计小时交通量 =45 二型车/h。

4）步骤四：确定车道数

（1）封闭式出口收费车道组的车道数 = 车道组当量设计小时交通量/选定服务水平下的单车道小时最大服务交通量（查表 12-2 确定）=850/105 =8.1，取 9 条车道。

（2）ETC 收费车道组的车道数 = 车道组当量设计小时交通量/选定服务水平下的单车道小时最大服务交通量（查表 12-2 确定）=1100/720 =1.5，取 2 条车道。

（3）封闭式出口计重收费车道组的车道数 = 车道组当量设计小时交通量/选定服务水平下的单车道小时最大服务交通量（查表 12-2 确定）=45/50 =0.9，取 1 条车道。

（4）收费站规划设计车道数 = 普通收费车道组车道数 + ETC 收费车道组车道数 + 计重收费车道组车道数 =9 +2 +1 =12（条）。

二、算例 2——确定收费车道数

1. 已知

1）收费车道类型

（1）封闭式出口收费车道；

（2）ETC 收费车道；

（3）封闭式出口计重收费车道。

2）预测交通量

（1）封闭式出口收费车道：第1类客车620veh/h，第2类客车35veh/h，第3类客车70veh/h，第4类客车85veh/h；

（2）ETC收费车道：第1类客车900veh/h，第2类客车80veh/h，第3类客车100veh/h，第4类客车110veh/h；

（3）封闭式出口计重收费车道：一型车7veh/h，二型车25veh/h，三型车8veh/h，四型车11veh/h，五型车13veh/h。

3）平均服务时间

（1）封闭式出口收费车道：小客车平均服务时间16s，其他车型服务时间无数据；

（2）ETC收费车道：小客车平均服务时间2.5s，其他车型服务时间无数据；

（3）封闭式出口计重收费车道：二型车平均服务时间38s，其他车型服务时间无数据

4）规划设计服务水平

二级服务水平。

2. 要求

（1）确定各类收费车道组的车道数；

（2）确定收费站的收费车道数。

3. 分析与计算

1）步骤一：确定收费车道组类型

√封闭式出口收费车道；

√ETC收费车道；

√封闭式出口计重收费车道。

2）步骤二：确定收费车道组标准车的平均服务时间和车辆折算系数

（1）封闭式出口收费车道：

选择小客车作为标准车，根据已知条件确定小客车的平均服务时间为16s；

其他车型的平均服务时间无数据则跳过此步骤；

查表12-13确定其他车型的车辆折算系数分别为：第2类客车1.2，第3类客车1.6，第4类客车2.0。

（2）ETC收费车道：

选择小客车作为标准车，根据已知条件确定小客车的平均服务时间为2.5s；

其他车型的平均服务时间无数据则跳过此步骤；

查表12-15确定其他车型的车辆折算系数分别为：第2类客车1.2，第3类客车1.4，第4类客车1.6。

（3）封闭式出口计重收费车道：

选择二型车作为标准车，根据已知条件确定二型车的平均服务时间为38s；

其他车型的平均服务时间无数据则跳过此步骤；

查表12-14确定其他车型车辆折算系数分别为：一型车0.7，三型车1.5，四型车2.0，五型车2.5。

3）步骤三：确定设计小时交通量

（1）封闭式出口收费车道：

根据已知条件，该类收费车道组各类车型的设计小时流量分别为：第 1 类客车 620veh/h，第 2 类客车 35veh/h，第 3 类客车 70veh/h，第 4 类客车 85veh/h；

该类车道组当量设计小时交通量 = Σ（车型设计小时交通量 × 车辆折算系数）= 620 × 1.0 + 35 × 1.2 + 70 × 1.6 + 85 × 2.0 = 620 + 42 + 112 + 170 = 944（pcu/h）。

（2）ETC 收费车道：

根据已知条件，该类收费车道组各类车型的设计小时流量分别为：第 1 类客车 900veh/h，第 2 类客车 80veh/h，第 3 类客车 100veh/h，第 4 类客车 110veh/h；

该类车道组当量设计小时交通量 = Σ（车型设计小时交通量 × 车辆折算系数）= 900 × 1.0 + 80 × 1.2 + 100 × 1.4 + 110 × 1.6 = 900 + 96 + 140 + 176 = 1312（pcu/h）。

（3）封闭式出口计重收费车道：

根据已知条件，该类收费车道组各类车型的设计小时流量分别为：一型车 7veh/h，二型车 25veh/h，三型车 8veh/h，四型车 11veh/h，五型车 13veh/h；

该类车道组当量设计小时交通量 = Σ（车型设计小时交通量 × 车辆折算系数）= 7 × 0.7 + 25 × 1.0 + 8 × 1.5 + 11 × 2.0 + 13 × 2.5 = 4.9 + 25 + 12 + 22 + 32.5 = 96.4（二型车/h）。

4）步骤四：确定车道数

（1）封闭式出口收费车道：

根据已知条件，小客车的平均服务时间为 16s，其前后相邻的计算列表分别为 14s 的表 12-21 和 18s 的表 12-22；

14s 的表 12-21 中二级服务水平对应的 8 车道的最大服务交通量为 1068pcu/h，18s 的表 12-22 中二级服务水平对应的 8 车道的最大服务交通量为 828pcu/h，利用线形插值可计算出 16s 平均服务时间二级服务水平对应的 8 车道的最大服务交通量为 948pcu/h；

16s 平均服务时间二级服务水平对应的 8 车道的最大服务交通量为 948pcu/h 大于该类车道组当量设计小时交通量 944pcu/h，确定该类车道组的车道数为 8 条。

（2）ETC 收费车道：

ETC 收费车道组的车道数 = 车道组当量设计小时交通量/选定服务水平下的单车道小时最大服务交通量（查表 12-2 确定）= 1312/720 = 1.8，取 2 条车道。

（3）封闭式出口计重收费车道：

根据已知条件，二型车的平均服务时间为 38s，查表 12-27，二级服务水平对应的 2 车道最大服务交通量为 97 二型车/h，根据该类车道组当量设计小时交通量为 96.4 二型车/h，确定该类车道组的收费车道数为 2 条。

（4）收费站规划设计车道数 = 普通收费车道组车道数 + ETC 收费车道组车道数 + 计重收费车道组车道数 = 8 + 2 + 2 = 12（条）。

三、算例 3——确定服务水平

1. 已知

1）收费车道类型

（1）封闭式出口收费车道组车道数：8 条；

（2）ETC 收费车道组车道数：2 条；

（3）封闭式出口计重收费车道组车道数：1 条。

2）观测高峰小时流率

（1）封闭式出口收费车道：850pcu/h；

（2）ETC 收费车道：1100pcu/h；

（3）封闭式出口计重收费车道：45 二型车/h。

2. 要求

（1）确定各类收费车道组的服务水平；

（2）确定收费站的服务水平。

3. 分析与计算

1）步骤一：确定收费车道组类型

√封闭式出口收费车道；

√ETC 收费车道；

√封闭式出口计重收费车道。

2）步骤二：确定收费车道组标准车的平均服务时间和车辆折算系数

已知条件已给出各车道组高峰小时流率，跳过此步骤。

3）步骤三：确定高峰小时流率

（1）根据已知条件，封闭式出口收费车道组高峰小时流率 =850pcu/h。

（2）根据已知条件，ETC 收费车道组当量高峰小时流率 =1100pcu/h。

（3）根据已知条件，封闭式出口计重收费车道组高峰小时流率 =45 二型车/h。

4）步骤四：确定延误指数与服务水平

（1）封闭式出口收费车道：

封闭式出口收费车道组单车道的高峰小时流率 = 车道组高峰小时流率/收费车道组的车道数 =850/8 =106.3pcu/h；

查表 12-2，并通过线性插值计算得到其延误指数为 2.03；

查表 12-2，确定服务水平为三级。

（2）ETC 收费车道：

ETC 收费车道组单车道的高峰小时流率 = 车道组高峰小时流率/收费车道组的车道数 = 1100/2 =550pcu/h；

查表 12-2，并通过线性插值计算得到其延误指数为 1.41；

查表 12-2，确定服务水平为二级。

（3）封闭式出口计重收费车道：

封闭式出口计重收费车组单车道的高峰小时流率 = 车道组高峰小时流率/收费车道组的车道数 =45/1 =45（二型车/h）；

查表 12-2，并通过线性插值计算得到其延误指数为 1.75；

查表 12-2，确定服务水平为二级。

（4）收费站：

收费站延误指数 = Σ（车道组高峰小时流率 × 车道组延误指数）/Σ（车道组高峰小时流率）=

$(850\times2.03+1100\times1.41+45\times1.75)/(850+1100+45)=3355.35/1995=1.68$。

查表12-2，确定服务水平为二级。

四、算例4——确定服务水平

1. 已知

1）收费车道类型

（1）封闭式出口收费车道组车道数：8条；

（2）ETC收费车道组车道数：2条；

（3）封闭式出口计重收费车道组车道数：2条。

2）预测交通量

（1）封闭式出口收费车道：第1类客车620veh/h，第2类客车35veh/h，第3类客车70veh/h，第4类客车85veh/h；

（2）ETC收费车道：第1类客车900veh/h，第2类客车80veh/h，第3类客车100veh/h，第4类客车110veh/h；

（3）封闭式出口计重收费车道：一型车7veh/h，二型车25veh/h，三型车8veh/h，四型车11veh/h，五型车13veh/h。

3）平均服务时间

（1）封闭式出口收费车道：小客车平均服务时间16s，其他车型服务时间无数据；

（2）ETC收费车道：小客车平均服务时间2.5s，其他车型服务时间无数据；

（3）封闭式出口计重收费车道：二型车平均服务时间38s，其他车型服务时间无数据。

4）15min高峰小时系数

$$PHF_{15}=0.927$$

5）驾驶人总体特征修正系数

该收费站具有旅游功能，驾驶人总体特征修正系数取0.9。

2. 要求

（1）确定各类收费车道组的服务水平；

（2）确定收费站的服务水平。

3. 分析与计算

1）步骤一：确定收费车道组类型

√封闭式出口收费车道；

√ETC收费车道；

√封闭式出口计重收费车道。

2）步骤二：确定收费车道组标准车的平均服务时间和车辆折算系数

（1）封闭式出口收费车道：

选择小客车作为标准车，根据已知条件确定小客车的平均服务时间为16s；

其他车型的平均服务时间无数据则跳过此步骤；

查表12-14确定其他车型的车辆折算系数分别为：第2类客车1.2，第3类客车1.6，第4类客车2.0。

（2）ETC 收费车道：

选择小客车作为标准车，根据已知条件确定小客车的平均服务时间为 2.5s；

其他车型的平均服务时间无数据则跳过此步骤；

查表 12-16 确定其他车型的车辆折算系数分别为：第 2 类客车 1.2，第 3 类客车 1.4，第 4 类客车 1.6。

（3）封闭式出口计重收费车道：

选择二型车作为标准车，根据已知条件确定二型车的平均服务时间为 38s；

其他车型的平均服务时间无数据则跳过此步骤；

查表 12-15 确定其他车型车辆折算系数分别为：一型车 0.7，三型车 1.5，四型车 2.0，五型车 2.5。

3）步骤三：确定高峰小时流率

（1）封闭式出口收费车道：

根据已知条件，该类收费车道组各类车型的小时流量分别为：第 1 类客车 620veh/h，第 2 类客车 35veh/h，第 3 类客车 70veh/h，第 4 类客车 85veh/h；

该类收费车道组的交通组成修正系数 $=1/\{1+[0.765\times(1-1)+0.043\times(1.2-1)+0.086\times(1.6-1)+0.105\times(2.0-1)]\}=0.805$；

根据已知条件，$PHF_{15}=0.927$，驾驶人总体特征修正系数取 0.9 的情况下，利用式 12-3，计算得到该类车道组高峰小时流率 $=\sum$(车型设计小时交通量)/($PHF_{15}\times f_{HV}\times f_P$) $=(620+35+70+85)/(0.927\times0.805\times0.9)=1206$（pcu/h）。

（2）ETC 收费车道：

根据已知条件，该类收费车道组各类车型的设计小时流量分别为：第 1 类客车 900veh/h，第 2 类客车 80veh/h，第 3 类客车 100veh/h，第 4 类客车 110veh/h；

该类收费车道组的交通组成修正系数 $=1/\{1+[0.756\times(1-1)+0.067\times(1.2-1)+0.084\times(1.4-1)+0.092\times(1.6-1)]\}=0.907$；

根据已知条件，$PHF_{15}=0.927$，驾驶人总体特征修正系数取 0.9 的情况下，利用式 12-3，计算得到该类车道组高峰小时流率 $=\sum$(车型设计小时交通量)/($PHF_{15}\times f_{HV}\times f_P$) $=(900+80+100+110)/(0.927\times0.907\times0.9)=1573$（pcu/h）。

（3）封闭式出口计重收费车道：

根据已知条件，该类收费车道组各类车型的设计小时流量分别为：一型车 7veh/h，二型车 25veh/h，三型车 8veh/h，四型车 11veh/h，五型车 13veh/h；

该类收费车道组的交通组成修正系数 $=1/\{1+[0.109\times(0.7-1)+0.391\times(1-1)+0.125\times(1.5-1)+0.172\times(2.0-1)+0.203\times(2.5-1)]\}=0.664$；

根据已知条件，$PHF_{15}=0.927$，驾驶人总体特征修正系数取 0.9 的情况下，利用式 12-3，计算得到该类车道组高峰小时流率 $=\sum$(车型设计小时交通量)/($PHF_{15}\times f_{HV}\times f_P$) $=(7+25+8+11+13)/(0.927\times0.664\times0.9)=116$（二型车/h）。

4）步骤四：确定延误指数与服务水平

（1）封闭式出口收费车道：

根据已知条件，小客车的平均服务时间为 16s，其前后相邻的计算列表分别为 14s 的

表 12-21 和 18s 的表 12-22；

14s 的表 12-21 中 8 车道对应的二级服务水平最大服务交通量为 1068pcu/h，18s 的表 12-22 中 8 车道对应的二级服务水平的最大服务交通量为 828pcu/h，利用线形插值可计算出 16s 平均服务时间 8 车道对应的二级服务水平的最大服务交通量为 948pcu/h；

14s 的表 12-21 中 8 车道对应的三级服务水平最大服务交通量为 1588pcu/h，18s 的表 12-22 中 8 车道对应的三级服务水平的最大服务交通量为 1228pcu/h，利用线形插值可计算出 16s 平均服务时间 8 车道对应的三级服务水平的最大服务交通量为 1408pcu/h；

根据该类车道组高峰小时流率为 1206pcu/h，对应 16s 平均服务时间 8 车道对应的二级服务水平的最大服务交通量为 948pcu/h 和三级服务水平的最大服务交通量为 1408pcu/h，通过线性插值计算得到延误指数为 2.56；

该类车道组的服务水平为三级。

（2）ETC 收费车道：

ETC 收费车道组单车道的高峰小时流率 = 车道组高峰小时流率/收费车道组的车道数 = 1573/2 = 786.5（pcu/h）；

查表 12-2，并通过线性插值计算得到其延误指数为 2.18；

查表 12-2，确定服务水平为三级。

（3）封闭式出口计重收费车道：

根据已知条件，二型车的平均服务时间为 38s，查表 12-26，通过线性插值计算得到其延误指数为 2.40；

查表 12-27，确定服务水平为三级。

（4）收费站：

收费站延误指数 = Σ（车道组高峰小时流率 × 车道组延误指数）/Σ（车道组高峰小时流率）=（1206 × 2.56 + 1573 × 2.18 + 116 × 2.4）/（1206 + 1573 + 116）= 6791/2895 = 2.35。

查表 12-2，确定服务水平为三级。

参 考 文 献

[1] 美国交通工程师学会．道路通行能力手册[M]．任福田，等，译．北京：中国建筑工业出版社，1991.

[2] 道路通行能力手册[M]．任福田，刘小明，荣建，等，译．北京：人民交通出版社，2007.

[3] 交通部公路科学研究所．公路通行能力研究报告[R]，2000.

[4] 威廉姆·劳埃茨巴赫．交通流理论导论[M]．徐贺文，译．北京：北京工业大学，1998.

[5] 中国公路学会．交通工程手册[M]．北京：人民交通出版社，1998.

[6] 丹尼尔 L. 鸠洛夫，马休 J. 休伯．交通流理论[M]．蒋璜、任福田，等，译．北京：人民交通出版社，1983.

[7] 荣建．高速公路基本路段通行能力研究[D]．北京：北京工业大学博士学位论文，1999.

[8] 诸葛敬敏．城市快速路交通流特性研究[D]．北京：北京工业大学硕士学位论文，2000.

[9] 严宝杰．交通调查与分析．北京：人民交通出版社，1994.

[10] 中华人民共和国行业标准．JTG B01—2014　公路工程技术标准[S]．北京：人民交通出版社，2014.

[11] 中华人民共和国行业标准．JTG B01—2003　公路工程技术标准[S]．北京：人民交通出版社，2003.

[12] 中华人民共和国行业标准．JTG H30—2015　公路养护安全作业规程[S]．北京：人民交通出版社股份有限公司，2015.

[13] 台湾交通运输研究所．2011 年台湾公路容量手册[R]，2011.

[14] 陈金川．交织区通行能力研究[D]．北京：北京工业大学博士学位论文，2000.

[15] 任福田，杨峰，荣建，等．北京市环行交叉口通行能力分析[J]．公路交通科技．2001. 06：64-66.

[16] 钟连德，荣建，孙小端，等．仿真求解快速路交织区通行能力[J]．公路交通科技，2006，04：88-93.

[17] 钟连德，荣建，孙小端，等．快速路交织区运行分析研究[J]．北京工业大学学报，2006，10：907-912.

[18] 陈宽民，严宝杰．道路通行能力分析[M]. 2 版．北京：人民交通出版社，2011.

[19] 任福田．新编交通工程导论[M]．北京：中国建筑工业出版社，2011.

[20] 杨佩昆，吴兵．交通管理与控制[M]. 2 版．北京：人民交通出版社，2003.

[21] 袁振洲．道路交通管理与控制[M]．北京：人民交通出版社，2007.

[22] 德国道路与交通工程研究学会．交通信号控制指南——德国现行规范[M]．李克平，

译. 北京：中国建筑工业出版社，2006.

[23] 交通工学研究会. 平面交差の計画と設計—基礎編，東京：丸善株式会社，1998.

[24] 交通工学研究会. 平面交差の計画と設計—応用編，東京：丸善株式会社，1998.

[25] 交通工学研究会. 交差点の交通容量，東京：丸善株式会社，1985.

[26] 交通部公路科学研究所. 收费公路联网收费技术要求[M]. 北京：人民交通出版社，2007.

[27] 饭田恭敬. 交通工程学[M]. 邵春福，等，译. 北京：人民交通出版社，1994.

[28] 张起森，张亚平. 道路通行能力分析[M]. 北京：人民交通出版社，2002.

[29] 日本道路工团. 日本高速公路设计要领[M]. 交通运输部工程管理司译制组，译. 陕西西安：陕西旅游出版社，1991.

[30] 徐吉谦. 交通工程总论[M]. 北京：人民交通出版社，1991.

[31] 张智勇，曲峰. M/G/K 排队模型的北京地区高速公路收费站通行能力研究[J]. 公路，2001，07：128-133.

[32] 周刚，常成利. 高速公路收费站通行能力研究[J]. 公路交通科技，2001，18（3）：56-59.

[33] 邓卫，吴海翔. 公路收费口通行能力研究[J]. 中国公路学报，2000，13（2）：87-90.

[34] 王国清，胡国盛. 计重收费的理论与实践探索[J]. 公路交通科技，2001（2）：163-165.

[35] 王剑波，马崃. 货车计重收费与按车型收费模式转换问题研究[J]. 交通标准化，2008（2）：163-165.

[36] 苗泽青. 计重收费下收费站通行能力计算方法[J]. 公路交通科技，2011（1）：174-175.

[37] 李天岭. 高等级公路收费站通行能力[J]. 大众商务，2009（6）：253-254.

[38] 丁创新，曾应昆. 高等级公路收费站通行能力分析[J]. 昆明理工大学学报，2005（12）：90-93.

[39] 杨源，刘正东，戴连贵. 高速公路收费站 ETC 车道通行能力分析[J]. 计算机与数字工程，2011（7）：54-57.

[40] 廖固. 高速公路收费站通行能力分析[J]. 公路工程，2010（6）：153-156.

[41] 李明. 高速公路收费站通行能力研究[J]. 科技信息，2012（27）：372-373.

[42] 于晓东. 收费站通行能力分析[J]. 黑龙江交通科技，2007（12）：181-183.

[43] Hall，Fred L. The investigation of an alternative interpretation of the speed-flow relationship for U. K. motorways[J]. Traffic Engineering & Control. 1993，34(9).

[44] Persaud，B. N.，Hurdle，U. F. Some new data that challenge some old ideas about speed-flow relationships[J]. Transportation Research Record 1194. TRB，1988，1194：191-198.

[45] James H. Banks. Another look at a priori relationships among traffic flow characteristics [J]. Transportation Research Record 1510. TRB，1995，1510：1-10.

[46] Transportation Research Board. Highway Capacity Manual，Special Report 209[M]. Washington DC：National Research Council，1985.

[47] Transportation Research Board. Highway Capacity Manual 2000[M]. Washington DC: National Research Council, 2000.

[48] Transportation Research Board. Highway Capacity Manual 2010[M]. Washington DC: National Research Council, 2010.

[49] Handbuch für dieBemessung von Straßenverkehrsanlagen (HBS) (German Highway Capacity Manual, Edition 2015[M], Forschungsgesellschaft für Straßen- und Verkehrswesen (FGSV) (Road and Transport Association), Cologne, 2015.

[50] Directorate General of Highway Ministry of Public Works, Indonesian Highway Capacity Manual[M], 1995.

[51] Ponlathep Lertworawanich and Lily Elefteriadou. A methodology for estimating capacity at ramp weaves based on gap acceptance and linear optimization[J]. Transportation Research Part B 2003 (37): 459-483.

[52] Reilly, W., et al. Weaving Analysis Procedures for the New Highway Capacity Manual[R] Technical Report, Contract No. DOT-FH-61-83-C-00029, Federal Highway Administration, Washington DC, 1984.

[53] Roess, R. P., Mcshane, W. R. and Pignataro, L. J.. Revision of NCHRP Methodology for Analysis of Weaving-Area Capacity[C], TRR772, 1980.

[54] Dudek, C. L. and Richards, S. H.. Traffic Capacity through Urban Freeway Work Zones in Texas[J], Transportation Research Record 869, 1982: 14-18.

[55] Karen K. Dixon, Joseph E. Hummer, Nagui M. Rouphail. Comparison of Rural Freeway Work Zone Queue Length Estimation Techniques: A Case Study[M/CD]. Preprints of the Transportation Research Board 77th Annual Meeting, Washington, D. C., January 1998.

[56] Yi Jiang. Traffic Capacity, Speed and Queue-Discharge Rate of Indiana's Four-Lane Freeway Work Zones [R]. Indiana Department of Transportation Division of Research. Indiana, 1999.

[57] Ahmed Al-Kaisy, Hall Fred L. Guidelines for Estimating Freeway Capacity at Long-Term Reconstruction Zones[M/CD]. Preprints of the Transportation Research Board 81th Annual Meeting, Washington, D. C., January 2002.

[58] AliKamyab. Work Zone Simulation Model[R]. Transportation Research and Education. Iowa, 1999.

[59] Ahmed Al-Kaisy, Miao Zhou, Fred Hall. New insights into freeway capacity at work zones: an empirical case study[M/CD]. Preprints of the Transportation Research Board 79th Annual Meeting, Washington, D. C., January 2000.

[60] Maze, T. H., Steve Dale Schrock, Kera Sue VanDerHorst. Traffic management strategies for merge areas in rural interstate work zones[R]. Center for Transportation Research and Education. Iowa. 1999.

[61] Thomas Schnell, Jefrey S. Mohror, Fuat Aktan. Evaluation of traffic flow analysis tools applied to work zones based on flow data collected in the field[M/CD]. Preprints of the Transportation Research Board 81th Annual Meeting, Washington, D. C., 2002.

[62] Benekohal, Kaja-Mohideen, Chitturi. A Methodology for Estimating Operating Speed and Capacity in Work Zones[M/CD]. Preprints of the Transportation Research Board 83th Annual Meeting, Washington, D. C., January 2004.

[63] Hardwood, D. W., et al.. Capacity and Quality of Service of Two-Lane Highways[R], Midwest Research Institute University of California-Berkeley, 1999.

[64] Messer, C. J.. Two-Lane Two-Way Rural Highway Level of Service and Capacity Procedures[R], Final Report of NCHRP Project 3-28A, Texas Transportation Institute, 1983.

[65] Harwood, D. W., Potts, I. B., Bauer, K. M., Bonneson, J. A., Elefteriadou. L.. Two-Lane Road Analysis Methodology in the Highway Capacity Manual[R], NCHRP Project 20-7 (160), Midwest Research Institute, Kansas City, 2003.

[66] Luttinen, R. T.. Traffic Flow on Two-Lane Highways - An Overview[R]. TL Consulting Engineerings, Ltd., 2001.

[67] Luttinen R. T.. Properties of Cowan's M3 headway distribution[J]. Transportation Resear ch Record 1678, 1999: 189-196.

[68] Carlos F. Daganzo. Estimation of gap acceptance parameters within and across the population from direct roadside observation[J]. Transportation Research Part B: Methodological. 1981, 15: 1-15.

[69] O. Hagring. Estimation of critical gaps in two major streams[J]. Transportation Research (B) 34, 2000: 293-313.

[70] Rahmi Akçelik. An assessment of the Highway capacity manual 2010 roundabout capacity model[J]. International roundabout conference of TRB, Carmel, Indiana, USA 18-20 May 2011.

[71] Guichet, B.. Roundabouts in France: Development, safety, design & capacity[J]. Proceedings of the third international symposium on Intersections without Traffic Signals; Portland, Oregon 1997.

[72] Brilon, W., Wu, N., Bondzio, L.. Unsignalised intersections in Germany-A state of the Art[J], Proceedings of the third international symposium on Intersections without Traffic Signals. Portland, Oregon, 1997.

[73] Kimber, R. M.. The traffic capacity of roundabouts[R]. Report 942. TRRL, 1980.

[74] Waddell, E.. Evolution of roundabout technology: a history based literature review[R]. Michigan Department of Transportation, 1997.

[75] GMaycock, R D Hall. Accidents at four-arm roundabouts[R]. Report 1120, TRRL, 1984.

[76] Rahmi Akçelik et al.. Roundabout: capacity and performance analysis[R], Research report ARR321, 1998.

[77] YapYok Hoe, Gibson H. M., Waterson B. J.. An International Review of Roundabout Capacity Modelling[J], Transport Reviews, 2013, 33 (33): 593-616.